POUR LIRE
LES PROPHÈTES

JEAN-PIERRE PRÉVOST

POUR LIRE LES PROPHÈTES

NOVALIS   cerf

Pour lire les Prophètes, ouvrage de Jean-Pierre Prévost, est publié par Novalis et les Éditions du Cerf. Il s'inscrit dans la prestigieuse collection *Pour lire* créée par les Éditions du Cerf.

Les textes bibliques sont tirés de la *Traduction œcuménique de la Bible* (T.O.B.).

Couverture: *Jérémie dans la citerne* (voir Jr 38, 06-13). Livre de Jérémie (manuscrit du 13ᵉ siècle), Troyes, Bibliothèque municipale, ms. 436, fol. 1 vº.

Couverture et maquette: Gilles Lépine.

© Copyright 1995: NOVALIS/Université Saint-Paul, Ottawa et les Éditions du Cerf, Paris.

Dépôts légaux: 3ᵉ trimestre 1995.
  Bibliothèque nationale du Canada
  Bibliothèque nationale du Québec

Novalis, C.P. 990, Outremont (Québec) H2V 4S7
ISBN: 2-89088-708-1 (Novalis)
   2-204-05121-7 (Éditions du Cerf)
ISSN: 0762-2252

Imprimé au Canada

Données de catalogage avant publication (Canada)

Prévost, Jean-Pierre, 1947-
  Pour lire les prophètes
  Comprend des réf. bibliogr.
ISBN 2-89088-708-1
  1. Bible. A. T. Prophètes - Critique, interprétation, etc.
2. Prophètes. I. Titre.
BS1505.2.P73   1995   224'.06   C95-941115-1

NOVALIS

cerf

INTRODUCTION

«Depuis plus de quatre mille ans, nous le promettaient les prophètes...» Ce couplet du chant traditionnel de Noël *Il est né le divin Enfant* traduit, pour une bonne part, la conception qui a longtemps prévalu, chez les chrétiens, au sujet des prophètes bibliques. On leur reconnaît surtout, sinon exclusivement, le grand mérite d'avoir annoncé Celui qui est au cœur de notre foi, Jésus le Christ. Du coup, les prophètes deviennent les hérauts du Messie, et on s'intéresse à eux dans la mesure où ils ont prédit et préparé sa venue.

Cette vision des prophètes est confirmée et, en quelque sorte, perpétuée, par le lectionnaire de la liturgie romaine, pour qui les textes des prophètes, et principalement d'Ésaïe (selon l'orthographe établi par la *Traduction œcuménique de la Bible*), occupent une place privilégiée dans la saison de l'Avent et de la Nativité: les prophètes bibliques deviennent les chantres par excellence de l'espérance chrétienne.

Mais des prophètes eux-mêmes et de leur message spécifique, on saurait bien peu de choses. À toutes fins utiles, on ne retiendrait d'Osée, Michée, Ésaïe, Jérémie et les autres, que ce qu'ils ont dit du Messie, sans se soucier du contexte historique propre à chacun et des couleurs particulières qu'il a données à son message. Lorsque résonnent dans nos assemblées liturgiques des paroles telles que «Lecture du livre d'Amos» ou «Lecture du livre d'Habaquq» ou «Lecture du livre de Sophonie», j'ai l'impression que bien des gens décrochent. Bien souvent, on n'a pas la moindre idée du temps et du lieu où ils ont vécu: ont-ils vécu au VIIIe siècle avant Jésus-Christ ou au VIe? en période de paix ou de prospérité? en Juda ou en Israël? sous le règne d'un roi juste ou oppresseur? sont-ils des paysans ou des citadins? des hommes de cour ou des profanes? des héros régionaux ou des acteurs majeurs de la scène nationale et internationale?

Plus grave encore, les habitudes liturgiques obligent à une sélection de passages plutôt brefs qui ne permettent pas, à eux seuls, de saisir la complexité et la totalité du message d'un prophète.

Au fond, vis-à-vis des prophètes, nous sommes encore aujourd'hui dans la position de l'eunuque éthiopien, dont les *Actes des Apôtres* nous disent qu'il fait lecture du rouleau d'Ésaïe, et plus précisément d'un des *Chants du Serviteur*: «S'adressant à Philippe, l'eunuque lui dit: "Je t'en prie, de qui le prophète parle-t-il ainsi? De lui-même ou de quelqu'un d'autre?" Philippe ouvrit alors la bouche et, partant de ce texte, il lui annonça la bonne nouvelle de Jésus» (Ac 8, 35).

C'est la question que nous allons porter tout au long de ce livre: «De qui le prophète parle-t-il ainsi? De lui-même ou de quelqu'un d'autre?» Parle-t-il de son époque et pour son époque seulement? Parle-t-il de lui-même, purement et simplement à la première personne? ou parle-t-il d'une communauté et en son nom?

Comme Philippe nous allons aussi retenir la perspective chrétienne et voir en quoi les prophètes font partie, eux aussi, de la «bonne nouvelle de Jésus le Christ».

Présenter *les prophètes* en un seul volume représente un défi immense et, d'emblée, je prie ces géants de la littérature biblique de m'excuser pour l'aspect forcément synthétique de la présentation que je ferai d'eux. Pareille aventure paraîtrait démesurée si je n'avais la consolation de pouvoir, à tout le moins, répondre à l'objectif majeur de la collection dont ce volume fait partie: *Pour lire*. Car c'est bien d'une invitation à lire qu'il s'agit. Rien ne remplacera la lecture du texte même des prophètes. Ce volume voudrait seulement donner envie de lire les prophètes, de les lire un par un et en entier, et en même temps proposer des outils pour entrer dans une lecture fructueuse de leurs textes.

Le volume comprendra donc deux parties, de longueur inégale, pour donner justement préséance aux textes mêmes des prophètes. Les questions d'introduction ont été réduites au minimum, avec seulement deux chapitres. Le premier, qui suppose une lecture continue des textes prophétiques, vise à faire ressortir les principales caractéristiques des prophètes bibliques. Le second, quant à lui, prend en compte les affinités profondes entre le message des prophètes et celui de Jésus, qui s'appellent et s'éclairent mutuellement.

La deuxième partie donnera la parole à certaines des plus grandes figures du prophétisme biblique: Amos, Osée, Ésaïe, Jérémie, Ézéchiel. En fin de parcours, on retrouvera dans un même chapitre une réflexion sur les prophètes du retour, c'est-à-dire ceux qui ont contribué à la reconstruction de Jérusalem – la ville et la communauté!– après 538. Quant à Jonas, qui se défend bien lui-même d'être un grand prophète, il a été retenu pour son originalité et pour la leçon théologique très profonde qu'il nous sert, de manière à la fois critique et enjouée.

Dans chaque cas, sauf pour Jonas et les prophètes du retour, l'étude se fera *en trois temps*. En un premier temps, il sera essentiellement question du *prophète en son temps* et, je dirais, *en son livre*. Puis, trois textes-témoins seront proposés pour aider à entreprendre et – espérons-le! – à poursuivre l'étude de chacun de ces prophètes. Enfin, une attention toute particulière sera accordée au *discours sur Dieu* tenu par chacun des prophètes. Tout comme on a intérêt, à propos des Évangiles, à découvrir le Jésus de Marc, Matthieu, Luc et Jean, il est apparu que l'une des approches les plus fécondes de l'étude des prophètes pouvait être celle qui nous permet de saisir l'image de Dieu qui motive et commande tout le ministère et le discours des prophètes. Puisse ce livre permettre de découvrir quelques-uns des traits, aussi fascinants que diversifiés, du Dieu des prophètes, sans lesquels on ne saurait comprendre le Dieu de Jésus.

PROPHÈTES EN LIBERTÉ

La question est souvent posée de nos jours: *que faut-il faire pour être prophète?* Autrement dit, y a-t-il un chemin prévisible pour arriver au métier de prophète? Y aurait-il des techniques qu'on peut apprendre? Ou encore un profil et un itinéraire à suivre?

Or, si on regarde le profil et l'itinéraire des prophètes bibliques, on s'aperçoit vite qu'il n'y a pas de modèle imposé, de stéréotype ou d'itinéraire fixe, qui mènerait infailliblement à la prophétie. Les prophètes bibliques ont connu un cheminement religieux des plus diversifiés. Non seulement proviennent-ils de tous les milieux, mais leur milieu de vie et leur formation, leurs expériences religieuses, leur mode de communication et leur style d'intervention ont grandement varié. On pourrait dire, à lire leurs écrits et ceux de leurs disciples, que «tous les chemins mènent à la prophétie» tant ils font preuve d'originalité et de liberté.

Examinons le profil de quelques-uns d'entre eux pour mieux nous rendre compte de cette étonnante diversité des chemins qui mènent à la prophétie.

ÉSAÏE

est un homme marié, diplomate à la cour. Il est en plein cœur de l'action, là où les décisions se prennent. Au moment où naît sa vocation de prophète, il apparaît en pleine possession de ses moyens, sûr de lui-même: «Envoie-moi, Seigneur!» (Es 6, 8). C'est l'homme des grandes décisions et des grands débats politiques et religieux. C'est aussi un des plus grands poètes de la Bible.

JÉRÉMIE

est jeune. De la jeunesse, il a tout l'enthousiasme et tous les élans. Il sera vite fasciné par les promesses de la réforme religieuse de Josias. Mais il demeure craintif et vulnérable. Très «humain», en quelque sorte. Il connaîtra les déceptions d'une réforme religieuse avortée, l'inquiétude des heures de guerre et d'exil, le poids d'une vie solitaire — il reçoit l'ordre de demeurer célibataire: Jr 16, 1 —, et il connaîtra la persécution de ses compatriotes, en particulier des autorités religieuses de Jérusalem. Poète de très grand génie lui aussi, il n'a cependant pas l'assurance d'un Ésaïe, et nul prophète n'a «confessé» mieux que lui ses déchirements par rapport à la mission qui lui est confiée: «Pourquoi ma douleur est-elle devenue permanente, ma blessure incurable, rebelle aux soins? Vraiment tu es devenu pour moi comme une source trompeuse au débit capricieux» (Jr 15, 18).

ÉZÉCHIEL

appartient à la classe sacerdotale si durement affectée par la prise et la destruction du Temple. Mais ce prêtre n'est pas un pur fonctionnaire du culte. Il sait lire avec beaucoup de profondeur le sens de l'épreuve infligée à son peuple et le communiquer avec une force d'images et de symboles peu commune. Si son œuvre nous paraît parfois enchevêtrée et prend les allures d'une épopée fantastique difficile à déchiffrer, il a le mérite de faire sortir des sentiers battus et d'interpeller vivement ses contemporains. Contemporain de Jérémie, il s'en distingue notamment par son statut matrimonial, puisqu'il a connu un mariage heureux avant de faire l'expérience tragique du deuil de sa femme qu'il chérissait comme «la joie de (ses) yeux» (Ez 24, 16). Il s'en distingue par la mission qui lui est dévolue d'annoncer la parole de Dieu en terre d'exil, alors qu'il est lui-même des déportés, à Babylone.

OSÉE

a connu un mariage difficile et tourmenté. Dieu lui-même l'a invité à prendre en mariage «une femme se livrant à la prostitution» (Os 1, 2). Ce n'est pas ce qu'on aurait attendu normalement d'un prophète de Dieu! Mais c'est précisément à travers les difficultés, les malheurs et les «impossibilités» de son expérience conjugale et parentale que le prophète fera la découverte de la tendresse et de la fidélité de Dieu.

AMOS,

ce campagnard au langage incisif et coloré, n'avait rien qui laissait présager le prophète. Lui-même, d'ailleurs, se défend bien d'avoir couru après ce métier: «Je n'étais pas prophète, je n'étais pas fils de prophète, j'étais bouvier, je traitais les sycomores...» (Am 7, 14). En un sens, rien ne le préparait à sa mission. Pourtant, cet homme, venu tard à la prophétie, a su trouver un langage clair et ferme pour dénoncer le non-sens des liturgies triomphalistes qui s'accommodent aisément d'un traitement injuste et oppresseur qu'on réserve aux plus pauvres (5, 21-24).

JONAS

Que dire de Jonas, ce récalcitrant, prophète «malgré lui»? Il n'avait pas l'air bien convaincu, le pauvre! Du moins, il avait ses petites idées sur le salut, et il y tenait. Il a tout fait pour échapper à sa mission. Mais, même à son corps défendant, la prophétie a fait son chemin, et les Ninivites ont compris et accepté le message. Pourtant, malgré le succès retentissant de sa brève intervention dans les rues de Ninive et la conversion subite de toute la ville, Jonas n'est toujours pas content et demande à mourir. Voilà qui est bien peu édifiant de la part d'un homme de Dieu qui devrait plutôt se réjouir d'être témoin de pareils prodiges de miséricorde!

* * *

Ainsi donc, il n'y a pas de parcours imposé ni de barrières qui pourraient empêcher d'être prophète. On trouve, chez les prophètes de la Bible, des hommes et des femmes (voir l'encadré: *La prophétie au féminin*); des jeunes (Samuel et Jérémie) aussi bien que des vieillards (Samuel devenu vieux, le vieillard Syméon), ou des gens d'âge mûr; en pleine activité (Amos, Osée, Ésaïe, Ézéchiel), des prophètes de «carrière», vivant dans l'entourage des prophètes, comme Élisée, et des «prophètes-surprises», tels Eldad et Médad (Nb 11, 26-27) ou Amos; des gens fortement enracinés dans leur milieu (Osée, Ésaïe, Ézéchiel) et des gens «hors-cadres», œuvrant hors des limites de leur milieu d'origine (Balaam, Amos, Jonas). Les prophètes sont issus ▷

de diverses classes sociales: Amos est un campagnard et un cultivateur; Ésaïe est un diplomate qui a ses entrées à la cour royale et pour qui la ville de Jérusalem n'a aucun secret; Ézéchiel est prêtre, de même que Jérémie, du moins par son ascendance; et Debora est juge, combattante et engagée dans la résistance.

C'est donc une riche mosaïque que la Bible nous présente au chapitre de la prophétie, et on ne saurait exclure personne *a priori* de cette vocation si importante pour la vie des communautés croyantes.

CHAPITRE 1

« PROPHÈTE, QUI ES-TU…? »

Ce titre de Louis Monloubou, auteur qui a déjà fourni plusieurs excellentes synthèses sur le prophétisme biblique, paraît tout indiqué au départ d'une entreprise comme la nôtre. Certes, ce n'est qu'au terme du parcours que nous serons en mesure d'y répondre pleinement. Mais c'est bien la question qui nous intéresse. Non pas au sens purement biographique ou psychologique, mais au sens littéraire et théologique. Nous voulons connaître les textes et ce qu'ils veulent dire du point de vue de la foi.

Les prophètes dans la Bible

À ce chapitre, la première question qui se pose est celle de savoir ce qu'on entend par *les prophètes*, dans l'expression *Pour lire les prophètes*. Quel sera l'objet de notre étude?

Là-dessus, la Bible nous réserve des surprises. La définition biblique des prophètes, et plus précisément des *livres prophétiques*, ne coïncide pas nécessairement avec la nôtre. En effet, on sait que la Bible hébraïque, qui compte trente-neuf livres, a adopté une division tripartite: la Loi (le Pentateuque = les cinq premiers livres), les Prophètes et les Écrits. Il reste donc un nombre impressionnant de livres (trente-quatre) que la tradition juive a rangés soit dans *les Prophètes* soit dans *les Écrits*. De ce nombre, la tradition juive en a retenu vingt et un pour former cette seconde partie de la Bible qu'elle désigne du titre général de *Prophètes*. En parlant ici de *prophètes* ou de *littérature prophétique*, nous nous référons à l'ensemble de ces vingt et un livres de la Bible hébraïque.

Le plus étonnant, pour nous, de cette classification, se trouve en tête de la collection. On y retrouve en effet cinq livres que, sans doute, nous ne serions pas portés à définir comme prophétiques: il s'agit des livres de *Josué*, des *Juges*, de *Samuel (1-2)* et des *Rois (1-2)*. Une première lecture inclinerait sans doute à les ranger parmi les livres historiques et, de ce fait, à les adjoindre à la troisième section avec, par exemple, les livres *des Chroniques* ou ceux d'*Esdras* et de *Néhémie*. En quoi peuvent-ils bien ressembler à la poésie majestueuse et aux oracles incisifs de prophètes tels qu'Amos, Ésaïe ou Jérémie?

Et pourtant, on peut comprendre que ces livres aient été associés à la tradition prophétique. D'une part, et en dépit de son titre, la séquence *1-2 Rois*, qui comprend quarante-sept chapitres, est tout autant l'histoire des prophètes que celle des rois, avec les interventions célèbres d'Élie, Élisée, Ésaïe et Natan, pour ne nommer que les principaux. En fait, au moins la moitié de ces quarante-sept chapitres met en scène un ou des prophètes. De la même manière, les deux livres de *Samuel* accordent un rôle de premier plan à ces deux grandes figures de la prophétie ancienne que sont Samuel et Natan. D'autre part, plus en profondeur, on découvre que l'histoire, dans ces cinq livres, y est sans cesse lue et relue d'une manière prophétique. Les prophètes y interviennent précisément pour convier à une autre lecture, théologique celle-là, de l'histoire que vivent les rois et le peuple d'Israël et de Juda.

Restent les quinze autres livres. Pas de surprise avec *Ésaïe, Jérémie, Ézéchiel*: de tout temps, on y a reconnu les grands classiques de la prophétie biblique. En revanche, du côté catholique, on s'étonnera de ne pas y retrouver un quatuor où figurerait également le nom de *Daniel*. Son livre est pourtant plus tardif que ceux des autres prophètes et se rapporte davantage aux écrits de sagesse et à l'apocalyptique.

Puis viennent les *Douze*, souvent cités sous le nom de *petits prophètes*, non pas en raison du

Le prophète Balaam.

peu d'importance de leur message, mais plus prosaïquement en raison de la brièveté de leurs écrits individuels.

C'est à ces vingt et un livres que nous allons puiser pour parler du prophétisme. Mais quand viendra le temps d'introduire à chacun des livres, pour des raisons évidentes d'espace, nous allons nous concentrer sur les quinze livres attribués à des prophètes individuels, c'est-à-dire à ceux qu'on appelle communément les prophètes-écrivains.

Plus fondamentalement, nous cherchons à savoir qui sont les prophètes, au sens de: qu'est-ce qui fait que les prophètes sont prophètes? Peut-on en établir une «carte d'identité», qui nous permettrait de distinguer le vrai du faux prophète et de mieux définir ce qu'on devrait entendre aujourd'hui par prophète ou prophétique?

Le sens des mots

L'étymologie du mot français *prophète* est fort instructive. Il s'agit d'un mot composé, dérivé du grec et formé d'une préposition *(pro)* et d'un nom d'agent *(phètès)*, lui-même dérivé d'une racine qui signifie «dire». Prophétiser a donc quelque chose à voir avec le «dire». Il s'agit essentiellement d'une activité de parole.

Mais comment faut-il interpréter la préposition *pro*? En grec, elle a trois sens principaux: 1) temporel: *avant*; 2) spatial: *devant*; 3) vicarial, ou de substitution: *au nom de* (comme dans *pro-maire, pro-nonce*, etc.). Dans le cas du mot *pro-phète* et de ses dérivés en français, la tradition chrétienne a nettement favorisé le premier sens, temporel, leur donnant ainsi le sens de «prédire» et de «prédiction». Les prophètes seraient ceux qui ont dit d'avance, qui ont prédit les événements à venir et, d'une manière toute particulière, la venue du Messie et les différents traits de sa mission.

Mais les recherches bibliques de nos jours – et l'étude que nous allons mener ici ira dans le même sens – rattachent davantage la prophétie biblique aux deux autres sens de la préposition *pro*. D'une part, le sens spatial marquerait le lien vital entre le prophète et la communauté, entre le prophète et le peuple. Le prophète est celui qui parle *devant* la communauté, qui s'adresse à une communauté. Il est celui qui prend position par rapport au peuple, qui se met devant lui, pour le confronter aux exigences de l'alliance.

D'autre part, le sens «vicarial» indique bien que le prophète n'agit pas de son propre chef ni de sa propre autorité. Il est envoyé par Dieu et doit parler en son nom. Le prophète parle au nom d'un Autre, il est un porte-parole.

Mais il y a plus que le vocabulaire. Une étude plus globale de l'ensemble des prophètes-écrivains et des autres figures prophétiques qu'on trouve dans la littérature prophétique nous amène à percevoir un certain nombre de constantes ou de caractéristiques qui définissent bien la prophétie. Essayons maintenant de tracer le profil des prophètes bibliques.

Hommes de la *Parole*

Cette première caractéristique est celle qui définit le mieux la mission des prophètes. Ils ne sont pas des scribes, mais bien des hommes de la parole. Des gens qui ont parlé, qui ont pris la parole, et dont le ministère a été voué au service de la parole. On dirait aujourd'hui qu'ils ont été des «professionnels de la parole».

De la parole, écrite avec une minuscule. Amos, Osée, Michée, Jérémie, Ézéchiel prennent tour à tour la parole et s'expriment chacun selon son style et ses convictions, et avec le génie qui lui est propre.

Mais leurs paroles veulent être d'abord et avant tout un écho de la Parole (avec une majuscule). Car les prophètes prétendent parler au nom d'un Autre.

Dix des quinze livres des prophètes-écrivains portent, dans leur titre, l'expression «Paroles de X» ou «Parole du Seigneur à X pour

Y». Ce titre général est d'ailleurs confirmé dans la plupart des interventions singulières des prophètes qui sont habituellement introduites ou conclues au moyen de l'une des trois formules suivantes:
- *la Parole du Seigneur fut adressée à X...* (environ 110 fois);
- *Ainsi parle le Seigneur* (436 fois);
- *Oracle du Seigneur* (plus de 200 fois).

Les prophètes apportent la Parole d'un autre. Ils sont des messagers, des porte-parole. Leurs auditeurs sont donc invités à recevoir leurs paroles comme une expression de la Parole de Dieu: «Écoutez la parole du Seigneur...» (Jr 2, 4).

On pourrait d'ailleurs dire que la Parole est leur seule passion, au double sens du mot en français. C'est-à-dire, ce qui les fait vivre, les anime et les porte à s'engager pour transformer le monde et changer l'avenir de leur peuple. Mais c'est aussi leur passion en ce sens que la Parole les fait souffrir. C'est à cause d'elle qu'ils sont persécutés et rejetés.

Nul n'a mieux exprimé que Jérémie ce paradoxe de la Parole qui fait aussi bien le bonheur que la souffrance des prophètes:

> Dès que je trouvais tes paroles,
> je les dévorais.
> Ta parole m'a réjoui,
> m'a rendu profondément heureux.
> Ton nom a été proclamé sur moi,
> SEIGNEUR, Dieu des puissances.
>
> Je ne vais pas chercher ma joie
> en fréquentant ceux qui s'amusent.
> Contraint par ta main je reste à l'écart,
> car tu m'as rempli d'indignation.
>
> Pourquoi ma douleur est-elle
> devenue permanente,
> ma blessure incurable, rebelle aux soins?
> Vraiment tu es devenu pour moi
> comme une source trompeuse
> au débit capricieux.   (Jr 15, 16-18)

Son contemporain Ézéchiel exprime la même conviction sous forme d'image. La Parole est bien ce livre dont le prophète doit se nourrir (Ez 3, 1-3) et qui prend tour à tour un goût savoureux (la douceur du miel), puis amer. C'est bien ainsi que se présente la parole de tous les prophètes bibliques: essentiellement bonne nouvelle de Dieu proclamée aux pauvres, elle n'en demeure pas moins terriblement exigeante pour tous.

Hommes du *présent*

Hommes de la Parole, les prophètes sont aussi des hommes du présent. On a voulu en faire des devins, des diseurs de «bonne aventure», des gens qui auraient su d'avance le cours des événements et qui les auraient prédits. Or il n'en est rien.

Les prophètes bibliques ne se livrent pas à une interprétation de la carte du ciel ou à de savants calculs qui permettraient de lire l'avenir. Ils s'emploient au contraire à déchiffrer le présent. À cet égard, il est instructif de relire l'en-tête des livres des prophètes écrivains. Les éditeurs ont pris la peine d'y donner le cadre chronologique dans lequel ces prophètes ont œuvré.

Ainsi, par exemple, pour Osée: «La parole du SEIGNEUR qui fut adressée à Osée, fils de Bééri, *aux jours d'Ozias, de Yotam, d'Akhaz, d'Ezékias, rois de Juda, et aux jours de Jéroboam, fils de Joas,* roi d'Israël» (1, 1), ou pour Ésaïe: «Vision d'Ésaïe, fils d'Amoç, qu'il vit au sujet de Juda et de Jérusalem, *aux jours d'Ozias, de Yotam, d'Akhaz et d'Ézékias*, rois de Juda» (1, 1), ou beaucoup plus tard, pour Ézéchiel: «La trentième année, le quatrième mois, le cinq du mois, j'étais au milieu des déportés, près du fleuve Kebar; les cieux s'ouvrirent et j'eus des visions divines. *Le cinq du mois – cette année-là était la cinquième de la déportation du roi Yoyakîn –* il y eut une parole du S<small>EIGNEUR</small> pour Ézéchiel, fils du prêtre Bouzi, au pays des Chaldéens, près du fleuve Kebar» (1, 1-3).

Ces références chronologiques sont absolument *indispensables* pour comprendre la suite. La Parole de Dieu n'est pas intemporelle et ne saurait être détachée de l'histoire qui l'a vu naître. Il est donc important de lire la prophétie au présent: avant même de vouloir l'appliquer à notre temps, ou de vouloir la christianiser, il faut d'abord l'entendre dans son contexte originel.

Les prophètes ne sont pas des devins. Cela, la version des Septante l'a compris, lorsqu'elle a préféré le mot *prophètès* à celui de *mantis* (comme dans chiro*mancie*) pour traduire l'hébreu *nabi'*. Le grec *mantis* a justement la nuance de *devin*. D'autre part, il suffit de relire l'ensemble des oracles prophétiques pour se rendre compte que, de fait, la prédiction y occupe peu de place. Une place si minime qu'on pourrait bien ne pas la remarquer. Il est très rare, en effet, qu'on entende un prophète se risquer à dater l'accomplissement de ses oracles. Ces oracles sont ordinairement introduits, au contraire, par une formule très souple, qui ne présume en rien du calendrier réel des événements: *En ces jours-là* ou *En ce jour-là*, ou encore, *Viendront des jours...*

Les prophètes ne sont pas des futurologues. Ils s'intéressent d'abord et avant tout au présent. Le leur et celui de leur auditoire. *Ce qui les intéresse, ce n'est pas de deviner le futur, mais bien de changer le présent*. La matière première de leurs oracles, c'est l'histoire présente de leur peuple.

Ce qui ne veut pas dire que les prophètes sont confinés à l'horizon de leur propre histoire. Ils sont également passionnés de l'avenir, mais d'un avenir sur lequel ils ont prise. Ils refusent une lecture déterministe de l'histoire et ils croient que l'avenir se conjugue avec l'initiative de Dieu et la réponse de la liberté humaine.

Si la parole des prophètes avait valeur éternelle, il aurait suffi d'un prophète: on aurait pu, à la limite, se contenter des paroles de Moïse, ou d'Élie, ou d'Ésaïe. Mais précisément parce que la parole prophétique surgit pour une époque donnée et pour répondre à des besoins précis, il y a eu une grande diversité d'intervenants: Amos, Osée, Michée, Ésaïe, Joël, Jérémie, Ézéchiel, Jonas, Malachie, etc.: «Après avoir, *à bien des reprises et de bien des manières*, parlé autrefois aux pères *dans les prophètes*, Dieu, en la période finale où nous sommes, nous a parlé à nous en un Fils...» (He 1, 1-2). «À bien des reprises et de bien des manières.» Tous n'ont pas parlé en même temps ni de la même manière. Tout comme on a l'Évangile de Jésus-Christ en quatre versions différentes, le trésor de la prophétie biblique nous est livré par une multitude de témoins et de formes littéraires.

Il est intéressant aussi de noter comment la prophétie biblique a traversé le temps et marqué les grandes étapes de l'histoire du salut. Israël a eu le bonheur d'avoir des prophètes pour les périodes de grand passage de son histoire nationale. En commençant, bien sûr, par *le* prophète qu'est Moïse, ainsi que sa sœur Myriam, prophétesse, au temps de la libération d'Égypte et de la marche au désert. Il y a eu aussi, au temps des Juges, Débora, seule juge dont on ait dit qu'elle était aussi *prophétesse*, et qui a mené l'histoire d'Israël pendant quarante ans. Lorsqu'est venu le temps pour Israël de se donner un roi, c'est le prophète Samuel qui dirigeait la destinée du peuple. La période de la royauté, de David jusqu'à Yoyakîn, c'est-à-dire jusqu'à l'Exil à Babylone, a été la période par excellence du prophétisme. Il y a eu de grands prophètes au temps et au cœur de l'Exil (Jérémie, Ézéchiel), comme il y en a eu aussi pour le retour (Deutéro-Ésaïe, Aggée, Malachie, Zacharie). Certes la prophétie s'est estompée au cours des trois derniers siècles avant Jésus-Christ, mais l'attente d'un grand prophète n'en était pas moins vive.

C'est donc dire que le mouvement prophétique est extrêmement vivant. Incompris et persécutés, les prophètes n'en ont pas moins fait école. Des cercles de disciples ont recueilli leurs propos et en ont fait des relectures en fonction des situations nouvelles qu'ils étaient appelés à vivre. La prophétie engendre la prophétie. Il ne suffit pas de répéter les oracles des prophètes du passé. Ces oracles demandent à être médités, assimilés, puis adaptés selon les besoins du moment.

Des hommes de *vision*

Si, pour les prophètes, la primauté revient à la parole, il ne faut pas pour autant négliger une autre dimension de leur expérience et de leur activité. Car les prophètes sont aussi des voyants, ou mieux, des visionnaires. C'est d'ailleurs par ce titre de *voyant* (en hébreu: *ro'eh*), que le prophète a d'abord été connu en Israël: «Autrefois, en Israël, on avait coutume de dire quand on allait consulter Dieu: "Venez, allons trouver le voyant." Car, le "prophète" d'aujourd'hui, on l'appelait autrefois le "voyant"» (1 S 9, 9). Notons, au passage, la distance dans le temps entre le *aujourd'hui* du rédacteur final de *1 Samuel* et le *autrefois* du temps de Saül. Dans ce passage, le prophétisme ne semble pas s'être affranchi encore des pratiques divinatoires.

Mais ce n'est pas en ce sens que les prophètes vont finalement s'affirmer comme voyants. Leurs «visions» sont d'un tout autre ordre que celui de la divination.

On sera sans doute surpris d'apprendre que le livre du grand prophète Ésaïe s'intitule *Vision d'Ésaïe* et non pas *Paroles d'Ésaïe* ou *Parole du Seigneur, qui fut adressée à Ésaïe*. Et, dans un rapprochement assez étrange, l'en-tête du livre d'Amos propose: *Paroles d'Amos... paroles dont il eut la vision...* De fait, les chapitres 7 à 9 d'*Amos* nous rapportent une série de cinq visions qui viennent appuyer son ultime plaidoyer de conversion à l'intention d'Israël.

Il n'est pas jusqu'à la vocation de Jérémie qui ne suppose une expérience de vision et une interprétation de ce que voit le prophète:

«La parole du Seigneur s'adressa à moi: "Que vois-tu, Jérémie?" Je dis: "Ce que je vois, c'est un rameau d'amandier." Le Seigneur me dit: "C'est bien vu! Je veille à l'accomplissement de ma parole." La

parole du SEIGNEUR s'adressa à moi une seconde fois: "Que vois-tu?" Je dis: "Ce que je vois, c'est un chaudron sur un foyer attisé grâce à une ouverture sur le nord."»
(Jr 1, 11-13)

De tous les prophètes bibliques, Ézéchiel est certainement le visionnaire le plus puissant. Le ton est donné dès l'ouverture de son livre: «Les cieux s'ouvrirent, et j'eus des visions divines» (Ez 1, 1). Si le Seigneur lui demande d'écouter, il lui demande aussi de regarder et d'interpréter ses visions.

Enfin, le petit livre d'Abdias nous est présenté, lui aussi, comme une vision.

Le prophète est donc homme de vision. C'est-à-dire qu'il apprend à lire les événements, à les voir à la manière de Dieu. Il est, comme on l'avait dit jadis de Balaam, «l'homme au regard pénétrant». Là où d'autres ont un regard complaisant ou désabusé, le prophète propose un regard à la fois critique et rafraîchissant. Il faut relire en ce sens le passage énigmatique d'Ésaïe, où le prophète est comparé à un *veilleur*:

On me crie de Séïr:
«Veilleur, où en est la nuit?
Veilleur, où en est la nuit?»

Le veilleur répond:
«Le matin vient et de nouveau la nuit.
Si vous voulez encore poser la question, revenez.»
(Es 21, 11-12)

LA PROPHÉTIE AU FÉMININ

Les vingt et un livres qui, dans la Bible hébraïque, forment la section centrale appelée «les Prophètes», nous ont habitués aux grandes figures masculines de la prophétie: Amos, Osée, Ésaïe, Jérémie, Ézéchiel, etc. Les en-têtes de livres individuels, qui font office de signature, ne comportent selon toute vraisemblance aucun nom à consonance féminine. C'est un fait que l'on peut vivement déplorer aujourd'hui, mais qui ne surprend guère dans le contexte religieux et institutionnel qui a présidé à la formation de la Bible hébraïque.

Cela dit, il n'en reste pas moins, même pour la Bible hébraïque, que la prophétie n'est pas l'apanage exclusif des hommes. Des femmes ont prophétisé et ont été reconnues au sein de leurs communautés comme *prophétesses*. Que ne donnerait-on aujourd'hui pour retrouver ne fût-ce qu'un seul de leurs écrits! On y trouverait certainement une preuve de plus de la singulière liberté du souffle prophétique...

Mais qui sont donc ces femmes prophétesses? Pour ce qui est de l'Ancien Testament, on en retrouve cinq au total: Miryam, Débora, la femme d'Ésaïe, Houlda et Noadya.

Voyons un peu le rôle de chacune.

• Miryam nous est connue comme la sœur d'Aaron et de Moïse, et il est bien entendu que la tradition biblique a fait la part belle à ses deux frères dont l'un demeurera, dans l'histoire d'Israël, la plus grande figure charismatique, tandis que ▷

l'autre est le grand ancêtre du pouvoir sacerdotal. Mais étant donné la stature de ces deux chefs spirituels du peuple choisi, le rôle que les textes du livre de l'*Exode* reconnaissent à Miryam n'en paraît que plus important.

D'emblée — ce qui n'avait pas été le cas pour ses deux célèbres frères — Miryam est introduite par un titre qui exprime son rôle au sein de la communauté, «prophétesse». Voici en effet ce que dit Exode 15, 20, qui est la première mention explicite de Miryam: «La prophétesse Miryam, sœur d'Aaron, prit en main le tambourin; toutes les femmes sortirent à sa suite, dansant et jouant du tambourin. Et Myriam leur entonna: "Chantez le Seigneur, il a fait un coup d'éclat. Cheval et cavalier, en mer il les jeta!"» Il y a là une reconnaissance significative et paisible du statut de Miryam au sein de la communauté: cela semble aller de soi. Notons au passage la solidarité de Miryam avec «toutes les femmes» et le fait qu'elles chantent ensemble le premier couplet du fameux «cantique de Moïse», que celui-ci avait chanté «avec les fils d'Israël» (Ex 15, 1).

Dans un autre épisode, au cours de la marche au désert, Miryam sera impliquée dans une controverse au sujet de l'autorité privilégiée de son frère Moïse (Nb 12, 1-16). De concert avec Aaron, elle critique ouvertement la conduite de Moïse dans son mariage avec une femme nubienne et conteste l'exclusivité de son charisme: «Est-ce donc à Moïse seul que le Seigneur a parlé? Ne nous a-t-il pas parlé à nous aussi?» (v. 2). Cette critique n'eut pas l'heur de plaire au Seigneur qui «s'enflamma de colère contre eux et s'en alla. La nuée se retira de dessus la tente et voilà que Miryam avait la lèpre...» (vv. 9-10). Chose étrange, des deux contestataires, seule Miryam est punie. Mais en même temps, ainsi que l'a bien souligné la tradition juive, Miryam semble jouir d'un statut particulier. Si elle ne peut d'aucune manière prétendre au statut privilégié de Moïse, qui est l'«homme de confiance» du Seigneur et qui «voit la forme du Seigneur», alors que Myriam et les autres prophètes n'ont accès à Dieu qu'à travers une «vision» ou un «songe», c'est-à-dire «en langage caché», il n'en reste pas moins que la marche du peuple au désert ne saurait se poursuivre «avant qu'elle eût repris sa place» (v. 16)!

• Débora (Jg 4-5) n'a, quant à elle, rien à envier à la pléthore de juges plus ou moins grands et plus ou moins célèbres dont le livre des *Juges* célèbre la mémoire. D'abord comme juge. Elle peut se vanter d'avoir réussi ce qui semble bien représenter l'idéal du succès pour un juge, soit d'apporter le repos au pays pour une période de quarante ans (Jg 3, 11. 30; 5, 31; 8, 28). Ensuite, de tous les juges qui ont régné sur le pays (Jg 1-21), elle est la seule qui ait cumulé les fonctions de juge et de prophète: «Or Débora, une *prophétesse*, femme de Lappidoth, *jugeait* Israël en ce temps-là, entre Rama et Béthel, dans la montagne d'Ephraïm, et les fils d'Israël montaient vers elle pour des questions d'arbitrage» (Jg 4, 5). Enfin, de tous les juges, c'est également la seule à qui on attribue un cantique (Jg 5). Il s'agirait d'un des plus vieux poèmes de la Bible, qui n'est pas sans analogie avec le cantique de victoire entonné par Moïse (Ex 15). Et comme Moïse jadis, elle ne le chante pas seule: «Ce jour-là Débora et Baraq, fils d'Avinoâm, chantèrent...» (Jg 5, 1). En *Exode*, on avait Moïse et Miryam, et c'était Moïse qui avait l'initiative. Ici la perspective des rôles masculin-féminin est en quelque sorte inversée: on a Débora et Baraq, mais c'est manifestement Débora qui a l'initiative.

• Vient ensuite la femme d'Ésaïe, seule «prophétesse» dont on ignore le nom. C'est aussi, avec Noadya, celle dont on connaît le moins de choses sur sa carrière prophétique. Elle s'efface complètement derrière ce géant de la prophétie qu'est Ésaïe, son époux, et ne sort de l'ombre que lorsqu'il est fait mention d'un autre fils à naître pour le couple: «Je m'approchai de la prophétesse, elle conçut et enfanta un fils» (Es 8, 3). De pareil effacement, certains concluront que le nom féminin de *prophétesse* (*nevi'ah* en hébreu) n'aurait ici que le sens plus restreint de *femme de prophète*. Ce n'est pas strictement impossible, mais ce serait plutôt étonnant et représenterait d'ailleurs un cas unique. On ne voit pas pourquoi le nom n'aurait pas ici aussi son sens fonctionnel, plutôt que le sens relationnel, plus restreint, de *femme de prophète*.

• Puis, au temps du roi Josias et de ce qu'on a appelé la «réforme deutéronomique», vers 625, comment ne pas souligner le rôle exceptionnel joué par la prophétesse Houlda dans la découverte du Livre de la Loi (2 R 22)? Alors que le roi aurait très bien pu faire appel au prophète Jérémie, les officiers du Temple, qu'il a mandés pour «consulter le SEIGNEUR», choisissent plutôt de recourir aux services de «la prophétesse Houlda, femme du gardien de vêtements Shalloum, fils de Tiqwa, fils de Harhas», qui «habitait Jérusalem, dans le nouveau quartier» (2 R 22, 14). On décline ses coordonnées comme on a coutume de le faire dans l'en-tête des livres prophétiques. Elle est d'ailleurs la seule femme de tout l'Ancien Testament à qui on attribue des oracles formels, avec l'introduction traditionnelle: «Ainsi parle le SEIGNEUR, le Dieu d'Israël...» (2 R 22, 15. 16. 18), ainsi que la conclusion classique: «Oracle du SEIGNEUR» (2 R 22, 20). Et de ses instructions devait découler la grande réforme entreprise par Josias (2 R 23). Il est d'ailleurs intéressant de noter que, quelques chapitres plus tard, l'auteur du 2e livre des Rois se réfère encore aux prophéties de Houlda, avec la formule générale «selon la parole que le Seigneur avait dite par l'intermédiaire de ses serviteurs les prophètes» (2 R 24, 2).

• Quant à Noadya, elle est évoquée dans la prière de Néhémie: «Souviens-toi, mon Dieu, de Toviya et de Sânballat, à cause de leurs actions, et aussi de Noadya la prophétesse et des autres prophètes qui voulaient m'effrayer!» (Ne 6, 14). Le «Souviens-toi» prend ici un double sens: alors que dans le cas des «autres prophètes», il appelle une rétribution négative, il garde son sens usuel de regard bienveillant et protecteur dans le cas de Toviya, Sânballat et Noadya.

• À ces cinq femmes, il conviendrait aussi d'ajouter le nom de la prophétesse Anne qui, bien que mentionnée dans les écrits du Nouveau Testament (Lc 2, 36-38), appartient bel et bien, par son âge («elle avait atteint l'âge de quatre-vingt-quatre ans») et par son rattachement au temple («elle ne s'écartait pas du temple, participant au culte nuit et jour par des jeûnes et des prières»), à la période que nous appelons l'Ancien Testament. Si l'évangéliste Luc ne rapporte pas ses paroles, comme il le fait pour Syméon, il lui attribue néanmoins un rôle important dans l'annonce de Jésus «à tous ceux qui attendaient la libération de Jérusalem».

* * *

Tel est le portrait qui se dégage de la prophétie au féminin dans l'Ancien Testament. On est loin encore d'un plein essor et d'une pleine participation, mais d'heureuses percées laissent présager ces temps nouveaux où femmes et hommes pourront également prophétiser: «Après cela, je répandrai mon Esprit sur toute chair. Vos fils et vos filles prophétiseront, vos vieillards auront des songes, vos jeunes gens auront des visions. Même sur les serviteurs et les servantes, en ce temps-là, je répandrai mon Esprit» (Jl 3, 1-2).

Hommes de l'*Esprit*?

Peut-être serez-vous étonné ici du point d'interrogation. Après tout, l'expression «homme de l'esprit» ne se retrouve-t-elle pas en toutes lettres en Osée 7, 7, et justement en parallèle avec le mot «prophète»? N'est-il pas coutumier de parler de l'*esprit prophétique*? Il faut, à la question posée, apporter une réponse nuancée.

Tout d'abord, notons l'extrême réserve, à ce propos, des prophètes classiques (ceux que la tradition a admis dans le canon des Écritures). De tous les prophètes écrivains, seul Ézéchiel fera explicitement référence à l'Esprit pour rendre compte de sa mission prophétique. Chez les autres, y compris Ésaïe et Jérémie, c'est le silence complet. Certes, on dira que l'Esprit était à l'œuvre en eux, mais eux-mêmes n'ont pas décrit leur propre expérience prophétique comme étant une expérience de l'Esprit. Et pour peu qu'ils fassent allusion à l'Esprit, c'est toujours dans un contexte polémique ou ironique, alors qu'ils s'en prennent aux techniques extatiques et divinatoires de ceux qu'ils considèrent comme des faux prophètes (Os 9, 7-9 ; Mi 2, 6-11; 3, 5-8 ; Jr 5, 10-17).

Est-ce à dire que l'Esprit n'y serait pour rien dans l'expérience des prophètes bibliques et qu'il faudrait, par conséquent, renoncer à l'expression *esprit prophétique*? Certainement pas puisqu'il existe aussi une tradition biblique où l'Esprit joue un rôle majeur dans la prophétie. On pensera surtout aux origines, avec l'Esprit qui est imparti à Moïse puis aux Anciens (Nb 11, 25), puis à la transmission de l'autorité prophétique d'Élie à Élisée (1 R 18, 11 et 2 R 2, 15), et surtout à Ézéchiel, qui agit directement sous l'influence de l'Esprit: «un Esprit vint en moi...» (Ez 2, 2; 3, 12. 24; 11, 5). Le lien entre l'Esprit et la prophétie s'imposera encore davantage dans le Nouveau Testament, avec notamment la lecture que Pierre fera de Joël 3, 1-5 au jour de la Pentecôte: «Alors, dans les derniers jours, dit Dieu, je répandrai de mon Esprit sur toute chair, vos fils et vos filles seront prophètes, vos jeunes gens auront des visions, vos vieillards auront des songes; oui, sur mes serviteurs et sur mes servantes, en ces jours-là je répandrai de mon Esprit et ils seront prophètes» (Ac 2, 17-18).

Mais retenons tout de même que l'Esprit, qui a *inspiré* les prophètes, ne semble pas du tout avoir été offensé du fait que ceux-ci ont si peu parlé de lui pour rendre compte de leur appel au ministère prophétique...

Témoins **et** ***signes*** **pour le peuple**

Pour faire entendre la Parole de Dieu à leurs contemporains, les prophètes ont fait plus que parler. Ils ont fait des gestes et ils ont traduit la parole dans leur vie.

Si on a retenu surtout leurs oracles et leur prédication orale, certains de leurs gestes et de leurs actions symboliques ont frappé tout autant l'imagination populaire. Les prophètes ont eu le don d'accomplir des actions qui secouaient, réveillaient, intriguaient et provoquaient au changement.

Ésaïe a certainement donné à réfléchir à la population de Juda en apparaissant en public, au temps de la crise syro-éphraïmite (vers 730), avec son fils *Shear-Yashouv* (Es 7), dont le nom veut dire: *Un reste reviendra*. La situation, pour lui, n'était donc pas désespérée. Pourtant, peu de temps après, il devra annoncer une situation contraire, en amenant avec lui, cette fois, son fils *Maher-Shalal-Hash-Baz*, dont le nom se traduit *Prompt-Butin-Proche-Pillage* (Es 8): l'espérance fait maintenant place à l'inquiétude. Puis, plus tard dans sa carrière, on nous dit qu'il s'est promené nu et déchaussé pendant trois ans à Jérusalem (Es 20).

Jérémie a fait lui aussi un certain nombre de gestes symboliques. Il cache dans la fente d'un rocher une ceinture en état avancé de corruption pour symboliser la corruption présente et l'état lamentable du peuple (Jr 13). Il observe avec le plus grand intérêt le potier à l'œuvre à l'intérieur de son atelier et comprend le souci que Dieu met à former de ses propres mains la créature humaine (Jr 18). Cette même expérience l'amène aussi à prendre conscience de la fragilité de l'œuvre issue des mains du potier et de la colère divine qui est sur le point d'éclater contre Juda (Jr 19). Mais aussi, au plus fort de l'exil, Jérémie acquiert un champ d'Anatoth, son village d'origine, pour montrer qu'il ne faut pas désespérer et que la vie normale reprendra bientôt son cours (Jr 32).

C'est toutefois Ézéchiel qui s'avère le champion des gestes symboliques. Il a un talent indéniable pour le mime alors qu'il accumule une série de gestes annonçant les rigueurs de l'exil prochain: il s'enferme dans sa maison, dessine une ville assiégée, se couche uniquement sur le côté gauche, prépare son pain dans des conditions misérables et se rase avec une épée tranchante (Ez 4-5). Il sortira aussi, au vu et au su de tous, avec son baluchon de déporté (Ez 12).

Mais il n'y a pas que les gestes symboliques extérieurs. Il y a aussi tous ceux qui sont profondément enracinés dans la vie, dans l'existence même du prophète. Qu'on pense, par exemple, aux amours difficiles, mariage et remariage d'Osée (Os 1-3), ou au poids de la solitude que Jérémie ressent quand Dieu lui demande de renoncer, au moins pour un temps, au mariage, en raison du malheur qui va bientôt s'abattre sur la maison de Juda (Jr 16). Son contemporain Ézéchiel doit, quant à lui, vivre le deuil de sa femme avec un détachement extrême (Ez 24) en raison, là encore, de la gravité de la tragédie qui frappe son peuple.

On n'est donc pas prophète du bout des lèvres, mais dans sa chair et dans ses larmes, dans ses amours et ses échecs, dans tout ce qui fait une vie humaine. Les prophètes bibliques sont de cette race-là, de la race de ceux qui ont souffert et lutté en solidarité avec un peuple lourdement affligé.

Des gens qui *dérangent*

C'est connu, les prophètes n'ont jamais eu la vie facile. Ce qui n'a rien d'étonnant puisqu'ils ont eux-mêmes choisi d'être toujours sur la brèche. Contestataires de nature, ils seront forcément contestés. Par leurs confrères prophètes, ou par le roi qu'ils dénoncent, ou par les autorités du Temple, ou enfin par le peuple lui-même. D'une certaine manière, Akhab avait vu juste lorsqu'il accusait Élie d'être «le porte-malheur (= le *troubleur*) d'Israël» (1 R 18, 17).

Il n'est pas un domaine de l'histoire collective d'Israël qui échappe à la contestation des prophètes.

En matière de politique étrangère, les prophètes dénoncent les alliances avec les puissances voisines, telles l'Égypte ou l'Assyrie:

> Malheur! Ce sont des fils rebelles
> – oracle du SEIGNEUR.
> Ils réalisent des plans
> qui ne sont pas les miens,
> ils concluent des traités contraires
> à mon esprit,
> accumulant ainsi péché sur péché.
> Ils descendent en Égypte
> sans me consulter,
> ils vont se mettre en sûreté
> dans la forteresse du Pharaon,
> se réfugier à l'ombre de l'Égypte.
> La forteresse du Pharaon tournera
> à votre honte,
> et le refuge à l'ombre de l'Égypte
> à votre confusion.
> Déjà vos chefs sont à Tanis,
> les ambassadeurs ont atteint Hanès.
>
> Ils seront tous déçus par un peuple
> qui leur sera inutile,
> qui ne leur sera d'aucun secours,
> d'aucune utilité,
> sinon pour leur honte
> et même leur infamie. (Es 30, 1-5)

Appelés à intervenir sur la scène politique, les prophètes n'ont jamais craint de s'inscrire en faux contre ce genre d'alliance recherché par les rois d'Israël et de Juda. En revanche, Jérémie, seul contre tous, invite à se soumettre devant le roi de Babylone (Jr 27).

Critiques vis-à-vis du pouvoir, les prophètes l'ont été d'une façon constante et systématique pour tout ce qu'ils considéraient comme abus de pouvoir et injustice:

> Tes chefs sont des rebelles,
> complices des voleurs.
> Tous, ils aiment les présents,
> ils courent après les gratifications.
> Ils ne rendent pas justice à l'orphelin
> et la cause de la veuve n'arrive pas
> jusqu'à eux. (Es 1, 23)

> Parcourez les rues de Jérusalem,
> regardez donc et enquêtez,
> cherchez sur ses places:
> Y trouvez-vous un homme?
> Y en a-t-il un seul qui défende le droit,
> qui cherche à être vrai? (Jr 5, 1)

> Galaad est une cité de malfaiteurs,
> pleine de traces de sang... (Os 6, 8)

> Assemblez-vous sur les montagnes
> de Samarie,
> voyez quel amas de désordres en son sein,
> quelles oppressions au milieu d'elle!
>
> Ils n'ont pas le sens de l'action droite,
> ces entasseurs de violences et de rapines
> dans leurs palais
> – oracle du SEIGNEUR. (Am 3, 9-10)

> Écoutez-donc, chefs de Jacob,
> magistrats de la maison d'Israël:
> N'est-ce pas à vous de connaître le droit?
>
> Vous qui haïssez le bien et aimez le mal,
> qui arrachez la peau de dessus les gens
> et la chair de dessus leurs os. (Mi 3, 1-2)

La religion s'attire, elle aussi, des critiques extrêmement sévères de la part des prophètes. Non pas qu'ils soient contre ou complètement en marge de la religion de leur temps, mais parce qu'ils en voient tout l'aspect mensonger. Ce qu'ils dénoncent, c'est le formalisme et le triomphalisme d'un culte qui est contredit par une vie d'injustice et d'infidélité:

> Quand vous étendez les mains,
> je me voile les yeux,

vous avez beau multiplier les prières,
je n'écoute pas:
vos mains sont pleines de sang.   (Es 1, 15)

Ce peuple m'honore des lèvres,
mais son cœur est loin de moi.   (Es 29, 13)

Je déteste, je méprise vos pèlerinages,
je ne puis sentir vos rassemblements...
(Am 5, 22)

On prononce des paroles,
on fait de faux serments,
on conclut des alliances,
et le droit pousse comme une plante
vénéneuse sur les sillons des champs.
(Os 10, 4)

Mais il n'y a pas que les chefs politiques et religieux qui sont en cause. Ce que les prophètes déplorent, c'est l'infidélité de tout un peuple et la méconnaissance généralisée de l'Alliance et de ses exigences. Face à cette situation, les prophètes parlent même d'un *procès* que Dieu tient contre son peuple:

Écoutez la parole du Seigneur, fils d'Israël:
le Seigneur est en procès
avec les habitants du pays,
car il n'y a ni sincérité
ni amour du prochain
ni connaissance de Dieu dans le pays.
(Os 4, 1)

Malheur! Nation pécheresse,
peuple chargé de crimes,
race de malfaisants,
fils corrompus.
Ils ont abandonné le Seigneur,
ils ont méprisé le Saint d'Israël,
ils se sont dérobés.
Où faut-il encore vous frapper,
vous qui persistez dans la rébellion?
Toute tête est malade, tout cœur exténué.
(Es 1, 4-5)

Autour de l'Exil, le portrait ne sera guère plus reluisant, alors que Jérémie donnera le surnom d'«Apostasie» à Israël (Jr 3, 6), tandis qu'Ézéchiel sera prévenu du fait qu'il aura à faire avec une «engeance de rebelles» (Ez 2, 5).

Des inconditionnels de l'*espérance*

Si graves soient les infidélités du peuple, les prophètes ne sont pas du genre à s'en accommoder et à croire que tout est désormais joué. La sévérité de leurs dénonciations et de leurs menaces vise à réveiller le peuple pour le ramener dans la vérité et pour lui faire retrouver le bonheur. Si les prophètes ont choisi de prendre la parole, ce n'est certes pas pour «éteindre la mèche qui s'étiole» (Es 42, 3). Ils sont des inconditionnels de l'espérance. Non pas d'une espérance naïve et tolérante, mais d'une espérance forte et exigeante.

Le thème de la *conversion* demeure un des leitmotive de la prédication prophétique: «Reviens donc, Israël-l'Apostasie – oracle du Seigneur –, ma présence ne vous sera plus accablante» (Jr 3, 11); «Reviens donc, Israël, au Seigneur ton Dieu, car ta faute t'a fait trébucher» (Os 14, 2); «En ces jours-là, tu n'auras plus à rougir de toutes tes mauvaises actions, de ta révolte contre moi» (So 3, 11). Même d'un prophète virulent comme Amos, on a pu dire qu'il était le «prophète de la onzième heure». Pour tous les prophètes, en effet, une conversion du peuple est toujours possible. Sinon, cela va de soi, à quoi bon prophétiser? Un prophète aussi récalcitrant que Jonas devra bien finir par l'admettre: même les méchants Ninivites choisissent la voie de la conversion, et Ninive n'est pas détruite!

Mais ce n'est là qu'un côté de la médaille: celui de la conversion du peuple. Il y en a un autre encore plus important: celui de l'avenir que Dieu prépare pour son peuple. Sans relâche, les prophètes annoncent la restauration du peuple et un salut pour toutes les nations. À cet effet, on relira avec profit les finales des livres des prophètes-écrivains. Onze livres sur quinze se terminent sur des perspectives grandioses de salut: le peuple est rassemblé, guéri, consolidé et sauvé, et les nations montent vers Jérusalem pour former le peuple immense des sauvés.

Les prophètes, des inconditionnels de l'espérance? C'est bien ce qu'avait compris le *Siracide* quelque deux siècles avant Jésus-Christ:

> Quant aux os des douze prophètes,
> qu'ils refleurissent de leur tombe,
> car ils ont *encouragé* Jacob
> et ils l'ont *délivré par la fidélité de l'espérance*.
> (Si 49, 10)

Pour prolonger l'étude

Ouvrages fondamentaux

AMSLER, S., ASURMENDI, J., AUNEAU, J., MARTIN-ACHARD, R., *Les prophètes et les livres prophétiques*. Paris, Desclée, 1985 (Petite Bibliothèque des Sciences Bibliques - Ancien Testament, 4), 365p.

BLENKINSOPP, J., *Une histoire de la prophétie en Israël, depuis le temps de l'installation en Canaan jusqu'à la période hellénistique*. Trad. par M. Desjardins. Montréal, Fides, 1993 (Loi et Évangile) 352 p.

BRUEGGEMANN, W., *The Prophetic Imagination*. Philadelphia, Fortress Press, 1978, 172p.

COGGINS, R., et autres, *Israel's Prophetic Tradition. Essays in Honour of Peter R. Ackroyd*. Edited by R. Coggins, A. Philips and M. Knibb. Cambridge, Cambridge University Press (1982) xxi, 272p.

HESCHEL, A.J., *The Prophets*. 2v. New York, Harper & Row (Harper Colophon Books), c1962.

LINDBLOM, J., *Prophecy in Ancient Israel* (réimpression). Oxford, B. Blackwell, 1972, v, 474p.

NEHER, A., *L'essence du prophétisme*. Paris, Calmann-Lévy, 1972 (©1955) (Diaspora) 322p.

RAMLOT, L., «La prophétie biblique», dans *Dictionnaire de la Bible. Supplément*, t. 8 (1972) col. 909-1222.

VON RAD, G., *The Message of the Prophets*. Translated by D.M.G. Stalker. London, SCM Press, 1968, 289p.

WILSON, R.R., *Prophecy and Society in Ancient Israel*. Philadelphia, Fortress Press, 1980, xiii, 322p.

Introductions critiques et synthèses

AMSLER, Samuel, *Les actes des prophètes*. Genève, Labor et Fides, 1985 (Essais Bibliques, 9), 94p.

ASURMENDI, J., *Le prophétisme des origines à l'époque moderne*. Paris, Nouvelle Cité, 1985, 172p.

CHARPENTIER, E., *Pour lire l'Ancien Testament*. Paris, Cerf, 1981, pp. 42-49; 61-63; 66-67.

LIMBURG, J., *The Prophets and the Powerless*. Atlanta, John Knox Press, 1977, 104p.

MCKANE, W., «Prophecy and the Prophetic Literature», dans *Tradition and Interpretation: essays by members of the Society of Old Testament Study*. Edited by G.W. ANDERSON. Oxford, Clarendon Press, 1979, xxi, 462p., pp. 163-188.

MONLOUBOU, L., *Les prophètes de l'Ancien Testament*. Paris, Cerf, 1983 (Cahiers Évangile, 43), 63p.

PAUL, SH. M. (et autres), «Prophets and Prophecy», dans *Encyclopædia Judaica*, v. 13. Jerusalem, 1971, pp. 1150-1181.

VAWTER, B., «Introduction to Prophetic Literature», dans *The New Jerome Biblical Commentary*. Edited by R.E. Brown, J.A. Fitzmyer, R.E. Murphy. Englewood Cliffs, New Jersey, Prentice Hall, 1990, pp. 186-200.

VOGELS, W., *Les prophètes*. Ottawa, Novalis, 1990 (L'Horizon du Croyant), 165p.

Synthèses pastorales

FÊTES ET SAISONS, *Les prophètes*, n° 399, novembre 1985, 32p.

FOI & VIE, *Prophétisme, sagesse et pouvoirs*, 83 (1984) (Cahier Biblique 23), 96p.

LA VIE SPIRITUELLE, *Prophétise, fils d'homme*, t. 136, n° 650, mai-juin 1982, pp. 324-389.

CHAPITRE 2

DES PROPHÈTES À JÉSUS, UN MÊME ÉVANGILE?

Il pourra paraître prématuré ou contraire à une certaine logique d'aborder dès maintenant la question des rapports entre les prophètes et le Nouveau Testament. On nous a habitués à une présentation qui suit la chronologie, et qui oblige forcément à voir d'abord l'ensemble des écrits des prophètes avant de traiter de leur impact sur ceux du Nouveau Testament.

Mais, puisqu'il s'agit ici d'une entreprise qui vise à donner envie de lire les prophètes, il semble justement qu'il n'y ait pas meilleure porte d'entrée. Aux questions qui surgissent immanquablement de nos jours, en milieu chrétien: *Faut-il lire les prophètes? si Jésus est pour nous le prophète par excellence, les prophètes de l'Ancien Testament ont-ils encore quelque chose à nous apprendre? et si oui, comment les lire?*, c'est sans doute la fidélité au Nouveau Testament, à l'Évangile de Jésus-Christ, qui offre la meilleure réponse et représente l'argument le plus décisif. Pour peu qu'on lise les Évangiles, on aura vite fait de voir que les prophètes et leur message ont été une référence constante et de très grande importance pour Jésus et pour les auteurs du Nouveau Testament.

Le témoignage des prophètes dans le Nouveau Testament

En effet, la place que les prophètes et leurs écrits tiennent dans le Nouveau Testament est tout à fait singulière. Du simple point de vue statistique, on a pu parler de quelque quatre cents citations ou allusions, ce qui non seulement est considérable mais représente à coup sûr le groupe d'écrits le mieux représenté dans le Nouveau Testament.

Mais il y a plus et mieux que cette statistique. Il est clair que, pour les auteurs du Nouveau Testament, les livres des prophètes font partie d'une Écriture inspirée et qu'ils contiennent, avec la Loi, l'essentiel de la révélation: Matthieu, Luc, Jean et Paul utilisent volontiers (dix-sept fois en tout) l'expression «La Loi et les Prophètes» pour invoquer le témoignage global de l'Écriture. C'est d'ailleurs ce témoignage conjoint de la «Loi et des Prophètes» qui est signifié par la présence de Moïse et d'Élie lors de la Transfiguration de Jésus (Mc 9, 4 et parallèles). D'autre part, il n'est pas rare non plus – quarante-cinq fois en tout – que, sans vouloir minimiser le rôle fondamental de la Loi, les auteurs du Nouveau Testament se réfèrent au seul témoignage des prophètes, pris collectivement, pour justifier la conduite ou l'enseignement de Jésus.

Le Nouveau Testament, et Jésus en particulier, aime aussi évoquer les grandes figures prophétiques populaires que sont Élie (trente fois) et Élisée (une fois). Même si ces deux ancêtres de la prophétie biblique n'ont laissé aucun écrit, la saga de leurs oracles et de leurs gestes prophétiques est suffisamment vive dans la mémoire des auditeurs de Jésus et des lecteurs des Évangiles pour qu'on y réfère afin de mieux faire comprendre les faits et gestes de Jésus. Luc n'a pas manqué de souligner, dès le début du ministère de Jésus (ch. 4), le parallèle entre Jésus et les prophètes Élie et Élisée:

> En toute vérité, je vous le déclare, il y avait beaucoup de veuves en Israël aux jours d'Élie, quand le ciel fut fermé trois ans et six mois et que survint une grande famine sur tout le pays; pourtant ce ne fut à aucune d'entre elles qu'Élie fut envoyé, mais bien dans le pays de Sidon, à une veuve de Sarepta.
>
> Il y avait beaucoup de lépreux en Israël au temps du prophète Élisée; pourtant aucun d'entre eux ne fut purifié, mais bien Naamân le Syrien. (4, 25-27)

Le rejet de Jésus par les siens à Nazareth n'est donc pas un phénomène nouveau en Israël: Élie et Élisée ont connu un sort identique. Mais la comparaison ne s'arrête pas là. En citant l'exemple des deux prophètes, Jésus entend aussi faire ressortir le «paradoxe du salut». Méconnus ou refusés au sein de leur peuple, les prophètes authentiques reçoivent un accueil favorable en terre étrangère et, grâce à eux, les nations voisines d'Israël ont accès au salut.

Le phénomène des citations n'est pas moins intéressant. C'est, bien sûr, le prophète Ésaïe qui est le plus souvent cité: vingt-deux fois nommément et cinq autres fois où la référence, quoique non explicite, est certaine. Celui qui vient au deuxième rang est sans doute plus inattendu, puisqu'il s'agit de Jonas (dix fois)! Après quoi on retrouve, dans l'ordre, Jérémie (trois fois), Osée (une fois) ainsi que Joël (une fois). Ce sont là les prophètes-écrivains qui sont expressément nommés.

Que les prophètes soient cités, et relativement souvent dans le Nouveau Testament, c'est l'évidence même, pour peu qu'on fasse de ce dernier une lecture attentive. Mais plus important que le nombre de références ou d'allusions, on ne peut pas ignorer non plus le crédit que le Nouveau Testament accorde au témoignage des prophètes. En effet, les citations que les auteurs du Nouveau Testament ont tirées de leurs écrits dépassent, et de loin, la simple fonction ornementale et esthétique. Autrement dit, si on les cite, ce n'est pas simplement pour enjoliver le texte et le rendre plus agréable à lire, mais uniquement pour mieux dire la bonne nouvelle de Jésus-Christ. On notera ici *l'importance, pour ainsi dire stratégique, des citations bibliques tirées des prophètes.* Voyons quelques exemples.

Tout d'abord chez Marc. Les *paraboles*, qui sont déjà, au temps de Jésus, un genre littéraire bien attesté dans la Bible et dans la littérature juive, prennent dans la bouche de Jésus une couleur tout à fait particulière. En un sens, on peut dire que ses paraboles sur le Royaume sont tout à fait caractéristiques du langage de Jésus. Pourtant, les contemporains de Jésus ne sont pas toujours parvenus à en comprendre le sens. Devant ce fait paradoxal (Jésus excelle à présenter des paraboles, mais les gens ne les comprennent pas!), Marc n'hésite pas à invoquer le témoignage d'Ésaïe dont la prédication avait dû composer, elle aussi, avec la résistance et l'incompréhension de ses premiers auditeurs:

> Et il leur disait: «À vous le mystère du Règne de Dieu est donné, mais pour ceux du dehors tout devient énigme pour que, tout en regardant, ils ne voient pas et que, tout en entendant, ils ne comprennent pas de peur qu'ils ne se convertissent et qu'il leur soit pardonné.» Et il leur dit: «Vous ne comprenez pas cette parabole! Alors comment comprendrez-vous toutes les paraboles?»
> (Mc 4, 11-12; voir Es 6, 9-10 – texte araméen)

C'est donc l'essentiel de la prédication de Jésus (Marc nous présente ici non seulement la première parabole de Jésus, mais une collection des plus complètes) qui se trouve placé sous le signe de l'accueil déjà réservé, dans le passé, à la prédication prophétique.

Un peu plus loin, toujours dans l'évangile de Marc (ch. 7), Jésus prend sévèrement à partie les pharisiens pour l'ensemble de leurs *traditions* (ablutions de toutes sortes et purifications rituelles):

> Il leur dit: «Ésaïe a bien prophétisé à votre sujet, hypocrites, car il est écrit:
>
> *Ce peuple m'honore des lèvres, mais son cœur est loin de moi;*
> *c'est en vain qu'ils me rendent un culte*
> *car les doctrines qu'ils enseignent ne sont que préceptes d'hommes.*
>
> Vous laissez de côté le commandement de Dieu et vous vous attachez à la tradition des hommes.»
> (Mc 7, 6-8; voir Es 29, 13 – texte grec; la même citation est reprise en Mt 15, 7)

Encore une fois, Jésus s'appuie sur la parole du prophète Ésaïe pour dénoncer les excès d'un rituel qui traduit davantage le souci de la *pureté extérieure* que de la pureté intérieure, et pour proposer sa propre vision d'une pureté qui vienne «de l'intérieur... du cœur des hommes» (Mc 7, 21). Autrement dit, Jésus s'appuie sur le témoignage des prophètes pour mieux marquer ses distances par rapport à la religion des pharisiens. Dans un tel contexte, la parole d'Ésaïe acquiert une dimension nouvelle et sert en quelque sorte à définir la nouveauté de la religion proposée par Jésus.

Jésus se distinguera des pharisiens sur un autre point majeur: son attitude face aux pécheurs. Or, sur ce point, c'est encore au

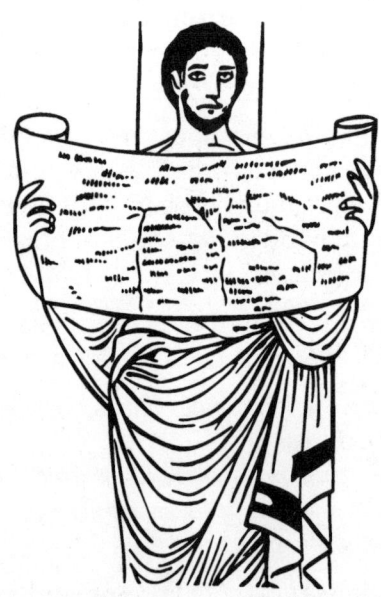

Prophète portant un rouleau de la Loi.

témoignage d'un prophète, Osée, que Matthieu fera appel pour justifier la conduite de Jésus, source de scandale pour les pharisiens:

> Voyant cela, les pharisiens disaient à ses disciples: «Pourquoi votre maître mange-t-il avec les collecteurs d'impôts et les pécheurs?» Mais Jésus, qui avait entendu, déclara: «Ce ne sont pas les bien-portants qui ont besoin de médecin, mais les malades. Allez donc apprendre ce que signifie: *C'est la miséricorde que je veux, non le sacrifice.* Car je suis venu appeler non pas les justes, mais les pécheurs.»
> (Mt 9, 11-13; voir Osée 6, 6; Matthieu reprendra la même citation en 12, 7)

Chez Luc, c'est toute la mission de Jésus qui est placée explicitement dans la foulée d'un oracle du prophète Ésaïe:

> Il vint à Nazara où il avait été élevé. Il entra suivant sa coutume le jour du sabbat dans la synagogue, et il se leva pour faire la lecture. On lui donna le livre du prophète Ésaïe et, en le déroulant, il trouva le passage où il était écrit:
>
> *L'Esprit du Seigneur est sur moi*
> *parce qu'il m'a conféré l'onction*
> *pour annoncer la bonne nouvelle aux pauvres.*
> *Il m'a envoyé proclamer aux captifs*
>   *la libération*
> *et aux aveugles le retour à la vue,*
> *renvoyer les opprimés en liberté,*
> *proclamer une année d'accueil par le Seigneur.*
>
> Il roula le livre, le rendit au servant et s'assit; tous dans la synagogue avaient les yeux fixés sur lui. Alors il commença à leur dire: «Aujourd'hui, cette écriture est accomplie pour vous qui l'entendez.»
> (Lc 4, 16-21)

Il s'agit bien là d'un texte-programme, soigneusement choisi par Luc: la mission de Jésus est en effet présentée comme *bonne nouvelle aux pauvres*, dans la ligne du message évangélique formulé dans la troisième section du livre d'Ésaïe (61, 1). Tout, dans ce texte, tend à souligner la solennité du moment. Jésus ne laisse subsister aucun doute sur le sens qu'il faudra donner désormais au passage qu'il vient de lire: «Aujourd'hui, cette écriture est accomplie pour vous qui l'entendez.» Elle s'accomplit certes, mais non sans nouveauté, puisque Luc prête à Jésus une citation légèrement abrégée du texte d'Es 61, 1, omettant délibérément les mots «le jour de la vengeance de notre Dieu» après «une année d'accueil par le Seigneur». Chez Luc, la mission de Jésus est d'abord et uniquement une mission de salut. Cette dimension de salut, déjà très forte dans l'oracle original du prophète Ésaïe, est ici renforcée et portée à son accomplissement suprême.

Mises dans la bouche de Jésus, les citations des prophètes ont une fonction proprement théologique. Le nombre de citations et l'importance qui leur est accordée par les évangélistes confirment la validité du point de vue des prophètes sur Dieu et sur ses exigences pour les croyants. Jésus rejoint les prophètes sur l'essentiel: il affiche une pleine solidarité avec eux et se réclame d'un même Dieu. Lorsque, par exemple, on trouve chez Osée la phrase: «C'est la miséricorde que je veux et non les sacrifices», on a déjà là une très haute idée de Dieu et de la primauté du commandement de l'amour. C'est déjà le Nouveau Testament avant l'heure: le prophète anticipe l'expérience d'un Dieu de miséricorde avec lequel Jésus se dira en parfaite harmonie. Les prophètes de l'Ancien Testament ont déjà pressenti le mystère d'un Dieu qui veut «la miséricorde et non les sacrifices», la religion du cœur et non des pratiques extérieures, tout comme ils ont déjà fait retentir, en leur temps, «la bonne nouvelle aux pauvres» et la «libération des captifs».

Un exemple
de relecture chrétienne des prophètes: «L'accomplissement des Écritures» en Matthieu 1-2

Nous avons vu plus haut que les prophètes se risquaient très rarement à faire des prédictions. Mais comment se fait-il alors qu'on ait si souvent parlé des prophètes comme ayant prédit le Christ? Et n'est-il pas vrai que les Évangiles eux-mêmes ne manquent pas de souligner

Le Moulin mystique.
De l'ancienne à la nouvelle Alliance.

que Jésus a fait tel ou tel geste, précisément, «pour que s'accomplisse ce que le Seigneur avait dit par le prophète X ou Y...»?

On a alors beaucoup «psychologisé» les textes prophétiques, en ce sens que, en raison de l'idée qu'on se faisait de l'inspiration de l'Écriture, on cherchait à retrouver dans la conscience du prophète une perception claire et définie d'événements fort lointains. Or rien n'est moins sûr, et cela n'est même pas requis.

Un seul exemple – mais comportant plusieurs références – suffira à illustrer le propos: Matthieu 1-2. Contrairement à ce qu'on a pu laisser entendre, ces deux chapitres traitant de l'enfance de Jésus n'ont rien de naïf et se présentent au contraire comme un récit fort bien construit, riche d'une théologie très élaborée. Or Matthieu, dont on connaît bien les racines juives et le souci de répondre aux questions et objections des milieux juifs, sent le besoin de montrer que Jésus accomplit leurs Écritures. Il le fait de brillante façon, en insérant, dans *chacun des cinq épisodes de l'enfance de Jésus* (annonce à Joseph, visite des mages, fuite en Égypte, massacre des enfants de Bethléem et retour d'Égypte à Nazareth), une parole d'Écriture, introduite *chaque fois* par une formule solennelle et non-équivoque: «pour que s'accomplisse ce que le Seigneur avait dit par le prophète...» (ou une formule équivalente). Alors qu'il n'hésitera pas, par ailleurs, à citer la Loi et les Psaumes, voilà qu'ici il ne se réfère qu'aux seuls prophètes. Sa lecture, ou mieux sa relecture, se fait selon une clef prophétique.

Jetons un bref coup d'œil sur les textes cités et leur interprétation par Matthieu.

- En 1, 23:

  Voici que la vierge concevra et enfantera un fils auquel on donnera le nom d'Emmanuel, ce qui se traduit: «Dieu avec nous». (Es 7, 14)

- En 2, 6:

  Et toi, Bethléem, terre de Juda, tu n'es certes pas le plus petit des chefs-lieux de Juda: car c'est de toi que sortira le chef qui fera paître Israël, mon peuple. (Mi 5, 1)

- En 2, 15:

  D'Égypte, j'ai appelé mon fils. (Os 11, 1)

- En 2, 18:

  Une voix dans Rama s'est fait entendre, des pleurs et une longue plainte: c'est Rachel qui pleure ses enfants et ne veut pas être consolée, parce qu'ils ne sont plus. (Jr 31, 15)

- En 2, 23:

  Il sera appelé Nazôréen.
  (citation d'origine inconnue!)

Il y a dans ce petit ensemble une excellente indication du travail que les évangélistes ont fait pour citer les prophètes.

Premièrement, le fait même des citations témoigne d'un grand respect pour l'Écriture. Celles-ci jouent un rôle proprement théologique et servent de cadre d'interprétation pour Matthieu.

Deuxièmement, la culture biblique, notamment prophétique, de l'évangéliste Matthieu ne fait aucun doute. Quatre prophètes différents sont mis à contribution, et il faut certainement bien connaître leurs livres pour aller y chercher des versets spécifiques.

Troisièmement, en même temps que de respect de l'Écriture de la part de l'évangéliste, il faut aussi parler de son extrême liberté. Dans la tradition juive dont Matthieu hérite, la parole prophétique n'est pas figée. Elle est en constante évolution, et sans cesse soumise à des exercices de relecture et d'actualisation. En effet, deux des cinq citations de Matthieu diffèrent de manière assez significative des versions plus anciennes du texte prophétique. C'est ainsi, par exemple, que Matthieu, pour l'oracle de l'Emmanuel, préfère la version grecque des Septante, qui parle de «vierge» là où le texte hébreu d'Ésaïe parlait en termes plus généraux de «jeune femme». Quant au statut de Bethléem parmi les clans de Juda, il est aisé de constater que Matthieu a complètement changé la portée de l'oracle de Michée: là où le prophète du VIIIᵉ siècle parlait d'un hameau sans importance, voilà que Matthieu, à partir de ce qu'il sait de Jésus, fait de Bethléem le plus grand des clans de Juda! Mais là où Matthieu fait davantage preuve de liberté, voire de fantaisie, c'est dans la dernière citation: *Il sera appelé Nazôréen.* On a beau chercher: aucun prophète n'a jamais dit chose pareille, ni aucun écrivain biblique. On comprend que Matthieu n'ait pas nommé de prophète en particulier et qu'il se soit contenté d'un vague «ce qui avait été dit par *les prophètes*». Ce qu'il faut comprendre, c'est qu'il lui fallait absolument une citation biblique, et qu'à défaut d'en trouver une qui réponde à ses besoins, il en a forgé une de toutes pièces!

Ces quelques exemples nous ramènent donc à la question plus fondamentale: que veut dire l'expression «pour que s'accomplisse la parole du prophète»?

Jésus, prophète?

Les auteurs du Nouveau Testament ont recours à une multitude de titres pour parler de Jésus: Maître, Fils de l'Homme, Fils du Très-Haut, Fils de Dieu, Messie, pour ne mentionner que les principaux. Bien entendu, celui de prophète lui a été également appliqué (dix-sept références directes et explicites). La question se pose toutefois en des termes plus larges.

Tout d'abord, il est clair que, après avoir longtemps souffert du «silence de la prophétie», les gens, au temps de Jésus, attendaient vivement le retour, non seulement d'un prophète, mais *du* prophète qui devait prendre la relève de Moïse. C'est ainsi que des prêtres et des lévites envoyés de Jérusalem par les pharisiens mènent leur enquête auprès de Jean-Baptiste: «Et ils lui demandèrent: "Qui es-tu? Es-tu Élie?" Il répondit: "Je ne le suis pas." – "Es-tu le Prophète?" Il répondit: "Non"» (Jn 1, 21). La question n'a donc pas manqué de se poser à propos de Jean-Baptiste, en qui certains croyaient déjà reconnaître Élie ou l'un des prophètes.

Il n'est donc pas étonnant de voir que la même question se soit posée à propos de Jésus et que les gens y aient apporté des réponses variables. La confession de foi de Pierre, en effet, fait allusion à ces diverses réponses populaires: «Arrivé dans la région de Césarée de Philippe, Jésus interrogeait ses disciples: "Au dire des hommes, qui est le Fils de l'homme?" Ils dirent: "Pour les uns, Jean le Baptiste; pour d'autres, Élie; pour d'autres encore, Jérémie ou l'un des prophètes"» (Mt 16, 13-14). Parfois, la réponse est plus affirmative, comme ce fut le cas, par exemple, après la multiplication des pains où, selon la version de Jean, les foules ont reconnu en Jésus le prophète qui devait venir: «À la vue du signe qu'il venait d'opérer, les gens dirent: "Celui-ci est vraiment le Prophète, celui qui doit venir dans le monde"» (Jn 6, 14).

Une chose est donc certaine: Jésus a été souvent perçu par les foules comme l'un des prophètes, sans doute au même titre que d'autres avant lui (tel Jean-Baptiste), et certains sont allés jusqu'à reconnaître en lui le prophète par excellence tant attendu depuis la mort de Moïse. À travers le témoignage indirect des foules, il est clair que pour les chrétiens Jésus est un prophète, voire le plus grand. Après Pâques et la Pentecôte, les témoignages sont on ne peut plus explicites. L'un des disciples d'Emmaüs, par exemple, se réfère à «Jésus de Nazareth, qui fut un prophète puissant en action et en parole devant Dieu et devant tout le peuple» (Lc 24, 19).

«... ici il y a plus que Jonas»

Prophète, Jésus l'est indéniablement. Mais, comme pour tous les titres traditionnels attribués à Jésus à partir de l'Ancien Testament, il faut parler ici de dépassement. Jésus est effectivement *le* prophète suscité par Dieu pour prendre la relève de Moïse, mais il est plus grand que Moïse: «Si la Loi fut donnée par Moïse, la grâce et la vérité sont venues par Jésus Christ» (Jn 1, 17). Il est aussi le Messie tant attendu, mais là encore, il l'est d'une manière inattendue. Jésus s'inscrit tout à fait dans la ligne des prophètes et mérite d'être comparé aux plus grands d'entre eux. Il y a toutefois une nouveauté singulière qui éclate en lui: «Lors du jugement, les hommes de Ninive se lèveront avec cette génération et ils la condamneront, car ils se sont convertis à la prédication de Jonas; eh bien! ici il y a plus que Jonas» (Mt 12, 41).

CHAPITRE 3

AMOS : LA VOIX QUI «RUGIT»

I- Un prophète à redécouvrir

Amos, cet inconnu

On pourrait bien reprendre ici, en l'adaptant, le célèbre commentaire de La Fontaine à propos du petit livre biblique de Baruch: *Avez-vous lu Amos? – C'était un beau génie!* En effet, on ne peut pas dire que la tradition chrétienne se soit beaucoup inspirée des propos incisifs de celui qui est habituellement reconnu comme le plus ancien des prophètes-écrivains. C'était pourtant un «beau génie» qui nous a donné un livre-choc où se dessinent déjà les principales caractéristiques du prophétisme biblique.

Amos, cet inconnu... Si on faisait une enquête auprès des assemblées liturgiques du dimanche, dans la tradition catholique par exemple, pour demander: «Qui est le prophète Amos? Et quel a été son message?», je crains que nous aurions des réponses embarrassées et plutôt évasives. En effet, le lectionnaire romain du dimanche lui fait une place bien timide: un total de treize versets répartis sur une période de trois ans! C'est fort peu par rapport aux cent quarante-six versets que comprend le livre d'Amos (moins de dix pour cent). Il est aisé de constater qu'on a voulu ménager les auditeurs et que les propos les plus contestataires du prophète – notamment en ce qui concerne le culte – n'ont pas eu la chance de résonner au sein de nos assemblées liturgiques...

Il n'y a sans doute pas lieu de s'en étonner outre mesure puisque depuis l'instant où Amos, ce campagnard que rien ne semblait destiner au monde de la prophétie (7, 12-15), a pris la parole dans le Royaume d'Israël vers 750 av. J.-C., ses propos incendiaires n'ont cessé de déranger. Le «conflit de Béthel», où le prophète est sévèrement pris à partie par le prêtre Amacya, fonctionnaire du sanctuaire royal, pourrait bien illustrer le sort qu'on a eu tendance à infli-

Le prophète Amos.

ger aux oracles d'Amos dans la tradition chrétienne: «Va-t'en, voyant; sauve-toi au pays de Juda: *là-bas*, tu peux gagner ton pain et prophétiser, *là-bas*!» (7, 12). On est bien prêt, en effet, à lui accorder le titre de prophète, mais pas chez soi: *là-bas* seulement! N'est-ce pas ce qui est arrivé, pour une bonne part, au livre du plus ancien des prophètes? Il fait partie des Écritures canoniques chrétiennes, mais on l'a en quelque sorte neutralisé par une utilisation des plus parcimonieuses.

C'est un fait que le livre d'Amos a été longtemps ignoré ou méconnu des chrétiens. Les Pères de l'Église, par exemple, l'ont fort peu commenté et ont été plus que sélectifs dans leurs citations. Il semble bien que deux raisons majeures aient joué contre le prophète de Teqoa. D'une part, on a pu juger que son message était trop dur à recevoir et, de ce fait, en régression par rapport à l'espérance qui se dégage des Évangiles et du message chrétien. D'autre part – et cela a sans doute été encore plus déterminant – on voit mal comment on aurait pu exploiter en milieu chrétien un livre qui ne contient aucun oracle messianique: comme il a été dit en introduction à ce volume, la tradition chrétienne a d'abord cherché ce qui, chez les prophètes, pouvait annoncer le Christ. Il devenait dès lors difficile de faire appel au livre d'Amos, dont toute résonance christologique pouvait sembler absente.

Dans l'histoire plus récente de l'interprétation, on peut dire aussi que le livre d'Amos a pu servir de support ou de repoussoir (selon le cas) dans les grandes controverses théologiques. C'est ainsi, par exemple, que le célèbre dominicain Savonarole, dans le conflit qui l'opposait à Rome, avait choisi de faire sa prédication du carême de 1496 – soit deux ans avant sa condamnation et son exécution – à partir du livre d'Amos. Au temps de la Réforme, Luther et Calvin ne manqueront pas d'invoquer les oracles du prophète dans leur dénonciation du triomphalisme et des abus de Rome, notamment pour tout ce qui touche au culte. Et comme les Réformateurs se sentaient à l'aise avec les propos du prophète, on ne sera pas surpris que la théologie issue de la Contre-Réforme laisse dans l'ombre un livre jugé trop révolutionnaire.

La redécouverte d'un prophète

Fort heureusement, les choses ont changé depuis le début du siècle. D'une part, les progrès réalisés dans le domaine des études bibliques ont permis de mieux apprécier le prophétisme. Et d'autre part, les défis du monde moderne ont entraîné de profondes remises en question chez les chrétiens et, du même coup, redonné une actualité dramatique au message des prophètes, si profondément attachés aux questions de dignité humaine, de justice sociale et de libération en faveur des plus pauvres. Il n'en fallait pas davantage pour sortir de l'ombre le message sans compromis ni complaisance du prophète Amos.

C'est surtout du côté protestant, et au cœur d'une Allemagne confrontée aux aberrations du nazisme et de la Deuxième Guerre mondiale, que le prophète Amos allait regagner ses titres de noblesse et réveiller la torpeur d'une conscience chrétienne endormie ou même complice des atrocités commises par le régime hitlérien. Des exégètes ou théologiens de grand renom, tels Vischer, Lüthi et Barth ont alors eu le courage de faire entendre le cri indigné du prophète de Teqoa et sa vibrante protestation en faveur des pauvres et des opprimés.

Du côté catholique, le renouveau biblique consacré par Vatican II (1960-1965) allait enfin ouvrir la porte à une redécouverte du trésor biblique et marquer un nouveau départ dans l'intérêt porté aux prophètes. On a parlé de plus en plus d'une Église qu'on souhaitait «prophétique» et, dans la ligne de la Constitution conciliaire sur «L'Église dans le monde de ce temps», on a vu naître une nouvelle sensibilité sur les rapports entre foi et justice sociale. Par souci de fidélité à l'Évangile de Jésus-Christ, les chrétiens et chrétiennes ont senti le besoin de s'engager dans la transformation des structures sociales. De cette prise de conscience, sont nées les communautés de base, les organismes de justice sociale et de développement, les mouvements en faveur des droits humains et les différentes théologies de la libération. L'heure des prophètes était venue, et celle d'Amos en particulier.

La redécouverte s'est faite aussi dans le sens d'une réconciliation. La grande et belle entreprise d'une *Traduction œcuménique de la Bible* a, en effet, accordé une place de choix à ce livre prophétique qu'on avait si souvent brandi contre l'«autre» ou tout simplement ignoré parce que l'«autre» le tenait en bonne part. De tout l'Ancien Testament, ce fut le premier livre à être traduit et commenté. Voilà un juste retour des choses et une heureuse réconciliation!

Le prophète et son milieu (d'après Am 1, 1)

L'en-tête du livre nous permet déjà de bien camper le personnage à qui nous avons affaire: «*Paroles d'Amos, qui fut l'un des éleveurs de Teqoa, paroles dont il eut la vision, contre Israël, aux jours d'Ozias, roi de Juda, et aux jours de Jéroboam, fils de Joas, roi d'Israël, deux ans avant le tremblement de terre*» (1, 1). Manifestement écrit après l'ensemble du livre, ce sommaire nous donne les principales coordonnées du prophète, de son époque et de son message.

Tout d'abord le nom du prophète: *Amos*. Ce nom est unique dans la tradition biblique, et bien que l'étymologie renvoie à une racine qui signifie *porter* – également attestée dans le nom *Amasya* (2 Ch 17, 16), c'est-à-dire *Yahvé porte, Yahvé soulève (son peuple)* –, les éditeurs du livre d'Amos n'élaborent aucunement sur la signification théologique de son nom. En revanche, on nous fait connaître son métier: «l'un des éleveurs», ce qui sera d'ailleurs confirmé par les dires du prophète lui-même (7, 14-15), et même explicité, puisqu'il se déclare aussi «traiteur de

UN PROPHÈTE AU PAYS DES SAGES?

Amos, nous l'avons déjà vu, est le premier prophète-écrivain. Il a en quelque sorte inventé les chemins de la prophétie écrite. Mais cela ne l'empêche pas de puiser à d'autres sources de la tradition religieuse d'Israël. Parmi ces sources, il faut mentionner en premier lieu – comme l'a si bien démontré H.W. Wolff (*L'enracinement spirituel d'Amos*, 1974) –, les différentes traditions de sagesse, dont l'influence est telle sur Amos qu'elle invite à reconsidérer les liens entre prophètes et sages. Alors qu'on a souvent tendance à les opposer, prophètes et sages de la Bible se complètent et le livre du prophète Amos témoigne d'une affinité remarquable avec les thèmes et les techniques des sages d'Israël.

C'est ainsi, par exemple, qu'il a recours aux *questions rhétoriques* ou *didactiques*:

Deux hommes vont-il ensemble s'ils ne se sont pas concertés?
Un lion rugit-il dans la forêt sans avoir une proie?
Un lionceau donne-t-il de la voix dans sa tanière s'il n'a pas fait de capture?
Un oiseau tombe-t-il à terre sur un piège
sans qu'il y ait un appât?
Un piège se soulève-t-il du sol sans avoir fait de capture?
Si le cor retentit dans une ville, le peuple n'a-t-il pas été alarmé?
S'il arrive malheur dans une ville, n'est-ce pas le SEIGNEUR qui l'a fait? (3, 3-6)
Est-ce que des chevaux galopent sur les rochers, y laboure-t-on avec des boeufs, pour que vous fassiez tourner le droit en poison et le fruit de la justice en ciguë? (6, 12)

Chaque fois, la réponse est évidente et s'impose à l'expérience du lecteur. Pareil procédé est typique des sages: on en retrouve quantité dans le livre de *Job*, des *Proverbes* et de *Qohéleth*, et on ne sera pas surpris d'en retrouver aussi un très grand nombre sur les lèvres de Jésus, le sage de Nazareth.

Un deuxième procédé qu'Amos semble avoir emprunté aux sages est celui des *formules numériques progressives* qui se retrouvent toutes aux chapitres 1-2: «Pour trois et pour quatre rébellions...». C'est en effet chez les sages qu'on retrouve ce genre de séquences numériques visant à attirer l'attention sur le dernier élément d'une série (voir Proverbes 15-31).

Tout comme les sages, Amos excelle également dans les *exhortations pédagogiques*. Certes il dénonce avec vigueur, mais il sait aussi indiquer le bon chemin:

Cherchez le bien et non le mal, afin que vous viviez, et ainsi le SEIGNEUR, le Dieu des puissances sera avec vous, comme vous le dites.

Haïssez le mal, aimez le bien, rétablissez le droit au tribunal... (5, 14-15)

On croirait entendre les recommandations coutumières des *Proverbes*, avec l'opposition classique *bien – mal*, le thème de la *recherche* et l'insistance sur la *vie*, qui tient elle-même une place privilégiée dans le credo des sages.

Certes, il faut éviter ici les exclusives et il est certain qu'Amos a puisé à d'autres tra-

> ditions que la sagesse. Mais les affinités importantes d'Amos avec la sagesse biblique invitent à interpréter avec plus de souplesse les frontières qu'on avait cru déceler entre prophètes et sages. Amos est définitivement un prophète. Il n'en reste pas moins qu'il présente une étonnante familiarité avec les sages. Amos, le prophète au verbe incisif, n'a rien perdu non plus de la sagesse de son terroir. Faudrait-il plutôt dire, eu égard à ses origines, que nous retrouvons chez Amos, qui reconnaît lui-même que rien ne le prédisposait à la prophétie (7, 14) un sage qui s'est aventuré au pays des prophètes?

sycomores». C'est donc essentiellement un cultivateur, un homme de la terre, et selon toute vraisemblance, quelqu'un qui était relativement à l'aise, puisqu'il élevait aussi bien petit et gros bétail et pouvait bénéficier d'une autre source de revenus avec les sycomores.

Il est de «Teqoa», située à quelques kilomètres de Bethléem et, par conséquent, pas très éloignée de Jérusalem. C'est une ville qui a été fortifiée par le roi Roboam (2 Ch 11, 5-6) et qui apparaîtra encore, au temps de Jérémie (Jr 6, 1), comme une place forte. Mais elle est située en bordure d'un désert – qui du reste porte le nom de «désert de Teqoa» (2 Ch 20, 20). D'après 2 Samuel 14, la ville est également renommée pour sa tradition de sagesse.

Amos appartient donc au Royaume du Sud, dont la capitale est Jérusalem. Mais il n'aura rien à voir avec cette dernière. Tout son ministère se déroulera dans le Royaume du Nord, dont la capitale était Samarie. Amos a donc tout pour déranger: en plus du contenu virulent de ses oracles, il a contre lui qu'il n'est pas chez lui à Béthel pas plus qu'à Guilgal ou Samarie. S'il est vrai que «nul n'est prophète dans son pays», dans le cas d'Amos, il ne semble pas que le fait de venir d'ailleurs ait été une meilleure garantie de succès.

Quant au milieu historique et social dans lequel Amos a œuvré, on le déduit facilement de l'en-tête puis, bien sûr, du contenu même des oracles d'Amos. Les coordonnées sont on ne peut plus précises: «aux jours d'Ozias, roi de Juda, et aux jours de Jéroboam, fils de Joas, roi d'Israël, deux ans avant le tremblement de terre». Ce dernier repère n'est sans doute pas facile à identifier pour nous, mais il reste qu'il devait s'agir d'un événement mémorable pour les destinataires du livre. Selon la chronologie connue des rois en cause, Ozias et Jéroboam, le ministère du prophète serait donc à situer entre 787 et 740, et on parle habituellement de 760 comme étant la décennie où a dû s'exercer le ministère du prophète de Teqoa.

Or, que faut-il retenir de cette période, et plus particulièrement de ce qui se passait dans le Royaume du Nord, sous le règne de Jéroboam II? C'était essentiellement une période de prospérité et d'aisance, voire d'expansion des frontières (2 R 14). Il s'agit là d'une conjoncture favorable unique qu'on n'avait pas connue depuis les beaux jours de Salomon et qui ne se répétera jamais avant l'Exil.

Le livre d'Amos regorge d'allusions à cette situation extrêmement prospère: fébrilité des activités commerciales, frénésie des banquets et festivités, luxe débridé des maisons des riches, triomphalisme du culte, etc. Voilà pour le spectacle qui s'offre au prophète aussi bien qu'au tout-venant. Mais derrière ces débordements de richesse se cache une tout autre réalité. Celle de l'inconscience et de l'euphorie des riches, des abus de pouvoir et de l'exploitation des pauvres par les classes dirigeantes; celle aussi d'un culte pourri par l'intérieur, où les gestes extérieurs sont contredits par une vie qui s'accommode des pires injustices et des formes extrêmes d'idolâtrie et d'immoralité.

C'est précisément cela qu'Amos a vivement dénoncé, si bien qu'on a pu retenir dans le titre de son livre qu'il s'agissait d'un recueil de «paroles... *contre* Israël...» Oui, la «parole de Dieu» peut être une «parole contre», chaque fois que sont bafoués les droits des pauvres et chaque fois que sont méconnues les exigences du Dieu de l'Alliance.

Enfin, dernière indication précieuse du titre: le recueil est appelé à la fois «paroles» et «visions», même à travers une formule inattendue («paroles dont il eut la vision...»). Nous voilà donc situés quant au genre littéraire et au déroulement du livre puisque la partie centrale entre le prologue (1, 1-2) et l'épilogue (9, 11-15) est justement divisée en deux sections, la première étant consacrée aux «paroles», c'est-à-dire aux oracles du prophète contre les nations et contre Israël (1, 3 – 6, 14), et la seconde rapportant cinq visions du prophète.

II- Trois textes pour comprendre Amos

Une fois connues les principales coordonnées du prophète Amos, il est possible d'entrer plus à fond dans l'étude de ses textes et de son message. Trois textes sont ici proposés, qui ont été choisis en fonction de leur *singularité* ou, si on veut, de leur originalité par rapport au contexte religieux et social d'Israël du VIIIe siècle, et de leur *actualité* pour notre époque et pour notre propre cheminement religieux. À les lire, on n'aura pas de difficulté à entendre la voix, percutante et combien dérangeante, du prophète de Teqoa, qui n'est elle-même que l'écho d'une autre voix qui «rugit» depuis Sion-Jérusalem...

1. Israël au banc des accusés
(Am 2, 6-16)

6   Ainsi parle le S<small>EIGNEUR</small>:
    À cause des trois et à cause des quatre rébellions d'Israël,
    je ne révoquerai pas mon arrêt:
    parce qu'ils ont vendu le juste pour de l'argent
    et le pauvre pour une paire de sandales;

7   parce qu'ils sont avides de voir la poussière du sol sur la tête des indigents
    et qu'ils détournent les ressources des humbles;
    après quoi le fils et le père vont vers la même fille,
    profanant ainsi mon saint Nom;

8   à cause des vêtements en gage qu'ils ont extorqués près de chaque autel
    et du vin confisqué qu'ils boivent dans la maison de leur dieu.

9   Alors que moi, j'avais exterminé devant eux l'Amorite,
    dont la majesté égale la majesté du cèdre,
    et la puissance, celle du chêne;
    j'en avais exterminé les fruits par-dessus
    et les racines par-dessous;

10 alors que moi, je vous avais fait monter du pays d'Égypte,
    et vous avais conduits quarante ans au désert
    pour prendre possession du pays de l'Amorite;

11 alors que j'avais suscité, d'entre vos fils, des prophètes
    et, parmi les meilleurs d'entre vous, des nazirs;
    oui ou non, est-ce vrai, fils d'Israël?
    – oracle du S<small>EIGNEUR</small>.

12 Mais vous faites boire du vin aux nazirs
    et vous donnez cet ordre aux prophètes:
    Vous ne prophétiserez pas!

13 Me voici donc pour vous écraser sur place
    comme écrase un char qui est tout plein de paille:

14 le refuge se dérobera devant l'agile,
    le courageux ne rassemblera pas ses forces,
    le héros ne s'échappera pas,

15 l'archer ne tiendra plus debout,
    le coureur agile n'en réchappera pas,
    le cavalier ne s'échappera pas,
16 le plus vaillant de ces héros s'enfuira, tout nu, ce jour-là
    – oracle du Seigneur.

Privilège ou responsabilité?

Les auditeurs *israélites* d'Amos ont dû applaudir à ses tout premiers oracles (1, 3 – 2, 5) puisque ceux-ci sont dirigés contre les voisins immédiats et ennemis de longue date: Damas, les Philistins, Moab, Juda et les autres. Le prophète ne les a guère ménagés: chacun est vivement pris à partie pour ses crimes de guerre et sa violation des droits humains, et se voit prédire un avenir des plus sombres.

Une telle mauvaise nouvelle ne pouvait déplaire à Israël qui ne demandait pas mieux que de voir ses ennemis renversés ou réduits à l'impuissance. Mieux encore, Israël se croyait lui-même à l'abri de pareille condamnation, sûr qu'il était d'être le peuple choisi et, par conséquent, d'avoir Dieu «de son côté».

C'est précisément à cette conception de l'alliance – et non au fait même de l'alliance – que le prophète Amos va s'en prendre avec vigueur. Si l'oracle contre Israël a été placé ici, en huitième place, ce n'est pas par hasard. D'une part, Israël se voit mis au rang des autres nations et jugé comme elles: le fait d'être un peuple choisi de Dieu ne le dispense aucunement des exigences morales et religieuses selon lesquelles les autres nations sont jugées. Au contraire.

D'autre part, on sent bien qu'il y a une progression voulue dans les oracles et que la cible principale est justement Israël à qui le prophète entend contester une lecture par trop complaisante de son «élection» par Dieu. Israël est la principale cible visée par Amos: la comparaison avec les oracles précédents ne laisse aucun doute là-dessus.

Tout d'abord, il faut voir qu'ici, à la différence des sept oracles précédents, les *motifs d'accusation* sont détaillés. Alors que, pour les autres nations, on ne retenait qu'un motif d'accusation, dans le cas d'Israël, le prophète donne une liste de quatre «rébellions». Il y a là un comble qu'on n'avait pas senti dans les premiers oracles. Une deuxième différence notable vient de la *nature des crimes* reprochés à Israël. Alors que, pour les autres nations, il s'agissait toujours de ce qu'on pourrait appeler aujourd'hui des «crimes de guerre», Israël se voit reprocher des crimes d'un autre ordre: il s'agit cette fois de *désordres sociaux*, intérieurs à la communauté, commis contre le frère, le proche, l'ami. Et enfin, ce qui ajoute à la gravité de ces crimes, c'est précisément le fait de l'alliance dont Dieu a eu l'initiative. Amos invoque en effet les œuvres de Yahvé en faveur d'Israël comme circonstances aggravantes pour ses crimes. Loin d'être un privilège, l'alliance est d'abord et avant tout une exigence: «Soyez saints, *car je suis saint*, moi le Seigneur, votre Dieu» (Lv 19, 2). Israël est d'autant plus à condamner qu'il a méconnu, voire renié, les bienfaits de Dieu à son endroit (Am 2, 9-10).

En bafouant les droits des pauvres...

Les accusations portées contre Israël relèvent – nous l'avons dit un peu plus haut – du domaine de la vie sociale. Elles sont graves et l'échantillonnage fourni par le prophète est exemplaire. S'il n'est pas, de soi, exhaustif, il est nettement plus développé (l'original hébreu porte quatre fois la conjonction causale *parce que*): certains commentateurs (Vesco, par exemple) y voient même une série de *sept* accusations, comme si le prophète avait voulu indiquer que le mal commis par Israël est parvenu à son comble. Quoi qu'il en soit du nombre des crimes reprochés à Israël, on constatera aisément qu'il s'agit d'injustices graves et de diverses formes d'exploitation des pauvres.

Une des principales clefs de lecture de ce passage réside d'ailleurs dans le vocabulaire employé par le prophète pour parler des *pauvres*: ils sont désignés tour à tour comme les *indigents*, les *humbles* (ou plus littéralement, les *humiliés*) et les *faibles*. Ce langage, qui sera repris par l'ensemble de la tradition prophétique et psalmique, en dit long sur la manière dont la Bible parle des pauvres.

Chacun de ces trois termes souligne une dimension particulière de la pauvreté. Premièrement, les pauvres sont vus comme *indigents*, c'est-à-dire qu'ils sont dépourvus de biens et de ressources financières. Il s'agit là d'une pauvreté qu'on pourrait dire *physique* ou *économique*. La pauvreté de fait. Mais cette pauvreté de fait est souvent, dans la Bible, le résultat d'un contexte social relié aux abus de pouvoir et aux injustices. C'est le deuxième aspect de la pauvreté: une pauvreté qu'on pourrait qualifier de *sociologique*. En ce sens, les pauvres de la Bible sont les «humbles», c'est-à-dire ceux qu'on a humiliés, qu'on a appauvris. Il serait plus juste alors de parler des *appauvris*. De ceux qui doivent souffrir d'un système où la richesse des uns passe nécessairement par l'appauvrissement des autres. Et enfin, ces mêmes «appauvris», Amos et la tradition biblique les appellent aussi les *faibles*, en ce sens que la pauvreté les rend plus facilement vulnérables et exposés à des conditions sociales difficiles, et non en raison de leurs déficiences morales.

Il est vrai que les termes demeurent interchangeables et que derrière tel mot hébreu il n'est pas toujours facile de voir si c'est l'une ou l'autre de ces trois nuances qui s'impose. Mais ce qui importe, c'est de voir qu'un prophète comme Amos nous oblige à abandonner toute lecture simpliste du phénomène de la pauvreté. Souvent utilisés en apposition les uns aux autres, les trois termes soulignent en effet la complexité de ce phénomène et invitent à remonter jusqu'à ses racines profondes.

Israël bafoue les «droits de Yahvé»

En prenant la défense des pauvres, Amos se trouve à prendre la défense de son Dieu. Car les causes de l'un et de l'Autre sont liées. Autrement dit, le «théologal», c'est-à-dire tout ce qui concerne la relation à Dieu (foi et religion), dépend du «théologique», c'est-à-dire la perception du mystère de Dieu. C'est un schéma qu'on retrouvera souvent dans le Nouveau Testament. Les paraboles de Jésus, par exemple, proposent d'abord une image de Dieu (miséricordieux, patient, généreux, etc.) et, de là, découlent les exigences pour la vie des croyants : il faut pardonner, faire preuve de tolérance et de patience, donner gratuitement et sans compter, etc.

C'est un peu ce qui se passe ici. Amos trouve d'autant plus grave le comportement d'Israël que celui-ci a toujours bénéficié de la bienveillance de Yahvé, qui l'a successivement délivré d'Égypte (v. 10), assisté au désert et dans la conquête de la terre promise (v. 9), et enfin guidé par l'envoi de prophètes et de *nazirs* (v. 11). Les exigences de Yahvé n'ont donc rien d'arbitraire ni de capricieux. Elles reposent au contraire sur un engagement concret de sa part qui appelle une réponse. Yahvé est en droit d'attendre de son peuple des fruits de justice puisqu'il est celui-là même à qui Israël doit d'exister...

2. «Prépare-toi, Israël, à rencontrer ton Dieu»
(Am 4, 1-13)

1   Écoutez cette parole, vaches du Bashân
    qui paissez sur la montagne de Samarie,
    exploitant les indigents,
    broyant les pauvres,
    disant à vos maîtres : Apporte à boire !

2   Le Seigneur le jure par sa sainteté :
    Oui, voici venir sur vous des jours
    où l'on vous enlèvera avec des crocs
    et vos suivantes avec des harpons,

3   vous sortirez par les brèches, chacune pour soi,
    et vous serez rejetées vers l'Harmôn
    – oracle du Seigneur.

4   Venez à Béthel et révoltez-vous,
    au Guilgal multipliez vos révoltes,
    offrez dès le matin vos sacrifices,
    le troisième jour, vos dîmes ;

5   fais fumer sans levain un sacrifice de reconnaissance,
    proclamez en public des dons volontaires,
    car c'est ainsi que vous aimez, fils d'Israël
    – oracle du Seigneur Dieu.

6 C'est moi déjà qui vous ai donné le vide à vous mettre sous la dent
en toutes vos villes,
la disette de pain en toutes vos demeures,
mais vous n'êtes pas revenus jusqu'à moi
— oracle du S<small>EIGNEUR</small>.

7 C'est moi déjà qui vous avais refusé l'averse
à trois mois encore de la moisson,
j'avais fait tomber la pluie sur telle ville,
et non sur telle autre ;
tel champ était arrosé de pluie
et le champ sans pluie se desséchait ;

8 deux, trois villes, titubant, étaient allées vers une autre ville
pour boire de l'eau,
sans être désaltérées,
mais vous n'êtes pas revenus jusqu'à moi
— oracle du S<small>EIGNEUR</small>.

9 Je vous avais frappés par la rouille et la nielle,
les richesses de vos jardins, de vos vignes,
de vos figuiers et de vos oliviers,
la chenille les avait dévorées,
mais vous n'êtes pas revenus jusqu'à moi
— oracle du S<small>EIGNEUR</small>.

10 J'avais jeté sur vous la peste venue d'Égypte,
j'avais tué par l'épée vos jeunes gens tout en capturant vos chevaux
et j'avais fait monter à vos narines la puanteur de votre camp,
mais vous n'êtes pas revenus jusqu'à moi
— oracle du S<small>EIGNEUR</small>.

11 Je vous avais bouleversés
autant qu'au bouleversement divin de Sodome et de Gomorrhe
et vous étiez comme un tison arraché de l'incendie,
mais vous n'êtes pas revenus jusqu'à moi
— oracle du S<small>EIGNEUR</small>.

12 Eh bien, voici comment je vais te traiter, Israël :
et puisque c'est ainsi que je vais te traiter,
prépare-toi à rencontrer ton Dieu, Israël :

13 Car voici:
   Celui qui façonne les montagnes,
   qui crée le vent,
   qui révèle à l'homme quel est son dessein,
   qui, des ténèbres, produit l'aurore,
   qui marche sur les hauteurs de la terre,
   il se nomme le Seigneur, le Dieu des puissances.

Des comptes à rendre

Entendue hors contexte, la phrase «Prépare-toi, Israël, à rencontrer ton Dieu» pourrait donner à penser qu'il s'agit là d'une expérience gratifiante, pareille à ces nombreuses théophanies qui ont jalonné l'histoire d'Israël pour son plus grand bonheur (songe de Jacob à Béthel, Buisson ardent, Sinaï, nuée lumineuse, consécration du temple, etc.). Or il n'en est rien. Les préparatifs auxquels le prophète fait ici allusion ont quelque chose de militaire. Il est question d'une véritable mobilisation en vue d'un combat ou, si on veut, d'un défi à l'approche d'une rencontre redoutable. La rencontre de Dieu, imminente, sera éprouvante pour Israël qui devra faire face au jugement et reconnaître ses torts s'il veut avoir encore quelque chance de survivre. L'heure est venue, pour Israël, de rendre des comptes!

Où se trouve la caricature?

Le chapitre 4 d'Amos, qui constitue un véritable plaidoyer en vue du renouvellement de l'Alliance, s'ouvre sur des paroles extrêmement dures. Le prophète a-t-il exagéré? Serait-il passé maître dans l'art de la caricature, au point de traiter les dirigeants de la capitale (Samarie, capitale du Royaume du Nord) de «vaches du Bashân»? Ou encore aurait-il poussé l'irrévérence jusqu'à s'attaquer directement au comportement non moins coupable de leurs épouses?

Et si la caricature était ailleurs? Dans cette réalité troublante d'une société corrompue qui «exploite les indigents et broie les pauvres» (v. 1) et n'en a que pour ses propres plaisirs. Et si la caricature était aussi dans ces pseudo-liturgies où Dieu se sent trahi (vv. 4-5)? Le prophète ne mâche pas ses mots, et il sait manier l'ironie avec un art consommé.

Il le fait tout d'abord en s'attaquant à des sanctuaires plus que vénérables, Béthel et Guilgal. Le premier est lié au souvenir des patriarches (Abraham: Gn 12, 8; Jacob: Gn 35, 6. 14. 15) et représente en soi un lieu privilégié pour rencontrer Dieu. Mais sous Jéroboam II, le sanctuaire de Béthel a été érigé pour faire concurrence à celui de Jérusalem. Il est devenu un symbole politique où les prêtres deviennent des fonctionnaires au service du roi. Amos, qui sera justement chassé par l'un de ces prêtres (7, 13), dénonce cet état de fait et conteste à Béthel son statut de lieu de culte authentique. Quant à Guilgal, dont le nom est moins familier aux lecteurs chrétiens, c'est aussi un nom d'heureuse mémoire puisqu'il est lié à la traversée du Jourdain (Jos 4, 19-24) et à la célébration de la première Pâque en terre de Canaan (5, 10-12).

Ces deux sanctuaires ont donc un riche passé religieux. Mais, au temps d'Amos, ils sont devenus le théâtre d'un culte complètement vidé de son sens. Non sans ironie, le prophète le qualifie en effet de «révolte», du même mot qu'il avait employé dans les deux chapitres pour parler des «rébellions» des nations et d'Israël. Et comme si ce jugement n'était pas assez sévère, Amos ajoute à l'ironie en insistant sur la distance que Dieu prend par rapport à toutes ces pratiques cultuelles: «*vos* révoltes... *vos* sacrifice... *vos* dîmes... car c'est ainsi que *vous* aimez...» C'est clair: il n'y a là rien d'un culte qui plaise à Dieu.

Une conversion qui se fait attendre

Les versets 6 à 11 présentent une vision plutôt inusitée de l'histoire d'Israël. Le prophète y décrit longuement les interventions de Dieu, mais sous l'angle du châtiment et de l'épreuve, en des termes qui ne sont pas sans rappeler les actions punitives les plus célèbres (vv. 10-11): «bouleversement divin de Sodome et de Gomorrhe» et plaies d'Égypte) de même que les malédictions solennelles qui avaient été rattachées à la conclusion de l'alliance au Sinaï (Lv 26; voir encadré). Si l'histoire d'Israël est une histoire de salut, jalonnée par les interventions bienfaisantes de Dieu, elle est aussi une histoire d'infidélités et d'endurcissement.

Aux dires du prophète, chacune des initiatives de Dieu visant à ramener Israël dans le droit chemin s'est soldée par un échec: «... mais vous n'êtes pas revenus jusqu'à moi» (vv. 6. 8. 9. 10. 11). Terrible constat, mais qui n'en révèle pas moins la visée foncièrement pédagogique des interventions d'un Dieu qui attendait et désirait une conversion qui n'est jamais venue. Jamais? Disons, pas encore. La rencontre de Dieu à laquelle le peuple est convié (v. 12) sera décisive, et qui sait? peut-être que le peuple comprendra enfin et choisira de revenir jusqu'à Dieu.

AMOS 4	LÉVITIQUE 26
1. C'est moi qui déjà vous ai *donné*... (6)	1. Je vous *donnerai* les pluies en leur saison... (4. 6. 17. 19. 26. 29. 30. 31)
2. ... la *disette de pain* en toutes vos demeures...	2. Quand *je vous priverai de pain*... (26)
3. C'est moi qui déjà vous avais refusé *l'averse*... (7)	3. *Je vous donnerai les pluies* en leur saison... (4)
4. ... deux, trois villes, titubant, étaient allées vers une autre ville pour boire de l'eau, *sans être désaltérées*... (8)	4. ... et vous mangerez *sans être rassasiés* (26)
5. Je vous avais *frappés*... (9)	5. ... je vous *frapperai* sept fois pour vos péchés (24)
6. *J'avais jeté sur vous la peste venue d'Égypte*... (10)	6. *J'enverrai la peste au milieu de vous*... (25)
7. ... j'avais tué par *l'épée* vos jeunes gens... (10)	7. Je ferai venir sur vous *l'épée*... (25 ; voir aussi 33. 36-37)

Alors que la tension dramatique est à son paroxysme – comment se fera la rencontre d'Israël avec son Dieu: pour le jugement ou pour le salut? – voilà qu'une lueur d'espoir apparaît en finale. Les derniers mots de l'oracle constituent une vibrante et joyeuse profession de foi (v. 13) en ce Dieu qui domine souverainement l'univers créé (il «marche sur les hauteurs de la terre») et dont la liberté se conjugue à celle de l'homme dans le déroulement de l'histoire (il «révèle à l'homme son dessein»). Le prophète n'aurait pu imaginer meilleure motivation pour amener Israël à la conversion et au renouvellement de l'alliance.

3. «Je déteste, je méprise vos pèlerinages...»
(Am 5, 21-27)

21 Je déteste, je méprise vos pèlerinages,
    je ne puis sentir vos rassemblements,

22 quand vous faites monter vers moi des holocaustes;
    et dans vos offrandes, rien qui me plaise;
    votre sacrifice de bêtes grasses, j'en détourne les yeux;

23 éloigne de moi le brouhaha de tes cantiques,
    le jeu de tes harpes, je ne peux pas l'entendre.

24 Mais que le droit jaillisse comme les eaux
    et la justice comme un torrent intarissable!

25 M'avez-vous présenté sacrifices et offrande au désert,
    pendant quarante ans, maison d'Israël?

26 Mais vous avez porté Sikkouth, votre Roi, et Kiyyoun, vos images,
    l'étoile de vos dieux, que vous vous êtes faits.

27 Je vous déporterai au-delà de Damas
    – dit le SEIGNEUR, le Dieu des puissances,
    c'est son nom.

Du jamais entendu...

Rarement aura-t-on entendu, dans l'histoire d'Israël, critique plus radicale de tout ce qui touche au culte et à la liturgie. Amos ne s'attaque pas à des manifestations marginales ou à des dévotions de deuxième ordre, mais à ce qu'il y a de plus sacré: fêtes, offrandes, prières. Rien n'échappe à sa critique. On retrouve en effet dans ce bref passage une concentration peu commune de termes cultuels (pas moins de huit dans les trois premiers versets), empruntés pour la plupart au *Lévitique* – ce livre qui fait autorité en Israël en matière de réglementation liturgique: *pèlerinages, rassemblements, holocaustes, offrandes, sacrifice de bêtes grasses, cantique, jeu (= musique), harpes*. C'est beaucoup. Il n'y manque à vrai dire que l'odeur de l'encens (encore qu'elle soit implicite dans le «je ne puis *sentir* vos rassemblements») et une mention explicite du temple comme lieu sacré.

Il serait intéressant de dresser le tableau de ce que représente chacun de ces termes, en s'inspirant, par exemple, du «Petit lexique du Lévitique» établi par les responsables de la *Traduction œcuménique de la Bible*. Mais pour comprendre la portée de la critique du prophète, qu'il suffise ici de les regrouper sous trois titres: fêtes, offrandes, musique et cantiques.

Amos s'attaque à gros, en mentionnant en tout premier lieu les *pèlerinages* et les *rassemblements*. Dans le premier cas, il ne s'agit ni plus ni moins que des trois grandes fêtes annuelles (Pâque, Pentecôte, Tentes: Ex 23, 14-17) qui comportaient notamment la prescription du pèlerinage à Jérusalem. Or, il faut aussi se souvenir que le roi Jéroboam, père de Jéroboam II, avait décidé d'organiser ses propres pèlerinages à Béthel pour faire concurrence aux pèlerinages prescrits à Jérusalem. Quant au deuxième terme, *rassemblements*, il désigne tout aussi bien les mêmes fêtes, mais considérées ici dans l'une de leurs manifestations les plus solennelles, à savoir la «clôture de la fête», qui impliquait normalement la cessation du travail (Lv 23, 36 ; Es 1, 13) et la convocation de l'assemblée sainte.

Les trois termes qui suivent (*holocaustes, offrandes, sacrifices de bêtes grasses*) sont typiques du culte relié au temple. Ils sont davantage rattachés à la liturgie *quotidienne* qui se déroulait au temple et peuvent très bien s'entendre de services liturgiques communautaires que de démarches de caractère plus privé.

L'énumération s'achève sur une autre forme d'expression cultuelle, soit la musique et les chants. Le vocabulaire utilisé par le prophète reflète alors ce qu'on retrouve dans ce trésor par excellence de la prière biblique que sont les *Psaumes* et dans les deux livres des *Chroniques*, particulièrement chargés de réminiscences liturgiques.

Bref, il n'est pratiquement aucune couche des traditions liturgiques qui ait été épargnée par la critique virulente d'Amos. Or toutes ces pratiques – et non pas le principe du culte lui-même – ne sont pas seulement contestées par le Dieu d'Amos, mais carrément rejetées: «je déteste, je méprise...» C'est la réprobation totale, que confirme d'ailleurs la charge négative des verbes par lesquels Amos décrit la réaction de Dieu au culte pratiqué par Israël: «Je ne puis sentir... rien qui me plaise... j'en détourne les yeux... je ne peux pas l'entendre...»

Le culte authentique

L'entreprise du prophète semble proprement dévastatrice, et une fois passée l'onde de choc de ses oracles, la question demeure: si ce culte-là, maintenant pratiqué par Israël, est rejeté par Dieu, que faudrait-il lui substituer? Amos s'est posé la question et lui a donné une réponse remarquable qui va inspirer toute la tradition prophétique, avec ses successeurs immédiats tels Ésaïe et Michée, et jusqu'à Jésus: «Mais que le droit jaillisse comme les eaux et la justice comme un torrent intarissable!» Voilà le véritable culte qui plaît à Dieu, celui qui se prolonge et se confirme par un engagement en faveur du droit et de la justice. Ésaïe aura des propos très semblables (Es 58), et même Jésus, quand il rappellera aux pharisiens que le commandement de la charité passe bien avant l'observance des règles de pureté rituelle (Mc 7, 1-13). Le Dieu des prophètes n'a que faire d'un culte qui ne change rien à la vie et qui se ferme au cri des pauvres.

III- Le Dieu d'Amos

Un Dieu qui «rugit» (1, 2)

L'expression peut sembler audacieuse, voire offensante, par rapport à l'image que nous nous faisons de Dieu et de sa manière habituelle de parler. Il n'y a là rien de bien élégant et qui puisse inviter à l'écoute. Qui pourrait bien être intéressé à entendre un Dieu qui «rugit»?

Et pourtant, c'est bien ce que nous dit Amos: Dieu «rugit». Il est le premier, en effet, à utiliser ce verbe à propos de Dieu et à lui appliquer l'image du «lion» et de son cri redoutable, semant terreur et désarroi dans les villes et déserts du Proche-Orient Ancien: «De Sion, le Seigneur rugit et de Jérusalem, il donne de la voix, les pâturages des bergers sont désolés et la crête du Carmel desséchée» (1, 2).

Or, cette voix qui rugit n'est autre que celle du message prophétique, dur, incisif, dérangeant, aux antipodes de la complaisance et du compromis. La parole de Dieu qui se fait entendre à Amos et par lui est une parole redoutable, un avertissement sévère, où tout – à l'exception des cinq derniers versets – est reproche et menaces: «Un lion a rugi, qui ne craindrait? Le Seigneur Dieu a parlé, qui ne prophétiserait?» (3, 8)

Un Dieu qui a ses raisons de perdre patience

Le Dieu de l'Alliance (Ex 34, 6) s'est présenté comme un Dieu «lent à la colère et riche en miséricorde». Cela, Amos n'est pas sans le savoir puisqu'il nous livre, par deux fois, une longue liste des bienfaits divins pour son peuple (2, 6-16 et 4, 6-11): sortie d'Égypte, protection au désert et conquête de Canaan, envoi de prophètes et d'hommes consacrés. Mais c'est bien là que réside le drame. En dépit de ces nombreux bienfaits, Israël a multiplié les rébellions et est demeuré insensible aux appels à la conversion: «... mais vous n'êtes pas revenus jusqu'à moi» (l'expression se retrouve cinq fois dans le passage de 4, 6-11).

Non seulement Israël manque-t-il de reconnaissance à l'égard de son Dieu, mais plus grave encore, le péché du peuple est rendu à son comble, selon le sens de l'expression «à cause des trois et à cause des quatre rébellions...»

La situation est donc extrêmement grave. On touche à la fin:

Le parent qui emportera les cadavres
hors de la maison pour les brûler
dira à celui qui est au fond de la maison:
«Y a-t-il encore quelqu'un avec toi?»

Il répondra: «*C'est fini!*»
On dira: «Silence!»

Oui, voici le SEIGNEUR qui commande;
il frappe: la grande maison s'écroule,
même la petite se lézarde.   (6, 11)

Tout au long du livre d'Amos, on sent monter la tension, et il semble que rien ne pourra plus contenir la fureur divine: «Je ne révoquerai pas mon arrêt...» (refrain qui couronne les huit oracles des deux premiers chapitres). Il n'y a plus de délai possible: «Le Seigneur me dit: "La fin est arrivée pour Israël mon peuple; pour lui, je ne passerai pas une fois de plus» (8, 2).

Un Dieu qui souffre du sort fait aux pauvres

Même s'il emploie rarement le vocabulaire technique de l'alliance, le prophète n'en est pas moins le témoin du Dieu de l'Exode, sensible au cri du pauvre et blessé par toute forme d'oppression. En se faisant le défenseur des pauvres, Amos ne fait que dévoiler les exigences du Dieu de l'Alliance et fait entendre, pour la première fois, ce qui deviendra un des traits dominants de la religion des prophètes-écrivains.

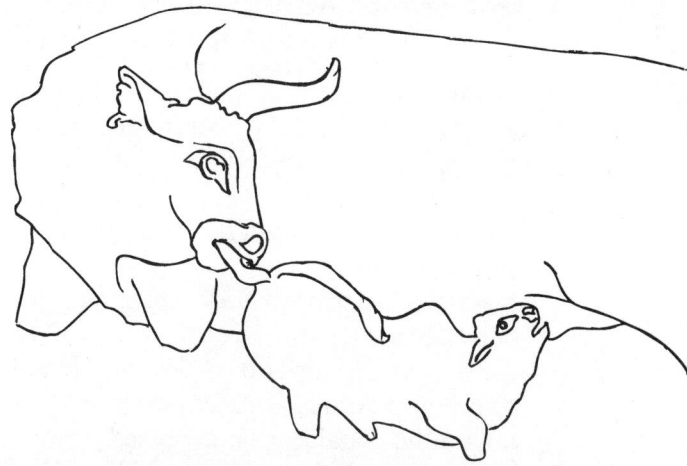

Vache de Bashan. D'après une sculpture du VIIIe s. av. J.-C.

Toujours au nom de Dieu qui l'a «pris de derrière le bétail» (7, 15) et l'a appelé à prophétiser, Amos dénonce avec virulence l'ambition et le confort irresponsables des dirigeants, la recherche du profit hors de toute justice et la violence qui est faite aux pauvres:

Clamez sur les palais, dans Ashdod,
sur les palais, dans le pays d'Égypte,
et dites:
Assemblez-vous sur les montagnes
de Samarie,
voyez quel amas de désordres en son sein,
quelles oppressions au milieu d'elle!

Ils n'ont pas le sens de l'action droite,
ces entasseurs de violences et de rapines
dans leurs palais
– oracle du SEIGNEUR.   (3, 9-10)

Écoutez cette parole, vaches du Bashân
qui paissez sur la montagne de Samarie,
exploitant les indigents,

broyant les pauvres,
disant à vos maîtres: Apporte à boire! (4,1)

Écoutez ceci,
vous qui vous acharnez sur le pauvre
pour anéantir les humbles du pays,
vous qui dites:
«Quand donc la nouvelle lune
sera-t-elle finie,
que nous puissions vendre du grain,
et le sabbat,
que nous puissions ouvrir les sacs de blé,
diminuant l'épha, augmentant le sicle,
faussant des balances menteuses,
achetant des indigents pour de l'argent
et un pauvre pour une paire de sandales?
Nous vendrons même la criblure de blé!»
(8, 4-6)

Un Dieu qui demeure libre de pardonner

Les oracles d'Amos, nous l'avons vu, sont faits de reproches et de menaces, dominés par la perspective d'un jugement inéluctable et redoutable. Est-ce à dire que le peuple est livré sans merci et sans espoir de salut à la colère du Dieu qui se fait entendre par la voix d'Amos?

Les lueurs d'espoir sont ténues, mais elles n'en sont pas pour autant absentes du livre. Tout d'abord, même si les propos du prophète sont extrêmement sévères, ils n'aboutissent pas à une condamnation pure et simple. S'il parle si haut et si fort, c'est que le prophète espère encore pouvoir changer quelque chose au cours de l'histoire. Loin de s'accommoder des infidélités et des injustices de son peuple, il cherche à le réveiller. En lui faisant voir le non-sens de son comportement à l'égard des pauvres, il lui fait voir du même coup le seul chemin qui puisse le conduire au bonheur: «Cherchez le Seigneur et vous vivrez» (5, 6); «Cherchez le bien et non le mal, afin que vous viviez, et ainsi le Seigneur, le Dieu des puissances sera avec vous, comme vous le dites» (5, 14). Le but visé est la conversion, qui se traduit ici en termes de rétablissement de la justice: «Que le droit jaillisse comme les eaux et la justice comme un torrent intarissable!» (5, 24).

À cette visée générale, foncièrement positive, il faut ajouter l'amour du prophète pour son peuple et la solidarité qui le pousse à intercéder concrètement pour lui: «Je dis: "Seigneur, mon Dieu, arrête, je t'en prie, Jacob pourrait-il tenir? il est si petit!"» (7, 5; voir aussi 7, 2). Même au plus fort du désarroi, le prophète ne peut pas ne pas aimer son peuple et il lui revient toujours d'intercéder en sa faveur.

Or, s'il le fait, et en des termes à la fois sobres et émouvants, c'est qu'il connaît bien le Dieu à qui il s'adresse. Un Dieu qui, plus que tout autre, aime aussi ce peuple et demeure libre de lui pardonner. Alors que la sentence semble irrévocable, le prophète ne perd pas espoir pour le peuple et se raccroche de toutes ses forces à la souveraine liberté de Dieu qui peut se raviser et pardonner: «Haïssez le mal, aimez le bien, rétablissez le droit au tribunal: *peut-être* que le Seigneur, le Dieu des puissances, *aura pitié* du reste de Joseph.»

Le dernier mot de Dieu ne saurait en être un de condamnation et de rejet définitif. Par deux fois, le prophète intercède, et par deux fois sa prière est entendue: «Le Seigneur s'en repentit: "Cela n'arrivera pas", dit le Seigneur» (7, 3); «Le Seigneur s'en repentit: "Cela non plus n'arrivera pas", dit le Seigneur, mon Dieu» (7, 6).

Il y aura donc un «reste» à partir duquel pourra se faire la guérison et la restauration du peuple (9, 11-15): «toutefois je ne supprimerai pas entièrement la maison de Jacob» (9, 8).

Un Dieu souverainement libre et puissant

Les fragments d'hymnes disséminés au long du livre (4, 13; 5, 8; 9, 6) continuent d'intriguer les commentateurs. Mais quelles que soient les conclusions sur leur forme et leur contexte originaux, force est de convenir qu'elles présentent une vision puissante et cohérente de Dieu. Tout d'abord, elles sont de véritables professions de foi en l'honneur du Dieu de l'Alliance: «Il se nomme le SEIGNEUR, Dieu des puissances». En lui apposant aussitôt le titre «Dieu des puissances», Amos indique qu'il s'agit tout aussi bien du Dieu créateur. Il ne faut pas opposer le Dieu de l'Exode, un Dieu de l'histoire et un Dieu sauveur, au Dieu créateur. Car c'est bien le même «Dieu des puissances» qui «façonne les montagnes, qui crée le vent, qui des ténèbres produit l'aurore» et qui «révèle à l'homme quel est son dessein...» (4, 13).

Un Dieu qui montre le chemin de la vie

Le Dieu d'Amos ne se contente pas de «rugir». S'il fustige son peuple et l'interpelle sans ménagement aucun, il sait aussi se faire pédagogue, en faisant connaître à son peuple la seule voie qui puisse le ramener au salut: «Cherchez le SEIGNEUR, et vous vivrez... cherchez le bien et non le mal... haïssez le mal, aimez le bien, rétablissez le droit au tribunal...» (5, 4. 6. 14. 15). Et lorsqu'il prédit que des jours viendront où le peuple éprouvera «faim et soif d'entendre la parole du SEIGNEUR» (8, 11-12), il lui fait ainsi entrevoir ce qui serait le fléau suprême. En creux, on peut y reconnaître la seule attitude susceptible de lui faire connaître le bonheur suprême, qui serait d'être rassasié de cette même parole.

Un Dieu qui prend en main l'avenir de son peuple

Le livre d'Amos, comme d'ailleurs celui de presque tous les prophètes qui lui succéderont, s'achève sur des perspectives de restauration qui permettent les plus belles espérances (9, 11-15). En plus de l'insistance sur l'initiative de Dieu («j'en colmaterai... j'en relèverai... je la dresserai...»), on notera la beauté des images, puisées directement dans le monde du prophète de Teqoa et de ses disciples, un monde paysan où le travail artisanal de construction et de reconstruction est chose quotidienne, et un monde pastoral où la vie bat au rythme de la terre et des saisons:

> Ce jour-là,
> *je relèverai la hutte croulante* de David,
> *j'en colmaterai les brèches,*
> *j'en relèverai les ruines,*
> je la dresserai comme aux jours d'autrefois,
> de sorte qu'ils posséderont
> le reste d'Edom et de toutes les nations
> sur lesquelles mon nom a été prononcé
> – oracle du SEIGNEUR, qui va l'accomplir.
>
> Voici que viennent des jours
> – oracle du SEIGNEUR –
> *où le laboureur suit de près*
> *celui qui moissonne,*
> *et le vendangeur celui qui sème;*
> *où les montagnes font couler le moût*
> *et chaque colline ruisselle;*

je change la destinée d'Israël mon peuple:
ils rebâtissent les villes dévastées,
pour y demeurer,
ils plantent des vignes pour en boire le vin,
ils cultivent des jardins,
pour en manger les fruits;
je les plante sur leur terre:
ils ne seront plus arrachés de leur terre,
celle que je leur ai donnée
– dit le Seigneur ton Dieu.

Am 9, 11-15

Pour prolonger l'étude

Amsler, S., «Amos», dans *Osée, Joël, Abdias, Jonas, Amos.* 2ᵉ éd. Genève, Labor et Fides, 1982 (Commentaire de l'Ancien Testament, XIa), pp. 157-247.

Asmler, S., «Amos, prophète de la onzième heure», dans *Theologische Zeitschrift* 21 (1965) pp. 318-328.

Asurmendi, J., *Amos et Osée.* Paris, Cerf, 1988 (Cahiers Évangile, 64) pp. 5-30.

Auld, A.G., *Amos.* Sheffield, England, JSOT Press, 1986, 89p.

Barré, M.L., «Amos», dans *The New Jerome Biblical Commentary.* Edited by R.E. Brown, J.A. Fitzmyer, R.E. Murphy. Englewood Cliffs, New Jersey, Prentice Hall, 1990, pp. 209-216.

Barton, J., *Amos's Oracles against the Nations: A Study of Amos 1.3 - 2.5.* Cambridge, Cambridge University Press, 1980 (Society for Old Testament Study Monograph Series, 6) x, 83p.

Brueggemann, W., «Amos IV 4-13 and Israel's Covenant Worship», dans *Vetus Testamentum* 15 (1965) pp. 1-15.

Coote, R.B., *Amos among the Prophets: Composition and Theology.* Philadelphia, Fortress Press, 1981, v, 138p.

Gosse, B., «Le recueil d'oracles contre les nations du livre d'Amos et l'"histoire" deutéronomique», dans *Vetus Testamentum* 38 (1988) pp. 22-40.

Hayes, J.H., *Amos: the Eighth-Century Prophet. His Times & His Preaching.* Nashville, Abingdon Press, 1988, 240p.

Martin-Achard, R., *Amos: l'homme, le message, l'influence.* Genève, Labor et Fides, 1984 (Publications de la Faculté de Théologie de l'Université de Genève, 7) 320p.

Mays, J.L., *Amos. A Commentary.* London, SCM Press, 1969 (The Old Testament Library) viii, 168p.

Monloubou, L., «Prophètes d'Israël - Amos», dans *Supplément au Dictionnaire de la Bible* 8 (1972) col. 706-724.

Neher, A., *Contribution à l'étude du prophétisme.* 2ᵉ éd. revue. Paris, Librairie Philosophique J. Vrin, 1981 (c1950) xx, 303p.

Smith, G.V., *Amos: A Commentary.* Grand Rapids, Michigan, Regency Reference Library (Zondervan Publishing House), 1989 ((Library of Biblical Interpretation), 307p.

Story, C.I.K., «Amos, Prophet of Praise», dans *Vetus Testamentum* 30 (1980) pp. 67-80.

Vesco, J.-L., «Amos de Téqoa, défenseur de l'homme», dans *Revue Biblique* 87 (1981) pp. 481-513.

Vischer, W., «Amos, citoyen de Téqoa», dans *Études Théologiques et Religieuses* 50 (1975) pp. 133-159.

Wolff, H.W., *Joel and Amos: A Commentary on the Books of the Prophets Jœl and Amos.* Philadelphia, Fortress Press, 1977 (© 1969) pp. 87-355.

Wolff, H.W., *L'enracinement spirituel d'Amos.* Genève, Labor et Fides, 1974, 124p.

CHAPITRE 4

OSÉE,
LE TÉMOIN D'UN AMOUR FOU

I- Un prophète et ses amours...

Une histoire-choc!

On ne peut aborder le livre d'Osée une première fois sans ressentir un véritable choc. Il y a d'abord le choc de l'histoire, dramatique et mouvementée, d'un couple peu banal, formé d'Osée le prophète et de Gomer, désignée comme une «femme se livrant à la prostitution». Il y a aussi le choc du langage et des images, directement empruntés au langage amoureux, et qui ne manque pas d'étonner dans la Bible. Mais surtout il y a le choc de voir cette histoire appliquée à Dieu et aux relations qu'il entretient avec son peuple. Se pourrait-il que Dieu aime d'aussi étrange manière?

À plus d'un chrétien, l'histoire d'Osée a pu paraître incroyable, et il m'est souvent arrivé, au cours de sessions bibliques où les gens se disaient pourtant fascinés par les propos du prophète et sa vision d'un Dieu de tendresse, d'entendre une réflexion du genre: «C'est une bien belle histoire... mais rien qu'une histoire!», sous-entendant qu'un prophète qui se respecte ne pourrait jamais s'être lancé dans pareille aventure...

L'histoire d'Osée est proprement choquante, voire provoquante, comme l'était l'histoire de son peuple au moment où le prophète est apparu sur la scène d'Israël. Mais c'est aussi une histoire bouleversante d'émotions humaines et de révélations sur le vrai visage de Dieu. Elle paraît bien incroyable, cette histoire, mais c'est notre histoire et l'histoire de notre Dieu. C'est une histoire vraie. Avant même de commencer notre enquête sur le prophète et son histoire, et avant de lire le texte de ses oracles, relisons les deux versions de son mariage et de son histoire personnelle (ch. 1 et 3):

Mariage d'Osée
(première version)

Osée 1

2   Début des paroles du Seigneur par Osée.
    Le Seigneur dit à Osée:
    «Va, prends-toi une femme se livrant à la prostitution
    et des enfants de prostitution,
    car le pays ne fait que se prostituer en se détournant du Seigneur.»

3   Il alla prendre Gomer, fille de Divlaïm: elle conçut et lui enfanta un fils.

4   Et le Seigneur dit à Osée:
    «Donne-lui le nom d'Izréel, car encore un peu de temps et je ferai rendre compte à la maison de Jéhu du sang d'Izréel et je mettrai fin à la royauté de la maison d'Israël.

5   Il arrivera en ce jour-là que je briserai l'arc d'Israël dans la vallée d'Izréel.»

6   Elle conçut encore et enfanta une fille, et le Seigneur dit à Osée:
    «Donne-lui le nom de Lo-Rouhama – c'est-à-dire: Non-aimée –,
    car je ne continuerai plus à manifester de l'amour à la maison d'Israël:
    je le lui retirerai tout entier.

7   Mais la maison de Juda, je l'aimerai et je les sauverai par le Seigneur leur Dieu;
    je ne les sauverai ni par l'arc ni par l'épée ni par la guerre,
    ni par les chevaux ni par les cavaliers.»

8   Elle sevra Lo-Rouhama, puis elle conçut et enfanta un fils.

9   Et le Seigneur dit:
    «Donne-lui le nom de Lo-Ammi – c'est-à-dire: Celui qui n'est pas mon peuple –
    car vous n'êtes pas mon peuple et moi je n'existe pas pour vous.»

Mariage d'Osée
(deuxième version)

Osée 3

1   Le Seigneur me dit:
    «Va encore, aime une femme aimée par un autre et se livrant à l'adultère:
    Car tel est l'amour du Seigneur pour les fils d'Israël,

tandis qu'ils se tournent, eux, vers d'autres dieux
et qu'ils aiment les gâteaux de raisin.»

2   J'en fis l'acquisition pour quinze sicles d'argent et une mesure et demie d'orge.

3   Et je lui dis:
«Pendant de longs jours tu resteras à moi,
sans te prostituer et sans être à un homme.
J'agirai de même à ton égard.»

4   Ainsi pendant de longs jours les fils d'Israël resteront:
pas de roi, pas de chef, pas de sacrifice,
pas de stèle, pas d'éphod ni de téraphim.

5   Après cela les fils d'Israël rechercheront à nouveau le Seigneur, leur Dieu, et David, leur roi, et ils se tourneront en tremblant vers le Seigneur et vers ses biens, dans l'avenir.

Ces deux textes ont le don de provoquer chez nous des émotions très vives: ou bien on est tout de suite séduit et comme ravi, ou bien on demeure perplexe, dérouté, intrigué, et le cœur assailli par mille et une questions. Essayons de voir un peu plus clair dans cette histoire.

Un drôle de couple: Osée et Gomer!

Commençons tout d'abord par les protagonistes, ceux que le récit nous présente d'emblée comme appelés à former un couple: Osée et Gomer. Le premier est prophète, et, sans doute – comme nous le verrons plus loin – apparenté au milieu sacerdotal (lévitique), tandis que la seconde est prostituée, au sens le plus courant du terme, ou au sens plus restreint de prostituée sacrée.

Il y a là un mariage qui semble défier toutes les convenances du temps. D'une part, on sait que, au moins en théorie, la religion d'Israël interdisait toute forme de prostitution, profane

Osée épousant Gomer.

OSÉE 1 ET 3: MARIAGE OU REMARIAGE?

En plus de défier les convenances, le mariage d'Osée avec Gomer pose plus d'une question au lecteur moderne. Un tel mariage est-il fictif ou réel? Et dans cette seconde hypothèse, est-ce son mariage avec Gomer qui a entraîné sa vocation prophétique ou l'inverse? Toutes ces questions se posent déjà au chapitre 1. Une nouvelle série de questions surgit cependant au chapitre 3: pourquoi le passage à la première personne? de quelle femme s'agit-il? qu'advient-il des enfants? etc.

Pour voir plus clair, il vaut la peine de mettre les deux textes (Os 1 et Os 3) en synopse:

Osée 1, 2-3	Osée 3, 1-2
Le Seigneur dit à Osée :	*Le Seigneur* me *dit* :
«*Va*,	«*Va* encore,
prends-toi *une femme*	aime *une femme*
se livrant à la prostitution	aimée par un autre et se livrant à l'adultère:
et des enfants de prostitution,	
car le pays ne fait que se prostituer en se détournant du Seigneur.»	*Car* tel est l'amour du Seigneur pour les fils d'Israël, tandis qu'ils se tournent, eux, vers d'autres dieux et qu'ils aiment les gâteaux de raisin.»
Il alla prendre Gomer, fille de Divlaïm: elle conçut et lui enfanta un fils.	J'en fis l'acquisition pour quinze sicles d'argent et une mesure et demie d'orge.

La symétrie est éloquente. Tout d'abord dans le sens des ressemblances: tout commence par une parole du Seigneur; l'ordre est adressé au prophète Osée et porte, dans les deux cas, sur le mariage d'une femme; la femme est, dans les deux cas, dans une situation matrimoniale interdite par la législation israélite; chaque fois une motivation *(car)* est donnée et dans les deux cas il est fait allusion à l'infidélité d'Israël. Enfin, le tout se termine par l'exécution de l'ordre reçu: un mariage est conclu.

Le parallélisme est tellement fort qu'*il convient d'interpréter les deux passages l'un par l'autre, et non comme deux récits indépendants, qui feraient référence à deux événements distincts*. Il faut plutôt parler d'approfondissement: manifes-

> tement parallèle au chapitre 1, *le chapitre 3 vient donner la raison ultime ou le fondement de cet étrange mariage commandé par Dieu.* Et c'est là que les différences comptent. Deux différences majeures sautent tout de suite aux yeux. Commençons par la deuxième, qui est la plus importante. Le deuxième *car* renvoie non à l'attitude des Israélites mais à celle de Dieu! Voilà bien le plus étonnant: Dieu aime un peuple pourtant infidèle. Et c'est ce qui entraîne la deuxième différence. *Tout comme Dieu aime un peuple infidèle,* Osée est invité à *aimer* Gomer. L'amour de Dieu commande l'amour des autres: nous voilà bien proches du «Aimez-vous les uns les autres comme je vous ai aimés...» ou encore du «Soyez miséricordieux comme votre Père est miséricordieux.» Autrement dit, le théologique commande le théologal. Une fois qu'on a découvert le vrai visage de Dieu, on est appelé à vivre comme lui: «*Aime* une femme... CAR TEL EST L'AMOUR DU SEIGNEUR...»

ou sacrée (Lv 19, 29 et 21, 9; Dt 23, 18-19). De façon plus explicite, la loi isréalite défendait le mariage d'un prêtre – pensez alors aux réactions de l'entourage sacerdotal d'Osée! – avec une prostituée. D'autre part – et c'est ce qui paraît le plus scandaleux dans le passage que nous venons de lire –, on voit mal comment *Dieu lui-même* aurait pu donner pareil ordre à son prophète alors que la loi qu'il a promulguée défend de tels mariages!

Une drôle de famille!

Mais il n'y a pas que les parents qui étonnent ici. Les trois enfants issus du couple portent en effet des noms à consonance étrange aussi bien pour les contemporains du prophète que pour nous. Des noms comme «Lo-Rouhama – c'est-à-dire: Non-aimée» ou comme «Lo-Ammi – c'est-à-dire: Celui qui n'est pas mon peuple» ne pouvaient être synonymes que de mauvais présages. Quant au premier fils, le nom pourrait avoir une portée positive («Dieu sème»), mais Dieu lui rattache d'emblée une charge négative («Dieu disperse»).

Ce ne sont pas là de bonnes nouvelles. Encore moins quand ces trois enfants reflètent l'histoire présente et à venir du peuple d'Israël... Et que dire du rôle que ces enfants sont appelés à jouer pour témoigner contre leur mère, dans la cause de divorce entreprise par le prophète? Que voilà une étrange famille en effet!

Mais revenons au prophète et à ses principales coordonnées, telles qu'elles ressortent du verset placé en tête de son livre.

L'homme et son milieu (d'après Os 1, 1)

«La parole du SEIGNEUR qui fut adressée à Osée, fils de Bééri, aux jours d'Ozias, de Yotam, d'Akhaz, d'Ezékias, rois de Juda, et aux jours de Jéroboam, fils de Joas, roi d'Israël.» C'est par cette formule solennelle que les éditeurs du livre d'Osée ont choisi d'introduire ses oracles. On retrouvera pareille formule dans les livres de Joël, Michée et Sophonie. Les éditeurs ont ainsi exprimé à quel point ils estimaient la prédication du prophète, indiquant du même coup comment ils souhaitaient la voir reçue par les lecteurs: rien de moins que comme «parole du Seigneur».

De la patrie d'origine du prophète, pas un mot. Seul nous est révélé le nom de son père («Bééri»), mais cela ne nous renseigne guère sur son milieu d'origine. À ce propos, il faut plutôt s'en remettre au contenu du livre qui révèle des attaches profondes avec le Royaume du Nord. En effet, alors que le prophète ne fait aucune allusion à Jérusalem ni aux villes de Juda, il manifeste en revanche un intérêt particulier pour les villes et les régions du Nord (Béthel: 4, 15; 5, 8: Guivéa et Rama: 5, 8; Miçpa et Tabor: 5, 1; Izréel: chapitres 1-2; Samarie: 7, 1). L'appartenance au Royaume du Nord expliquerait également pourquoi le prophète Osée aime désigner l'ensemble de ce Royaume du nom symbolique d'Ephraïm, tribu installée dans le Royaume du Nord, dans la région de Silo et de Sichem (cf. Jos 16, 1-10).

Le contexte historique nous est bien connu: il est fait mention de quatre rois de Juda, d'Ozias (781-740) à Ézékias (716-687), contre un seul roi d'Israël, Jéroboam II (787-747), sous lequel Amos avait également exercé son ministère. Mais, à la différence d'Amos, Osée travaille en terrain connu puisqu'il est lui-même originaire du Nord. La mention du quatrième roi de Juda nous ramène toutefois à une période plus tardive que celle d'Amos. Et comme, par ailleurs, son livre ne comporte aucune allusion à la prise de Samarie (722-721), on situe généralement son ministère aux environs de 750-730.

Une période extrêmement troublée

Cette période nous est relativement bien connue grâce notamment à 2 Rois 15 et aux oracles du prophète Osée lui-même. Coïncidant avec la fin du règne de Jéroboam II, on peut dire que c'est toujours une période de luxe et de prospérité. Mais la succession de Jéroboam II s'avère une période des plus troublées et d'instabilité politique extrême. Pour la seule période de 747 à 732, on compte pas moins de cinq rois, dont deux ont régné moins d'un an! Pareil contexte politique suppose toute une série d'intrigues, de conspirations et de luttes meurtrières pour le pouvoir. C'est aussi, selon le refrain bien connu de l'historien du deuxième livre des Rois, un temps de décadence et d'idolâtrie: «Il fit ce qui est mal aux yeux du Seigneur...» (2 R 15. 9. 18. 24. 28). On est également très loin de la politique expansionniste de Jéroboam II, et les rois d'Israël se mettent à chercher des alliances avec leurs ennemis de toujours, l'Égypte et l'Assyrie. Le roi Menahem lève un impôt pour s'assurer la protection de l'étoile montante de la politique assyrienne, Tiglath Piléser (745-727), tandis que le roi Akhaz se rend lui-même à Damas pour conclure une entente avec le même souverain (2 R 15-16).

Le prophète Osée n'est pas moins impitoyable dans son évaluation de la politique contemporaine. Il dénonce sans détour la violence sanguinaire de la dynastie de Jéhu: «Je ferai rendre compte à la maison de Jéhu du sang d'Izréel...» Il condamne, avec une vigueur non moindre, les coups d'État et le meurtre des rois, devenus monnaie courante: «Ils dévorent leurs souverains, tous leurs rois sont tombés...»(7, 7). Il est clair, pour lui, que Dieu ne saurait s'associer à pareilles intrigues: «Ils ont créé des rois *sans moi, sans moi* nommé des chefs...» Il reproche également à Israël de se tourner étourdiment vers l'Égypte et l'Assyrie: «Ephraïm est une colombe naïve et sans cervelle; ils appellent l'Égypte, ils courent en Assyrie...» Bref, la situation politique est tout ce qu'il y a de plus sombre.

Mais la situation sociale et religieuse n'est guère plus reluisante. Osée se voit en effet obligé de dénoncer la corruption générale: «Il n'y a ni sincérité ni amour du prochain ni connaissance de Dieu dans le pays. Imprécations, tromperies, meurtres, rapts, adultères se multiplient: le sang versé succède au sang versé» (4, 1-2). Et il n'y a pas que les seuls dirigeants politiques qui en soient responsables: les prêtres ont lamentablement failli à la tâche et se sont avérés un véritable «piège» pour la maison d'Israël (ch. 4-5).

C'est donc dans ce contexte extrêmement difficile que le prophète Osée sera appelé à témoigner du Dieu qu'il a découvert au cœur de ses difficultés personnelles. Le peuple qu'il est appelé à servir, il le sait profondément infidèle. Mais il est lui-même habité d'une force invincible, puisqu'il a découvert un amour sans limites, celui d'un Dieu qui prend à cœur le bonheur d'un couple aussi bien que celui de tout un peuple.

II- Trois textes pour comprendre Osée

1. «*Faites un procès à votre mère...*»
(Os 2, 4-25)

4   Faites un procès à votre mère, faites-lui un procès,
    car elle n'est pas ma femme,
    et moi je ne suis pas son mari.
    Qu'elle éloigne de son visage les signes de sa prostitution,
    et d'entre ses seins les marques de son adultère.

5   Sinon, je la déshabillerai et la mettrai nue,
    je la mettrai comme au jour de sa naissance,
    je la rendrai semblable au désert,
    j'en ferai une terre desséchée
    et je la ferai mourir de soif.

6   Ses enfants, je ne les aimerai pas, car ce sont des enfants de prostitution.

7   Oui, leur mère s'est prostituée,
    celle qui les a conçus s'est couverte de honte lorsqu'elle disait:

> «Je veux courir après mes amants,
> ceux qui me donnent le pain et l'eau, la laine et le lin, l'huile et les boissons.»

8   C'est pourquoi je vais fermer ton chemin avec des ronces
le barrer d'une barrière
– et elle ne trouvera plus ses sentiers.

9   Elle poursuivra ses amants sans les atteindre,
elle les cherchera sans les trouver;
elle dira:
«Je vais retourner chez mon premier mari,
car j'étais plus heureuse alors que maintenant.»

10 Et elle n'a pas compris que c'est moi qui lui donnais
blé, vin nouveau, huile fraîche;
je lui prodiguais de l'argent,
et l'or ils l'ont employé pour Baal.

11 C'est pourquoi je viendrai reprendre mon blé en son temps, mon vin nouveau en sa saison,
j'arracherai ma laine et mon lin qui devaient cacher sa nudité.

12 Maintenant je vais dévoiler sa honte aux yeux de ses amants
et personne ne la délivrera de ma main.

13 Je ferai cesser toute sa joie,
ses fêtes, ses néoménies, ses sabbats,
et toutes ses assemblées solennelles.

14 Je dévasterai sa vigne et son figuier dont elle disait:
«Voilà le salaire que m'ont donné mes amants.»
Je les changerai en fourré
et les bêtes sauvages en feront leur nourriture.

15 Je lui ferai rendre compte des jours des Baals
auxquels elle brûlait des offrandes:
elle se parait de ses anneaux et de ses bijoux,
elle courait après ses amants
et moi, elle m'oubliait!
– oracle du Seigneur.

16 Eh bien, c'est moi qui vais la séduire,
je la conduirai au désert
et je parlerai à son cœur.

17 Et de là-bas, je lui rendrai ses vignobles
et je ferai de la vallée de Akor
une porte d'espérance,
et là elle répondra comme au temps de sa jeunesse,
au jour où elle monta du pays d'Égypte.

18 Et il adviendra en ce jour-là
– oracle du SEIGNEUR –
que tu m'appelleras «mon mari»
et tu ne m'appelleras plus «mon baal, mon maître».

19 J'ôterai de sa bouche les noms des Baals,
et on ne mentionnera même plus leur nom.

20 Je conclurai pour eux en ce jour-là une alliance
avec les bêtes des champs, les oiseaux du ciel, les reptiles du sol;
l'arc, l'épée et la guerre,
je les briserai, il n'y en aura plus dans le pays,
et je permettrai aux habitants de dormir en sécurité.

21 Je te fiancerai à moi pour toujours,
je te fiancerai à moi
par la justice et le droit, l'amour et la tendresse.

22 Je te fiancerai à moi par la fidélité
et tu connaîtras le SEIGNEUR.

23 Et il adviendra en ce jour-là que je répondrai
– oracle du SEIGNEUR –
je répondrai à l'attente des cieux
et eux répondront à l'attente de la terre.

24 Et la terre, elle, répondra
par le blé, le vin nouveau, l'huile fraîche,
et eux répondront à l'attente d'Izréel.

25 Je l'ensemencerai pour moi dans le pays,
et j'aimerai Lo-Rouhama,
et je dirai à Lo-Ammi: «Tu es mon peuple»,
et lui, il dira: «Mon Dieu».

Ce long passage, que les commentateurs se sont acharnés à réarranger selon un ordre qui paraîtrait plus logique, est bien à sa place ici et reflète les deux extrêmes qu'on retrouve tout au long du livre d'Osée, à savoir un plaidoyer impitoyable contre les infidélités d'Israël et l'expression d'une tendresse, d'un amour infinis de la part de Dieu.

Un plaidoyer impitoyable

Le ton est donné dès le premier verset: *Faites un procès à votre mère, faites-lui un procès...* (2, 4; voir aussi 4, 1 et 12, 3). On avait déjà trouvé l'équivalent chez Amos, avec les huit oracles qui ouvraient son livre, mais c'est ici la première fois qu'on trouve le terme technique de *procès* pour décrire une intervention de Dieu par rapport à son peuple. Il y aura même un genre littéraire pour marquer les différentes phases du procès: invocation des témoins, rappel des obligations et devoirs contractés dans l'Alliance, accusations, verdict et sentence (cf. Dt 32, 1-25; Es, 2-3. 10-20; Mi 6, 1-8; Jr 2, 4-13. 29; Ps 50, 4-23).

Mais c'est aussi un procès de divorce, «car elle n'est pas ma femme, et moi je ne suis pas son mari» (2, 4). On ne pourrait trouver jugement plus sévère. Les relations entre Dieu et son peuple sont rompues.

Le vocabulaire est celui de la prostitution et de l'adultère. Il n'y a pas de quoi en être surpris, étant donné le registre choisi par le prophète pour parler des relations entre Yahvé et son peuple. Mais les connotations religieuses de ce vocabulaire sont on ne peut plus claires: il y a là une charge impitoyable contre l'idolâtrie et contre les cultes cananéens de fertilité.

Le premier motif de la condamnation est bien celui de la prostitution: «Oui, leur mère s'est prostituée... C'est pourquoi je vais fermer ton chemin avec des ronces...» (2, 7-8).

Mais il en est un second, exprimé un peu plus loin: «Et elle n'a pas compris que c'est moi qui lui donnais blé, vin nouveau, huile fraîche... C'est pourquoi je viendrai reprendre mon blé en son temps, mon vin nouveau en sa saison...» (2, 10-11). Plus grave encore que les gestes de prostitution, il y a cette incompréhension tragique. Israël ne connaît pas son bonheur. Plus grave encore, Israël ne sait pas en reconnaître la source.

Un bonheur au-delà de toute espérance

Les versets 16 à 25 comptent parmi les plus beaux de la littérature prophétique, et on n'a pas manqué de les citer à travers les âges. Qui ne serait séduit par des propos comme ceux-ci?

> Eh bien, c'est moi qui vais la séduire,
> je la conduirai au désert
> et je parlerai à son cœur.
>
> Je te fiancerai à moi pour toujours,
> je te fiancerai à moi
> par la justice et le droit,
> l'amour et la tendresse.
>
> Je te fiancerai à moi par la fidélité
> et tu connaîtras le SEIGNEUR.
>
> Et il adviendra en ce jour-là
> que je répondrai
> – oracle du SEIGNEUR –
> je répondrai à l'attente des cieux
> et eux répondront à l'attente de la terre.
>
> (2, 16. 21-23)

Mais il y a plus beau encore, quand on regarde comment ces propos sont amenés par le prophète. Jusqu'ici, le procès est sans pitié, et avec le deuxième *c'est pourquoi* (au v. 11; le premier était au v. 8), on serait porté à croire que la cause est entendue et qu'il n'y a plus aucun espoir. Et c'est bien la perspective qui semble se dégager des versets 12 à 15, qui annoncent deuil et dévastation, en représailles contre les infidélités du peuple.

Et voilà que surgit, au verset 16, un autre *c'est pourquoi* (que la TOB a rendu ici par *Eh bien!*). La logique de la structure aussi bien que du contenu des versets qui précèdent voudrait que le jugement atteigne ici une sévérité extrême, puisque le prophète vient tout juste d'évoquer la faute, extrême elle aussi, du peuple d'Israël: «... et moi, elle m'oubliait! – oracle du Seigneur».

Or c'est tout le contraire qui se produit. Le ton change complètement, et voilà que subitement c'est Dieu lui-même qui prend en charge l'avenir de son peuple. Il se met à parler de séduction, d'une séduction qui conduira à la conversion, et de restauration. L'Alliance sera à nouveau rétablie et connaîtra des sommets insoupçonnés de tendresse et de réciprocité.

Le *c'est pourquoi* du v. 16 n'a pas fini de surprendre. On ne saurait trouver meilleure illustration de la gratuité du salut. Au plus creux de l'infidélité du peuple, Dieu se manifeste comme un Dieu de miséricorde qui cherche toujours à reprendre le dialogue et à restaurer l'union.

---

2. «*Votre amour est comme la nuée du matin...*»
(Os 6, 1-6)

1   «Venez, retournons vers le Seigneur.
    C'est lui qui a déchiré et c'est lui qui nous guérira,
    il a frappé et il pansera nos plaies.

2   Au bout de deux jours il nous aura rendu la vie,
    au troisième jour il nous aura relevés
    et nous vivrons en sa présence.

3   Efforçons-nous de connaître le Seigneur:
    son lever est sûr comme l'aurore,
    il viendra vers nous comme vient la pluie,
    comme l'ondée de printemps arrose la terre.»

4   Que vais-je te faire, Ephraïm?
    Que vais-je te faire, Juda?
    Votre amour est comme la nuée du matin,
    comme la rosée matinale qui passe.

5 C'est pourquoi j'ai frappé par les prophètes,
   je les ai massacrés par les paroles de ma bouche:
   et mon jugement jaillit comme la lumière.
6 Car c'est l'amour qui me plaît, non le sacrifice;
   et la connaissance de Dieu, je la préfère aux holocaustes.

Après l'histoire tourmentée du mariage d'Osée, ces quelques versets figurent parmi les plus célèbres de tout le livre du prophète. On y retrouve d'abord une saveur tout à fait oséenne, avec ses accents sur la *connaissance* et *l'amour* de Dieu, sur l'inconstance de l'amour du peuple pour Dieu et le débat que cela provoque en Dieu même (v. 4), mais on y trouve aussi une affinité indéniable avec le Nouveau Testament, avec notamment la mention d'un retour à la vie «au troisième jour» et l'affirmation non-équivoque du primat de l'amour sur les sacrifices.

Une liturgie en bonne et due forme?

La première partie du texte (vv. 1-3) reflète un caractère nettement liturgique: exhortation à la deuxième personne, emploi communautaire de la première personne du pluriel, allusions au retour vers le Seigneur, aux efforts pour le connaître et à la vie en sa présence. La seconde partie d'ailleurs (vv. 4-6) pourrait bien être la réponse de Dieu à la communauté, dans le déroulement même de la liturgie.

Il ne faut pas oublier cependant le contexte immédiat qui est celui d'une rupture totale, mais conditionnelle, entre Dieu et son peuple: «Je m'en irai, je retournerai chez moi, jusqu'à ce qu'ils s'avouent coupables et qu'ils recherchent ma face. Dans leur détresse, ils se mettront en quête de moi» (5, 15). Dieu a donc choisi de s'éloigner et d'attendre que son peuple décide d'amender sa conduite et de le rechercher en vérité.

Les intentions d'Israël, exprimées dans le vocabulaire liturgique traditionnel, paraissent tout à fait louables, sauf que la réponse de Dieu (vv. 4-6) remet sérieusement en cause les motivations et surtout la sincérité de l'attitude d'Israël: «Votre amour est comme la nuée du matin, comme la rosée matinale qui passe» (v. 4). Et surtout la finale (v. 6) montre bien l'insuffisance des gestes de «conversion» posés par Israël: ils ne se situent qu'au niveau des rites, sacrifice et holocaustes, et non au niveau de l'amour et de la connaissance de Dieu, seuls critères qui comptent aux yeux de Dieu.

Dieu qui déchire et qui guérit...

Osée n'est pas le seul à parler ainsi. En *Deutéronome* 32, 39, on retrouve sensiblement la même image d'un Dieu qui frappe pour ensuite guérir:

Eh bien! maintenant, voyez:
c'est moi, rien que moi,
sans aucun dieu auprès de moi,
c'est moi qui fais mourir et qui fais vivre,
quand j'ai brisé, c'est moi qui guéris,
personne ne délivre de ma main.

On pourrait, en outre, invoquer bon nombre de psaumes («Dieu abaisse, Dieu élève», «Dieu appauvrit, Dieu enrichit»), qui tiennent un langage très semblable, ainsi que de nombreux textes prophétiques interprétant les malheurs d'Israël.

Dans tous ces textes, on ne peut qu'admirer la foi et l'espérance sans faille d'un peuple qui sait que le dernier mot de Dieu ne peut être que du côté de la guérison et de la restauration de la vie. Mais il faut bien reconnaître qu'il y a dans cette vision des choses («Dieu déchire pour ensuite guérir») une conception de Dieu qui n'est pas sans faire difficulté aujourd'hui. Faut-il vraiment voir Dieu partout et lui attribuer la responsabilité directe des déchirures et des coups infligés à son peuple ou à des victimes innocentes?

Question grave et redoutable que celle-là, et qui sera reprise et retournée dans tous les sens par un autre livre biblique, celui de *Job*. La question, avec ses différentes réponses offertes par la tradition biblique et théologique, a donné lieu à des révisions radicales ces dernières années. Je pense, par exemple, à l'impact d'ouvrages comme *La violence et le sacré* de René Girard, *Le Dieu pervers* de Maurice Bellet et *Ce Dieu censé aimer la souffrance* de François Varone, qui nous ont obligés à réviser nos conceptions d'un Dieu qu'on ne pourrait apaiser ou satisfaire qu'en acceptant la souffrance.

On est donc ici en plein mystère et en plein paradoxe. L'affirmation du prophète a quelque chose d'admirable. Elle ne doit toutefois pas s'imposer comme une nécessité qui empêcherait les croyants de soulever les questions qui les habitent chaque fois que la souffrance frappe à leur porte. Fort heureusement, le livre de *Job* et les très nombreux psaumes de lamentation individuelle ou communautaire viendront faire plein droit à ces questions et vont contribuer, d'une façon définitive, à faire progresser le débat sur les liens entre Dieu et la souffrance humaine.

«Le troisième jour»

L'expression «le troisième jour», utilisée par le prophète Osée, ne peut manquer d'éveiller l'intérêt des lecteurs chrétiens pour qui l'expression est devenue classique en référence à la résurrection de Jésus (voir 1 Co 15, 4 et Lc 24, 7). L'analogie est d'autant plus frappante que l'expression est associée, dans le texte d'Osée, au vocabulaire de la vie et du retour à la vie. Mais à vrai dire, il n'est pas certain qu'on puisse y retrouver une anticipation, même voilée, de la résurrection de Jésus.

D'une part, il faut noter que les deux textes du Nouveau Testament, invoqués plus tôt, ne citent pas le témoignage d'Osée pour appuyer leur présentation des événements. Pour cette raison, sans doute, les Pères de l'Église ont hésité à se servir de ce texte comme argument en faveur de la résurrection «le troisième jour». Il faudra attendre Tertullien (au début du IIIe siècle) pour avoir une ré-interprétation christologique d'Osée 6, 1.

D'autre part, le contexte ironique, voire polémique, du passage, oblige probablement à lui reconnaître ici une portée négative. L'expression «au bout de deux jours... le troisième jour» traduirait le sentiment d'Israël de pouvoir s'en tirer à bon compte, et serait une autre manière d'indiquer le caractère fugitif et seulement passager de la conversion du peuple.

Le «c'est pourquoi» du verset 5 confirme la portée négative du passage et joue ici à l'inverse du «c'est pourquoi» de 2, 16, examiné plus haut: «C'est pourquoi j'ai frappé par les prophètes, je les ai massacrés par les paroles de ma bouche: et mon jugement jaillit comme la lumière.» La parole des prophètes révèle et juge les véritables intentions du culte d'Israël.

Certes, le texte parle de retour à la vie. Mais de quel retour s'agit-il? D'un retour sincère et définitif? Il ne semble pas, d'après le contexte, que ce soit le cas. Si on veut rapprocher d'*Osée* 6, 2 la tradition chrétienne du «troisième jour» de la résurrection de Jésus, ce ne pourra être que pour faire ressortir l'absolue nouveauté de ce qui se passe en Jésus: alors que l'espoir de résurrection des contemporains d'Osée s'exprime dans le contexte d'un amour ambigu et fugitif, la résurrection de Jésus au «troisième jour» est le fruit d'un amour qui ne s'est jamais démenti, jusque dans la mort et dans l'au-delà de la mort...

Les «émotions» de Dieu (vv. 4-5)

Le langage d'Osée n'a pas fini de surprendre. Après ses étonnantes révélations sur sa vie amoureuse, le voilà qui nous présente un Dieu en débat avec lui-même, déchiré en quelque sorte entre ses émotions: «Que vais-je te faire, Ephraïm? Que vais-je te faire, Juda?» C'est comme si Dieu avouait sa fragilité et son impuissance devant l'amour de son peuple. S'il nous arrive souvent de ne pas comprendre l'attitude de Dieu, l'inverse est aussi vrai: Dieu n'arrive pas toujours à comprendre les causes de nos révoltes et de nos abandons.

Les questions de Dieu sont dures à entendre. Si on est du côté d'Ephraïm et de Juda, il y aurait de quoi douter des intentions de Dieu: se pourrait-il qu'il réponde à l'inconstance par l'inconstance? Et, comme pour ajouter à la difficulté, voilà que le prophète nous livre une image peu rassurante de la parole prophétique: «C'est pourquoi *j'ai frappé par les prophètes, je les ai massacrés par les paroles de ma bouche...*» Ce n'est pas du tout l'image qu'on aime garder de la parole de Dieu: une parole qui frappe et qui massacre? Qu'on aime ou qu'on n'aime pas, c'est bien ce que le texte dit. La parole des prophètes fait mal, et elle peut ouvrir des blessures profondes quand on a oublié de vivre en fidélité à l'alliance.

Mais ce n'est là qu'une étape, et la visée ultime de la parole prophétique est ailleurs. Même dans sa dureté et ses exigences, la parole prophétique contribue à faire *jaillir la lumière*: «Et mon jugement jaillit comme la lumière». Telle est bien la double dimension de toute parole de Dieu, ce «glaive à deux tranchants»: elle est à la fois parole de jugement et de salut, bonne nouvelle et exigence de conversion.

Amour et connaissance de Dieu

C'est bien ainsi qu'il faut comprendre la conclusion de l'oracle prophétique: «Car c'est l'amour qui me plaît, non le sacrifice...» Il y a là à la fois *un jugement radical* sur un culte dépourvu de sens et *une bonne nouvelle* extraordinaire dans laquelle on peut retrouver l'essentiel de l'évangile selon Osée: c'est l'amour, et non les rites extérieurs, qui donne accès au Dieu véritable. Le Dieu de Jésus, nous l'avons déjà vu, ne sera pas différent.

DIRE DIEU À PARTIR DE L'AMOUR HUMAIN ET DE LA SEXUALITÉ —

LES DÉCOUVERTES DU PROPHÈTE OSÉE

Osée a été le premier écrivain biblique à faire de la théologie à partir de sa propre expérience de l'amour humain et de la sexualité. À sa suite, on pourra compter sur les très belles pages de Genèse 1-2, d'*Ésaïe*, du *Cantique des Cantiques,* puis de *Jérémie* et d'*Ézéchiel*, et plus tard, de saint Paul. Mais tous seront héritiers, d'une manière ou d'une autre, des audaces théologiques de ce grand prophète du VIIIe siècle.

Plus tard, et encore une fois grâce à lui, l'expérience de l'amour conjugal acquerra une dimension symbolique. Mais ce qui fait l'originalité d'Osée, c'est que cette dimension symbolique est partie intégrante de sa propre expérience personnelle.

Les trois premiers chapitres sont d'ailleurs une évocation concrète et vibrante des amours, tourmentées mais prophétiques, d'Osée. On apprend d'abord l'ordre qui lui est donné de prendre en mariage Gomer, «femme se livrant à la prostitution» (1, 2). Osée et Gomer choisissent d'enfanter, et leurs trois enfants semblent voués à un avenir tragique (1, 3-9).

Puis voilà qu'Osée est tenté de tout abandonner. Il ne pense plus maintenant qu'au divorce (2, 4-15): rien ne va plus entre lui et sa femme, entre lui et ses enfants, entre les enfants et leur mère. L'amour est mort entre lui et Gomer, et il ne semble plus y avoir d'espoir de retour.

Or, c'est justement là que retentit l'incroyable nouvelle: non seulement le divorce n'aura pas lieu, mais encore l'amour retrouvera des airs de jeunesse (2, 16-25): il est désormais question de séduction, d'appel réciproque, de réponse amoureuse et de fiançailles éternelles. Les enfants mal-aimés redeviennent une vivante promesse d'espérance (2, 25).

Que s'est-il donc passé? Il y a eu, de fait, un renversement complet de situation. De l'histoire très touchante et très vraie d'Osée et Gomer, on est passé à l'histoire, non moins touchante et non moins vraie, de Dieu et de son peuple. En fait, le divorce d'Osée et Gomer n'aura jamais lieu. Car ils auront tous deux compris, à la lumière de l'amour de Dieu pour son peuple, qu'il faut maintenant aimer autrement. Le chapitre 3 ne raconte pas l'histoire d'un autre mariage d'Osée, mais plutôt l'histoire d'un mariage autre. Il s'agit toujours du couple Osée-Gomer, mais la vocation du prophète va, cette fois, bien au-delà du premier appel qu'il avait entendu: «Le Seigneur me dit: "Va encore, *aime une femme aimée par un autre*..."» (3, 1). Et la raison, *théologique*, en est tout de suite livrée: «*Car tel est l'amour du Seigneur* pour les fils d'Israël...» (3, 1). Quelle révélation extraordinaire! «Tel est l'amour du Seigneur...!» Oui, Dieu aime à ce point l'humanité, qu'il sait pourtant être infidèle. Il n'y a pas de limite à l'amour que Dieu porte à l'humanité.

Et puisque Dieu aime ainsi, Osée et Gomer auront compris qu'ils doivent aimer de pareille manière. On est déjà si proches du «Soyez miséricordieux *comme votre Père est miséricordieux*» (Lc 6, 36) et du commandement nouveau de Jésus: «Aimez-vous les uns les autres, *comme je vous ai aimés*...» (Jn 13, 34).

3. «*Reviens donc, Israël, au Seigneur ton Dieu...*»
(Os 14, 2-9)

2   Reviens donc, Israël, au Seigneur ton Dieu,
    car ta faute t'a fait trébucher.

3   Prenez avec vous des paroles et revenez au Seigneur,
    dites-lui:
    «Tu enlèves toute faute, accepte ce qui est bon;
    en guise de taureaux nous t'offrirons en sacrifice les paroles de nos lèvres.

4   L'Assyrie ne peut nous sauver,
    nous ne monterons par sur un cheval
    et nous ne dirons plus «Notre Dieu» à l'ouvrage de nos mains
    – ô toi par qui l'orphelin est pris en pitié!»

5   Je les guérirai de leur apostasie,
    je les aimerai avec générosité:

6   je serai pour Israël comme la rosée,
    il fleurira comme le lis
    et il enfoncera ses racines comme la forêt du Liban,

7   ses rejetons s'étendront,
    sa splendeur sera comme celle de l'olivier,
    et son parfum comme celui du Liban;

8   ils reviendront, ceux qui habitaient à son ombre,
    ils feront revivre le blé,
    ils fleuriront comme la vigne,
    et on en parlera comme du vin du Liban.

9   Ephraïm! qu'ai-je encore à faire avec les idoles?
    C'est moi qui lui réponds et qui veille sur lui.
    Je suis, moi, comme un cyprès toujours vert,
    c'est de moi que procède ton fruit.

Nous voici maintenant à la finale du livre d'Osée. Un livre qui n'a pas manqué de faire passer ses lecteurs par toute une gamme d'émotions, pouvant aller de la tendresse la plus pure jusqu'à l'indignation la plus totale, en passant par l'impatience ou la colère ressenties devant les infidélités répétées d'un peuple qui s'adonne à l'idolâtrie. Mais voilà que le prophète est sur le point de conclure. Comme c'était le cas au début du livre, le message du prophète est porteur d'une promesse de renouveau de la part de Dieu.

«Reviens donc, Israël...»

Le verbe revenir n'est pas nouveau sous la plume d'Osée. Il fait même partie du vocabulaire privilégié pour indiquer le changement que le prophète escompte de ses auditeurs dans leur rapport avec Dieu: «Toi donc tu reviendras chez ton Dieu...» (12, 7; voir aussi; 3, 5; 6, 1; 7, 10. 16). «Revenir au Seigneur», c'est d'abord choisir de renouveler une alliance, dont on reconnaît avoir trahi certaines exigences. Il s'agit manifestement d'une prière pénitentielle que le peuple n'a peut-être pas encore faite sienne entièrement, mais que le prophète présente comme une condition indispensable pour que le peuple puisse se remettre à espérer.

L'expression ne s'arrête toutefois pas à sa dimension pénitentielle. Si on admet que cet oracle final a pu être rédigé après l'Exil, on comprendra facilement que le verbe «revenir» puisse faire allusion au retour d'Exil, comme c'est le cas, par exemple, dans le *Psaume* 126 (v. 1): «Quand revint le SEIGNEUR avec les revenants de Sion...» Ce sens est d'ailleurs discernable un peu plus loin, au verset 8: «ils reviendront, ceux qui habitaient à son ombre». On aurait donc ici un exemple de plus de relecture et d'actualisation des oracles du prophète en fonction de situations nouvelles. Le retour d'Exil, au VIe siècle, serait une confirmation de l'espérance prêchée par le prophète Osée deux siècles plus tôt.

Une confession de foi

La conversion ne suffit pas. Ou du moins, faut-il dire qu'il ne suffit pas de changer des comportements. Ce que le prophète exige de son peuple, c'est rien de moins que le retour à une foi plus authentique. Par son allusion aux «paroles de nos lèvres», il invite Israël à mieux définir sa foi en Dieu (vv. 3-4). Au début comme à la fin de ce qui fait figure de credo, le prophète Osée insiste sur la qualité primordiale du Dieu qu'il connaît, soit sa miséricorde: «Tu enlèves toute faute... ô toi, par qui l'orphelin est pris en pitié...» Le prophète a longuement et vivement fait état des nombreuses infidélités de son peuple. Mais, on le sait depuis le début de son aventure prophétique, la vie du prophète Osée a été bouleversée par la révélation de l'amour gratuit et miséricordieux pour son peuple.

Puis vient la présentation de l'offrande: «Accepte ce qui est bon, en guise de taureaux nous t'offrirons en sacrifice les paroles de nos lèvres.» Tout au long du livre, le prophète a dénoncé les pratiques idolâtriques du peuple et le manque de sincérité de son culte envers Yahvé. Ici, Israël se déclare prêt à présenter «ce qui est bon» et renonce à mettre l'accent sur les taureaux et les sacrifices, pour se concentrer davantage sur la sincérité de sa profession de foi («les paroles de nos lèvres»).

Même dans sa formulation négative, le dernier verset du credo proposé par Osée en dit long sur la conversion du peuple. Osée a vivement dénoncé l'illusion des alliances avec l'étranger, notamment l'Assyrie (5, 13; 7, 11), et du recours à des ressources militaires (la force du cheval). Maintenant Israël est invité à se tourner pour de bon vers Yahvé qui, seul, peut donner force et victoire. Voilà donc enfin que le peuple va renoncer à son idolâtrie qui le poussait à dire «"Notre Dieu" à l'ouvrage de nos mains»...

«comme la rosée...»

Les versets 5 à 9 multiplient les images pour parler de la restauration du peuple par Dieu: guérison, amour généreux, abandon de la colère, floraison et fécondation. Mais aucune de ces images ne saurait mieux montrer en quoi Dieu inverse la destinée de son peuple pour son plus grand bonheur que celle de la «rosée». On se souvient que Dieu lui-même avait reproché à son peuple de faire preuve d'un amour aussi peu durable et fugitif que la rosée du matin. Voilà que Dieu reprend la même image à son compte et, cette fois, pour dire la nouveauté et la beauté des fruits à venir: «Je serai pour Israël comme la rosée...» Seul l'amour fidèle, éternellement neuf, de Dieu peut changer la destinée d'un peuple dont l'amour est si fragile et si fuyant.

III- Le Dieu d'Osée

Un Dieu-Époux

Voilà bien la première caractéristique du Dieu d'Osée. Ce fut aussi sa première audace que d'appliquer à Dieu l'image de l'époux. C'est lui, en effet, qui fut le premier à le faire, et il aura de prestigieux disciples avec Ésaïe, l'auteur du *Cantique*, Jésus lui-même, l'apôtre Paul et Jean, l'auteur de l'*Apocalypse*.

Car c'est bien Dieu qu'il faut voir sous les traits de l'amant tantôt ravi, tantôt déchiré ou déçu, mais toujours follement amoureux, qu'on retrouve dans les premières pages du livre d'Osée (ch. 1-3). Dieu n'aime pas de façon abstraite et sans se compromettre. Il aime en s'engageant avec passion jusque sous les traits d'un époux.

Il y a un risque bien sûr à employer un tel langage, et l'image d'un Dieu-époux, surtout de nos jours, demande à être complétée et corrigée. Mais le texte lui-même s'en charge. Car il ne s'agit pas ici d'un rôle de domination, mais bien de relation empreinte de respect et appelant le dialogue et la réciprocité. L'époux, en effet, n'est plus le *baal*, c'est-à-dire le maître ou le propriétaire, mais bien l'*homme*, c'est-à-dire le partenaire égal. On retrouve ici l'idéal des origines (*Genèse* 1-2) où seule l'unité et la complémentarité du couple homme-femme peuvent être pleinement *image de Dieu*.

Cet idéal, Osée l'a bien compris, lui dont la relation avec son épouse a été complètement transformée par la découverte de ce que aimer voulait vraiment dire aux yeux de Dieu. S'il nous renvoie à la beauté des origines, il aura eu le mérite aussi d'anticiper ce qui deviendra, dans la bouche de Jésus, l'une des plus belles images de la présence de Dieu au monde. Jésus se désigne en effet comme l'Époux déjà présent (Mc 2, 19): il faut se réjouir et abandonner les pratiques religieuses anciennes. Mais il est aussi l'Époux qu'on attend et qui viendra pour consommer l'union définitive avec son Épouse, dans une communion et un dialogue infinis: «Réjouissons-nous... car voici les noces de l'Agneau. Son épouse s'est préparée (...) L'Esprit et l'épouse disent: Viens!» (Ap 19, 7 et 22, 17).

Un Dieu profondément blessé

Le Dieu d'Osée n'a rien d'un Dieu impassible et immuable qui serait au-dessus de la mêlée et que rien ne pourrait affecter. Au contraire, Osée nous fait découvrir un Dieu plein de vie et d'émotions, qui n'a pas peur de se compromettre dans une alliance et de manifester ses attentes. Le Dieu d'Osée se compromet en prenant l'initiative de la tendresse et de l'amour sincère: *parler au cœur, fiancer dans la tendresse, aimer avec tendresse* et *mener avec des attaches humaines*, voilà autant d'expressions qui disent la passion amoureuse de Dieu pour son peuple.

Mais c'est aussi un Dieu qui ne cache ni ses exigences ni ses déceptions. S'il n'hésite pas à entrer en procès contre son peuple (chapitres 2 et 4), c'est qu'il se sait trahi: «Mais eux, comme Adam, ont transgressé l'alliance, voici où ils m'ont trahi...» (6, 7). C'est bien là un des traits dominants du Dieu d'Osée: on le sent profondément blessé et déchiré dans ses sentiments pour Ephraïm-Israël. Osée n'a pas peur des mots pour exprimer les sentiments de Dieu: «Ephraïm a fait à Dieu une peine amère...» (12, 15). N'est-ce pas qu'on doit parler ici de la *souffrance* de Dieu?

Cette blessure ou souffrance de Dieu, on la ressent également du fait que Dieu est souvent poussé à bout par l'ingratitude et les infidélités de son peuple, au point de débattre avec lui-même s'il devrait mettre à exécution ses projets de salut. Son cœur «est bouleversé» (11, 8), alors qu'il est confronté à de graves dilemmes:

- «Que vais-je te faire, Ephraïm, que vais-je te faire, Juda?» (6, 4)
- «Et moi, je devrais les racheter, eux qui profèrent des mensonges à mon endroit?» (7, 13)
- «Comment te traiterai-je, Ephraïm, te livrerai-je, Israël? Comment te traiterai-je comme Adma, te rendrai-je comme Cevoïm? Mon cœur est bouleversé en moi, en même temps ma pitié s'est émue.» (11, 8)
- «Je devrais les racheter à l'emprise du séjour des morts? De la mort je devrais les garantir?» (13, 14)
- «Ephraïm! qu'ai-je encore à faire avec les idoles?» (14, 9)

Que voilà de bien graves questions, qu'on aurait tort de prendre à la légère, sous peine justement d'être traité, comme Ephraïm-Israël, de «colombe naïve et sans cervelle» (7, 11)... Dieu veut sauver son peuple, mais il ne peut le faire sans que celui-ci ne manifeste un désir sincère de conversion.

Un Dieu à visage humain

En lisant Osée, on pourrait bien s'exclamer, avec Bernard Bro: «*Dieu seul est humain*» (Cerf, 1973)! Le Dieu d'Osée apparaît en effet comme intimement lié à l'histoire humaine. Bien sûr, il demeure le Tout-Autre, le Saint, et ne cède pas à la colère: «Je ne donnerai pas cours à l'ardeur de ma colère, je ne reviendrai pas détruire Ephraïm; *car je suis Dieu et non pas homme; au milieu de toi je suis saint: je ne viendrai pas avec rage*» (11, 9). Mais il sait être aussi ce qu'il y a de plus humain, follement amoureux de son épouse (2, 18) et résolu à conduire son peuple «avec des attaches humaines» (11, 4).

Les écrits de François Varillon (*L'humilité de Dieu*, Centurion, 1974; *La souffrance de Dieu*, Centurion, 1975) sont peut-être la meilleure traduction récente de ce langage oséen sur Dieu. À la différence d'un langage essentialiste, qui tend à faire de Dieu un être immuable et dépourvu de toute émotion, Varillon parle en effet de l'*humilité* et de la *souffrance* de Dieu.

Osée a donc pris le risque de parler de Dieu à partir des réalités humaines: l'amour d'un couple, avec tous ses risques, ses difficultés et ses richesses (chapitres 1-3), l'amour d'un père pour son fils (11, 1-4), et aussi l'amour d'une mère pour le fruit de son sein (11, 8). Tout ce qu'il y a de profondément humain, d'authentiquement humain se retrouve en Dieu.

Un Dieu «séducteur»

Osée a aussi pris le risque de parler de Dieu à partir du langage amoureux, et il pousse l'audace jusqu'à parler de séduction et de fiançailles en Dieu. Un Dieu qui fait la cour à l'humanité... Cela peut sembler étrange, mais n'est-ce pas ce qu'on retrouve tout au long de la Bible, et n'est-ce pas ce que Jean voudra dire lorsqu'il écrit que «Dieu nous a aimés le premier...» L'histoire des amours d'Osée nous révèle un Dieu qui ne renonce à aucun moyen pour gagner ou regagner l'amour de son épouse.

Un Dieu-Amour

Tous les traits énumérés jusqu'ici pour le Dieu d'Osée se résument à un seul mot: Amour. On a souvent fait, et à bon droit, des rapprochements entre le livre d'Osée et les écrits johanniques à cause de l'importance qu'ils donnent à l'amour pour définir le mystère de Dieu et de nos relations avec lui. Osée a eu le mérite d'être le premier à rendre compte de son expérience de Dieu à partir de sa propre expérience d'aimer. Il ne s'agit pas ici d'un langage idéalisé ou affecté sur l'amour. Mais bien d'une expérience qu'il a faite dans sa propre histoire, voire dans sa propre chair. Le Dieu d'Osée est très incarné: comment pourrait-on être incarné sans passer par l'amour humain? Jean sera le théologien par excellence du Dieu-Amour. Il n'y a là rien d'étonnant puisque lui aussi est théologien de l'incarnation, d'un Dieu qui «s'est fait chair» (Jn 1, 14). Osée et Jean se rejoignent admirablement dans un unique témoignage pour dire que Dieu est infiniment proche de tout ce qui est humain et que la seule voie d'accès vers lui est l'amour: «Mes bien-aimés, aimons-nous les uns les autres, car l'amour vient de Dieu, et quiconque aime est né de Dieu et parvient à la connaissance de Dieu...» (1 Jn 4, 7).

Pour prolonger l'étude

Andersen, F. I. and Freedman, D.N., *Hosea*. Garden City, N.Y., Doubleday & Company, Inc., 1980 (The Anchor Bible, 24) xiii, 699p.

Asurmendi, J., «Osée», dans *Amos et Osée*. Paris, Cerf, 1988 (Cahiers Évangile, 64), pp. 31-52.

Couturier, G., «Rapports culturels et religieux entre Israël et Canaan d'après Osée 2, 4-25», dans *L'Altérité. Vivre ensemble différents. Approches pluridisciplinaires.* (Actes du Colloque pluridisciplinaire tenu à l'occasion du 75e anniversaire du Collège Dominicain de Philosophie et de Théologie: Ottawa, 4-5-6 octobre 1984). Édité par M. Gourgues et G.-D. Mailhiot. Montréal, Bellarmin; Paris, Cerf, 1986 (Recherches - Nouvelle Série, 7) pp. 159-210.

Jacob, E., *Osée*. 2e éd., Genève, Labor et Fides, 1982 (Commentaire de l'Ancien Testament, XIa) pp. 7-98.

Lys, D., «J'ai deux amours ou l'amant jugé. Exercice sur Osée 2/4-25», dans *Études Théologiques et Religieuses* 51 (1976) pp. 59-77.

Martin-Achard, R., «Osée», dans Amsler, S., Asurmendi, J., Auneau, J., Martin-Achard, R., *Les prophètes et les livres prophétiques*. Paris, Desclée, 1985 (Petite Bibliothèque des Sciences Bibliques - Ancien Testament, 4), pp. 53-71.

McCarthy, D. and Murphy, R.E., «Hosea», dans *The New Jerome Biblical Commentary*. Edited by R.E. Brown, J.A. Fitzmyer, R.E. Murphy. Englewood Cliffs, New Jersey, Prentice Hall, 1990, pp. 217-228.

Renaud B, «Genèse et unité rédactionnelle d'Osée 2», dans *Revue des Sciences Religieuses* 54 (1980) pp. 1-20.

Renaud, B., «Le livret d'Osée 1-3. Un travail complexe d'édition», dans *Revue des Sciences Religieuses* 56 (1982) pp. 168-175.

Renaud, B., «Osée 1-3: Analyse diachronique et lecture synchronique. Problèmes de méthode», dans *Revue des Sciences Religieuses* 57 (1983) pp. 249-260.

Vogels, W. et Auneau, J., «Osée», dans *Dictionnaire encyclopédique de la Bible*. Turnhout (Belgique) Brepols, 1987, p. 944.

Vogels, W., «Osée, Livre», *idem*, pp. 944-945.

Vogels, W., «"Osée-Gomer" car et comme "Yahvé-Israël"», dans *Nouvelle Revue Théologique* 103 (1981) pp. 711-727.

Wolff, H.W., *Hosea. A Commentary on the Book of the Prophet Hosea*. Translated by G. Stansell. Philadelphia, Fortress Press, 1974 (Hermeneia) xxii, 259p.

CHAPITRE 5

ÉSAÏE,
LE MESSAGER DU «SAINT D'ISRAËL»

Nous allons maintenant entreprendre l'étude de celui qu'on a appelé «le prince des prophètes» et que d'aucuns considèrent comme le poète par excellence de la Bible hébraïque: Ésaïe. Son livre est colossal: soixante-six chapitres, dont la composition aurait été étalée sur près d'un demi-millénaire! C'est dire que nous avons affaire à un défi de taille: présenter en un seul petit chapitre une œuvre aussi imposante et aussi riche, tant du point de vue littéraire que théologique... Ici, plus que jamais, il faudra faire des choix, résumer et suggérer. Mais, rappelons-le, il s'agit d'inviter à la lecture et de proposer des clefs d'accès au livre plus que de se livrer à une lecture complète et détaillée.

Comme pour Amos et Osée, partons d'abord du contexte historique dans lequel le prophète du VIIIe siècle a exercé son ministère. Nous parlerons aussi de l'histoire du livre que nous avons maintenant entre les mains. Quant à l'histoire politique et religieuse qui est à l'arrière-plan des chapitres 40-66 d'*Ésaïe*, il faudra plutôt se référer à la présentation qui est faite des prophètes du retour, au chapitre 8 de cet ouvrage.

I- Un maître-prophète à la cour de Jérusalem: Ésaïe, fils d'Amoç

Le prophète et son temps (d'après 1, 1)

Relisons d'abord l'en-tête proposé par les éditeurs du livre:

ÉSAÏE OU ISAÏE?

Tout au long de cet ouvrage, il est question d'Ésaïe (en abréviation: Es), et non pas du nom sans doute plus familier d'Isaïe (en abréviation: Is). Comme c'est toujours le texte de la Traduction œcuménique de la Bible qui est cité, il nous a paru logique de garder sa transcription du nom du prophète. Mais comment expliquer ce changement?

Le nom du prophète, en hébreu, se dit *Yesha'yahou* et est composé de trois éléments: *Yesha* veut dire «Il sauve» ou pourrait être compris comme un substantif «Le salut»; *Ya* est l'abréviation du nom divin Yahvé, comme dans *Allelui-Ya*, et veut donc dire «Le Seigneur»; enfin, *Hou* est le pronom personnel masculin singulier de la troisième personne «Lui». Le nom d'Ésaïe veut donc dire, littéralement: «Lui, le Seigneur, sauve» ou, «Lui, le Seigneur, est le salut».

En grec, contrairement à ce qu'elle a fait pour les noms de Jérémie et d'Ézéchiel, la Septante a préféré rendre le *Ye* de la syllabe initiale par une voyelle longue: *Esaias*. En latin, saint Jérôme dit habituellement *Esaias* dans ses traités, mais garde *Isaias* dans sa traduction de la Vulgate.

C'est dire que les deux graphies existent depuis longtemps déjà. Le nom *Isaïe* est l'appellation traditionnelle chez les catholiques, tandis que les protestants, et maintenant la Traduction œcuménique, lui ont préféré *Ésaïe*. Quoi qu'il en soit, il faut bien prendre une option, et qui sait, pour être plus proche de l'hébreu, peut-être faudrait-il dire *Jésaie*, comme dans Jérémie, comme dans Jésus...? Ce n'est pas là une question majeure, mais il est bon de savoir pourquoi on retrouve tantôt Isaïe tantôt Ésaïe.

Vision d'Ésaïe, fils d'Amoç, qu'il vit au sujet de Juda et de Jérusalem, aux jours d'Ozias, de Yotam, d'Akhaz et d'Ézékias, rois de Juda.

(1, 1)

On est d'abord frappé par le titre descriptif «Vision... qu'il vit», qui présente le prophète comme un *visionnaire*. Il demeure certes l'homme de la Parole, mais les éditeurs ont voulu souligner de cette façon l'importance du regard qu'il porte sur les personnes et les événements. L'aspect visuel, voire esthétique, du message prend chez Ésaïe une importance singulière.

Deuxième singularité: la mention de *Juda* et de *Jérusalem*. Ésaïe est particulièrement attaché à Juda et sa capitale. Il s'y déplace aisément (voir, par exemple, 7, 3) et, plus important encore, il y a ses entrées à la cour royale.

Enfin, la référence aux rois Yotam, Akhaz et Ézéchias situe le ministère d'Ésaïe aux environs de 735 à 700. Trois événements majeurs ont marqué cette période et, donc, le message du prophète.

1) Jérusalem à l'heure des choix: la guerre syro-éphraïmite (735)

Vers 735, le Royaume du Nord – appelé généralement Israël, mais aussi Ephraïm chez les prophètes du VIIIe siècle – en a assez de subir la domination assyrienne et surtout les lourds

Le prophète Ésaïe.

de confiance en Dieu. S'adressant au roi Akhaz, il exorcise ses peurs et l'invite, lui et tout le peuple, à s'appuyer sur leur foi en Dieu: «Veille à rester calme, ne crains pas!... Si vous ne croyez pas, vous ne subsisterez pas» (7, 4. 9).

2) Un royaume s'éteint: la chute de Samarie (721-722)

Le prophète n'est pas directement impliqué dans ce deuxième événement, qui concerne le seul royaume du Nord, mais il est clair que la chute de Samarie aura ses répercussions jusque dans le royaume du Sud. La seule allusion claire à la chute prochaine de Samarie (désignée ici, comme chez Osée, sous le nom d'Éphraïm) se trouve au chapitre 28:

Malheur!
Fière couronne des ivrognes d'Ephraïm
et fleurs fanées qui font l'éclat de sa parure
au-dessus de la vallée plantureuse,
vous qui êtes assommés par le vin.

Voici un puissant guerrier du Seigneur,
semblable à un orage de grêle,
à une tempête dévastatrice,
à un orage qui fait déborder
les eaux impétueuses:
violemment, il couchera tout à terre.

Elle sera foulée aux pieds,
la fière couronne des ivrognes d'Ephraïm;
et les fleurs fanées
qui font l'éclat de sa parure
au-dessus de la vallée plantureuse
seront comme une figue précoce,
mûrie avant l'été:
quelqu'un l'aperçoit et,
aussitôt qu'il la tient, il l'avale.   (28, 1-4)

impôts qu'il doit payer au roi assyrien. Il se tourne donc du côté d'un de ses ennemis jurés, la Syrie (avec Damas pour capitale), et cherche à gagner l'alliance de Jérusalem et de son roi pour se soulever contre l'Assyrie.

Akhaz, roi de Jérusalem, est pris de panique et ne sait trop que faire: «Alors, son cœur et le cœur de son peuple furent agités comme les arbres de la forêt sont agités par le vent» (7, 2). Ésaïe, encore hautement considéré à la cour royale, ne partage pas ce sentiment de panique et s'oppose à ces alliances étranges qui cachent un problème plus profond: celui d'un manque

Pour un tableau plus complet, on pourra se référer au compte-rendu fourni par l'historien deutéronomiste en 2 Rois 17. Les victoires de Salmanasar V et de Sargon II ont entraîné les premières déportations d'Israélites vers l'Assyrie de même qu'une recolonisation de la Samarie qui allait laisser des séquelles profondes dans les relations entre Juifs et Samaritains.

Si Juda pouvait, à certains égards, se réjouir des malheurs du royaume du Nord, l'heure allait bientôt sonner où il devrait, à son tour, subir les pressions et les attaques meurtrières du géant assyrien. Le prophète Ésaïe ne manquera pas de mettre en garde Juda contre la fureur de l'envahisseur assyrien (10, 5-19. 24--27).

D'ici là, Juda devra composer avec une situation politique et religieuse inédite. Les nouveaux habitants du royaume du Nord ont, en effet, gardé leurs traditions religieuses propres: «Tout en craignant le Seigneur, ils continuèrent à servir leurs propres dieux, selon le rite des nations d'où on les avait déportés» (2 R 17, 33). Juda devra se prémunir contre la menace du syncrétisme.

En outre, avec la chute de Samarie, il faudra noter qu'on ne parle plus dorénavant d'Israël dans un sens politique – le Royaume et sa capitale ayant été conquis et la population locale ayant été déportée –, mais dans un sens théologique.

3) L'ennemi est aux portes: l'invasion assyrienne (701)

Cette fois-ci, le prophète est directement concerné, voire personnellement impliqué dans la *résistance* qui commence à s'organiser sous le règne d'Ézéchias. Voilà un roi qui plaît à Dieu et qui, pour cette raison, mérite un jugement hautement favorable de la part de l'historien deutéronomiste:

> Il fit ce qui est droit aux yeux du Seigneur, exactement comme David, son père. C'est lui qui fit disparaître les hauts lieux, brisa les stèles, coupa le poteau sacré et mit en pièces le serpent de bronze que Moïse avait fait, car les fils d'Israël avaient brûlé de l'encens devant lui jusqu'à cette époque: on l'appelait Nehoushtân. Ézékias mit sa confiance dans le Seigneur, le Dieu d'Israël. Après lui, il n'y a pas eu de roi comme lui parmi tous les rois de Juda; il n'y en avait pas eu de semblable non plus parmi ceux qui l'avaient précédé. Il demeura attaché au Seigneur, sans se détourner de lui. Il garda les commandements que le Seigneur avait prescrits à Moïse. Le Seigneur était avec lui; il réussissait dans tout ce qu'il entreprenait. Il se révolta contre le roi d'Assyrie et ne lui fut plus assujetti. Lui-même battit les Philistins jusqu'à Gaza et son territoire, tours de garde aussi bien que places fortes.　(2 R 18, 3-7)

Ézékias, qui fait volontiers appel au prophète Ésaïe, n'est pas un rêveur. Sa foi en Dieu ne lui fait pas négliger les moyens humains. Il décide de fortifier Jérusalem et l'ensemble de son royaume, et fait construire notamment le fameux tunnel d'un peu plus d'un demi-kilomètre, qui permettra à Jérusalem assiégée d'avoir toujours accès aux sources qui l'alimentent en eau. Cet exploit lui vaudra d'ailleurs une notice particulière de la part de l'historien deutéronomiste: «Le reste des actes d'Ézékias, tous ses exploits, ce qu'il a fait, le réservoir et le canal construits pour amener l'eau dans la ville, cela n'est-il pas écrit dans le livre des Annales des rois de Juda?» (2 R 20, 20).

Un demi-millénaire de prophéties? La grande tradition ésaïenne

Il vous est sans doute déjà arrivé, à la lecture ou à l'audition de certains passages célèbres d'Ésaïe («Consolez, consolez mon peuple...»; «Tu as du prix à mes yeux...»; «Voici mon Serviteur que je soutiens, mon Élu que j'ai moi-même en faveur...»; «L'Esprit de Dieu repose sur moi... il m'a envoyé annoncer la Bonne Nouvelle aux pauvres...»), de lire ou d'entendre dire qu'il s'agissait là d'extraits du *deutéro (= deuxième) Ésaïe*, pour la section qui commence au chapitre 40, verset 1. Certains distinguent même un troisième section et parlent d'un *trito (= troisième) Ésaïe* (Es 56-66). Étant donné les très grandes affinités qui existent, au point de vue littéraire, théologique et historique, entre les chapitres 40 à 55 et 56 à 66, nous nous limiterons ici à considérer le rapport entre les deux grandes sections du livre, soit 1 à 39 et 40 à 66. Y aurait-il donc deux prophètes et deux livres différents?

La question est posée depuis fort longtemps, et la réponse apportée par l'exégèse moderne fait maintenant consensus depuis plus d'un siècle. La très grande majorité des interprètes distingue en effet, sur la base de données *historiques, littéraires et théologiques*, deux sections majeures dans le livre d'Ésaïe: la première, formée des chapitres 1 à 39, serait attribuable, en gros, au prophète Ésaïe du VIIIe siècle; la seconde, qui inclut les chapitres 40 à 66, serait nettement plus récente, et serait l'œuvre d'une école de disciples qui a cherché à traduire et actualiser le message du maître dans le contexte nouveau du retour d'Exil (538 et les toutes premières années du retour).

Bien sûr, ces deux grandes collections ne forment pas des ensembles absolument étanches. La première (par exemple, les chapitres 24-27 et 34-35) a été augmentée et enrichie d'éléments plus récents qui peuvent tout aussi bien se rattacher à la période exilique et post-exilique. C'est dire que l'activité de mise à jour des prophéties d'Ésaïe, fils d'Amoç, s'est poursuivie pendant des siècles. Certains croient même que cela nous mène jusqu'à la période hellénistique (333 et les années qui ont suivi), soit près d'un demi-millénaire après les oracles du prophète du VIIIe siècle. Quoi qu'il en soit, la théorie d'une école ésaïenne et de la division du livre en deux sections majeures (1-39 et 40-66) repose sur des arguments solides.

Des arguments littéraires

Indépendamment de toute théorie, quiconque entreprend la lecture des chapitres 40 à 66 d'*Ésaïe* aura tôt fait de noter les différences de présentation littéraire par rapport à 1 à 39. Tout d'abord, il n'y a plus de versets en prose, mais seulement de la poésie. Ensuite, à la différence des chapitres 1 à 39, on ne trouve aucune division en oracles individuels ni aucune indication chronologique, et par conséquent, aucune référence concrète au prophète du VIIIe siècle. Enfin, en ce qui concerne le vocabulaire, les différences sont nombreuses et significatives:

- Jérusalem et Juda ne sont mentionnés ensemble qu'une seule fois en 40 à 66, alors que le binôme se retrouve constamment dans les oracles de 1 à 39;

- le vocabulaire de l'*élection* de Jacob-Israël est rarissime en 1 à 39 (seulement en 14, 1), tandis qu'on le retrouve neuf fois en 40 à 66;
- la racine *évangéliser* est inconnue de 1 à 39 et se retrouve sept fois en 40 à 66;
- l'attribut divin *tout-puissant* est un concept-clef en 1 à 39 (cinquante-six emplois), tandis qu'il joue un rôle mineur en 40 à 66 (six emplois seulement);
- le vocabulaire relatif à l'*orgueil humain* ne se retrouve que dans les chapitres 1 à 39 (une quinzaine d'emplois).

On pourrait allonger la liste presque indéfiniment. D'autres différences de vocabulaire apparaîtront lorsque nous parlerons, un peu plus loin, de la théologie.

Les références à l'histoire

Là encore, les différences sautent aux yeux. Alors que la section 1 à 39 regorge d'allusions historiques au VIIIe siècle (Akhaz, Ézékias, Ésaïe, Sennakérib, etc.) – pour lesquelles on retrouve beaucoup de parallèles en 2 Rois –, celles-ci sont totalement absentes de 40 à 66. En revanche, on y retrouve des références explicites à la période perse (538-333), avec la mention de Cyrus (45, 1), roi de Perse, dont la victoire sur Babylone avait signifié la fin de l'empire babylonien et le retour des déportés à Jérusalem. Dans les chapitres 40 à 66, on n'entend plus le prophète influent à la cour royale qu'était Ésaïe, fils d'Amoç, appelant à résister à l'invasion assyrienne, mais un tout nouveau prophète, exhor-

Travaux forcés: les prisonniers transportent de lourdes charges, sous le regard vigilant d'un surveillant (voir Es 9, 3).

tant un peuple tenu en captivité à *sortir de Babylone* (48, 20), à *rentrer à Sion* (51, 11) avec des chants de joie, et à *rebâtir la prospérité de Jérusalem* (44, 26. 28), etc. Le contexte historique est on ne peut plus clair: on se retrouve à la période du retour d'Exil, déclenché par le décret de Cyrus en 538, et donc à quelque deux siècles de distance du prophète judéen du VIIIe siècle.

Bien sûr, il fut un temps où l'idée qu'on se faisait du prophète, à savoir d'un homme qui, sous le coup de l'inspiration, pouvait prédire l'avenir, permettait d'attribuer l'immense collection d'Ésaïe 1 à 66 à un seul homme. Mais il apparaît beaucoup plus simple de reconnaître précisément l'épaisseur historique des textes et d'y voir le fruit d'un travail collectif – tout autant inspiré sinon d'avantage! –, réparti sur plusieurs siècles. Concrètement, cela voudrait dire que des croyants du VIe siècle se sont inspirés des oracles du prophète Ésaïe du VIIIe siècle et les ont actualisés selon leur contexte. La Bible est un livre ouvert et vivant: il a fallu un *Deutéro*nome pour actualiser la Loi, les psaumes engendreront d'autres psaumes, les deux livres des *Rois* seront relus en fonction de l'histoire du développement de la liturgie en Israël par les auteurs des *Chroniques*, etc. Ici, c'est toute une école prophétique qui puise à même les enseignements du grand maître Ésaïe.

Des accents théologiques différents

Enfin, les différences littéraires et historiques existant entre Es 1 à 39 et 40 à 66 pointent vers une diversité plus fondamentale encore, celle de la théologie. Non pas que la théologie de 40 à 66 soit en contradiction avec celle de 1 à 39. Cependant les accents sont différents. Très différents, comme on pourra en juger par le tableau qui suit.

D'Es 1-39 à Es 40-66: des accents théologiques différents

(Pour compléter la liste on pourra se référer au lexique établi par P. E. Bonnard, dans son ouvrage *Le Second Isaïe*. Paris, Gabalda, 1972, p. 499-551. La liste comprend 143 mots et 149 expressions.)

	Es 1-39	Es 40-66
1. Dieu Tout-Puissant (*Yahvé Tseva'ôt*)	56 x	6x
2. Premier et Dernier (appliqué à Dieu)	0	3x
3. Créer (toujours en référence à Dieu)	une seule fois (4, 5)	20x
4. Serviteur souffrant	0	19x
5. Bonne nouvelle	0	5x
6. Dieu qui réconforte	3x	16x
7. Esprit de Dieu	1 seule fois (11, 2)	environ 20x
8. Dieu Père	0	6x
9. Dieu Époux	0	50, 1; 54, 1-13; 62, 4-5

Au-delà des différences, un seul livre

Une fois reconnues les différences les plus marquantes, il reste toujours à expliquer l'*état actuel du livre*. Après avoir longtemps insisté sur les différences et cherché, par une chirurgie savante, à les indiquer dans le texte-même, voilà que la recherche récente sur le livre d'Ésaïe insiste à nouveau sur la cohérence de l'ensemble et sur les raisons qui ont conduit à la fusion en un seul livre des deux grandes collections (ou trois, pour certains auteurs). Car, après tout, ce qui importe pour nous, c'est le livre tel que nous l'avons maintenant. Certes, l'histoire de sa formation nous éclaire grandement. Mais nous le recevons de la tradition (le canon des Écritures) comme un tout déjà assemblé, et il nous faut l'interpréter comme tel.

Or, pour ne retenir que les grandes lignes des interprétations plus récentes, il est facile de voir que la première section (1-39) est essentiellement *l'énoncé d'un jugement* qui aboutit à l'annonce de malheurs qui vont bientôt s'abattre sur Juda. La seconde section (40-66), quant à elle, est *l'expression d'une promesse de salut*. Si on a choisi de la greffer sur la première section, c'est pour montrer que la parole de jugement s'est effectivement réalisée, mais qu'elle ne saurait en aucun cas représenter le dernier mot de Dieu. La dynamique qui opère d'une section à l'autre n'en est que plus éloquente: le Dieu qui a jugé son peuple au temps du prophète du VIIIe siècle et dans les événements qui ont conduit à l'exil est, de manière indéfectible, le Dieu qui entend réconforter, guérir, renouveler et rassembler son peuple.

II- Trois textes pour comprendre Ésaïe (1-39)

Il faudrait bien plus que trois textes pour rendre compte de l'étonnante diversité du livre d'Ésaïe. Toutefois, les trois extraits qui suivent et qui, exceptionnellement, se suivent dans le livre prophétique, peuvent être considérés comme les plus célèbres passages du prophète de Jérusalem. Trois petits chapitres seulement pour un si grand ensemble, mais qui révèlent à eux seuls la grande maîtrise théologique et littéraire de leur auteur. On y retrouve, successivement, un chant qui se transforme en parabole (5, 1-7), une théophanie qui aboutit à une vocation et à une mission (6, 1-12) et un oracle qui emprunte aux annonces de naissance merveilleuse et qui va désormais nourrir des siècles d'attente messianique (7, 10-17).

---

1. Entre l'amour et l'injustice: le chant du bien-aimé et de sa vigne
(Es 5, 1-7)

1   Que je chante pour mon ami,
    le chant du bien-aimé et de sa vigne:
    Mon bien-aimé avait une vigne
    sur un coteau plantureux.

2   Il y retourna la terre, enleva les pierres,
    et installa un plant de choix.
    Au milieu, il bâtit une tour
    et il creusa aussi un pressoir.

Il en attendait de beaux raisins,
il n'en eut que de mauvais.

3   Et maintenant, habitants de Jérusalem et gens de Juda,
soyez donc juges entre moi et ma vigne.

4   Pouvais-je faire pour ma vigne
plus que je n'ai fait?
J'en attendais de beaux raisins,
pourquoi en a-t-elle produit de mauvais?

5   Eh bien, je vais vous apprendre
ce que je vais faire à ma vigne:
enlever la haie pour qu'elle soit dévorée,
faire une brèche dans le mur pour qu'elle soit piétinée.

6   J'en ferai une pente désolée,
elle ne sera ni taillée ni sarclée,
il y poussera des épines et des ronces
et j'interdirai aux nuages
d'y faire tomber la pluie.

7   La vigne du Seigneur, le tout-puissant, c'est la maison d'Israël,
et les gens de Juda sont le plant qu'il chérissait.
Il en attendait le droit,
et c'est l'injustice.
Il en attendait la justice,
et il ne trouve que les cris des malheureux.

Un poème inoffensif?

Ésaïe est un grand poète, et il nous livre ici un petit chef-d'œuvre, remarquable par la beauté des images et la concision du style.

Ce qui frappe, à première lecture, c'est la façon dont le poète s'inspire du langage courant: *vigne, coteau, pressoir, tour, raisins, planter, bâtir, retourner la terre, enlever les pierres*, etc. Autant de réalités et d'activités qui sont familières aux habitants de Jérusalem et de Juda.

Mais, en même temps, ces réalités sont comme élevées à un autre niveau, du fait que le prophète en fait l'objet d'un *chant*. Le verbe *chanter* (*shîr*, en hébreu) et les deux substantifs qui lui correspondent (*shîr et shîrah*), ne sont pas si usuels que cela dans la littérature prophétique. Cette dernière, en effet, ne compte que douze emplois des deux substantifs sur quatre-vingt-dix pour tout l'Ancien Testament, tandis qu'elle ne revendique que six emplois du verbe sur un total de quatre-vingt-sept. Le poème du prophète n'a donc rien de banal au départ, puisqu'il se rattache à un genre qui n'est pas dépourvu de solennité.

En présentant d'emblée son poème comme un *chant*, le prophète ne pouvait manquer de faire grandir les attentes de son auditoire. En effet, les chants, dans la Bible, sont toujours associés à des événements heureux: chant de délivrance exemplaire (Ex 15), chant de victoire de Débora (Jg 5), chant nouveau des captifs revenant de Babylone (Es 40), chant joyeux des pèlerins montant au temple de Jérusalem (tous les Psaumes des montées: Ps 121-134) et enfin, le chant par excellence, le *Cantique des cantiques*, célébrant la beauté de l'amour.

La mention au départ du double objet du chant (*le bien-aimé* et *sa vigne*) contribue, elle aussi, à consolider l'auditoire dans son attente d'une bonne nouvelle. Le *bien-aimé* et la *vigne* sont des figures habituellement, sinon presque toujours, associées au bonheur.

Commençons par le bien-aimé. Là aussi, tout est fait pour mettre en confiance. Le mot *bien-aimé* (en hébreu *yadîd*) est plutôt rare. On le trouve seulement huit fois dans l'Ancien Testament, dont deux fois ici. Dans la littérature prophétique, il y a un seul autre emploi: Jérémie 11, 15: «Qu'y a-t-il pour ma bien-aimée dans ma maison?» Il est alors employé au féminin, mais dans un contexte très semblable (jugement) à celui d'Ésaïe 5, et il implique, par corrélation, le fait que Dieu est comme un bien-aimé par rapport à sa bien-aimée (le peuple).

Reste la vigne. Avant de recevoir, comme ici, une connotation symbolique, elle est d'abord et avant tout, au sens réaliste, objet de propriété et de production, pour la plus grande joie du propriétaire. C'est ainsi qu'elle apparaît au premier abord, même quand elle est l'objet d'une action frauduleuse et de manigances, comme ce fut le cas de la part du roi Akhab vis-à-vis de Naboth d'Izréel: «Cède-moi ta vigne pour qu'elle me serve de jardin potager, car elle est juste à côté de ma maison; et je te donnerai à sa place une vigne meilleure. Mais si cela te convient, je puis te donner son prix en argent.» Naboth dit à Akhab: «Par le Seigneur, ce serait un sacrilège de ma part de te donner l'héritage de mes pères» (1 R 21, 2-3). La réaction de Naboth indique bien à quel point la vigne était importante et précieuse pour tout Israélite comme domaine de patrimoine.

D'ailleurs, le prophète Amos, qui s'y connaissait bien en matière d'agriculture et de plantation, se sert tout naturellement de la référence à la vigne pour décrire le bonheur à venir dans le royaume de David: «Je change la destinée d'Israël mon peuple: ils rebâtissent les villes dévastées, pour y demeurer, ils plantent des vignes, pour en boire le vin, ils cultivent des jardins, pour en manger les fruits...» (Am 9, 14). Les vignes sont faites pour être plantées, pour être cultivées et pour porter des fruits qui, à leur tour, deviendront le vin qui «réjouit le cœur des humains, en faisant briller les visages plus que l'huile» (Ps 104, 15).

Tout est parfaitement à sa place ici, et les actions du bien-aimé par rapport à sa vigne sont celles qu'on attendrait de tout bon vigneron. L'auditoire avait donc, semble-t-il, de bonnes raisons d'être réconforté par le chant de son prophète et de nourrir les plus belles espérances.

Un amour déçu

Toutefois, la déception commence à poindre dès la fin du verset 2: «Il en attendait de beaux raisins, il n'en eut que de mauvais.» Le chant d'amour serait-il en train de virer à la complainte?

Avec le v. 3, c'est plus qu'une complainte, mais une véritable sommation en *jugement* qui est prononcée par le bien-aimé, alors que celui-ci prend à partie les «habitants de Jérusalem et gens de Juda». On quitte le terrain de la belle histoire inoffensive, traitant d'une situation fictive, pour passer à celui, plus exigeant et plus compromettant, du jugement à porter «entre moi et ma vigne».

Le jugement doit porter sur deux questions qui mettent en contraste le comportement du bien-aimé et le rendement de sa vigne. Le comportement du bien-aimé consiste à avoir tout donné pour sa vigne: «Pouvais-je faire pour ma vigne plus que je n'ai fait?» (v. 4). Il a tout donné, mais non sans attendre une réponse proportionnée de sa vigne: «J'en attendais de beaux raisins, pourquoi en a-t-elle produit de mauvais?» (v. 4).

Sans avertissement, on apprend, au verst 5, que le bien-aimé se retourne contre sa vigne: il lui retire toute protection, la laisse piétiner, en fait un objet de désolation, renonce à la cultiver et lui refuse toute source de fécondation. L'amour ne semble plus commander la ligne mélodique du chant. Comment expliquer pareil revirement?

Tout s'éclaire enfin!

Puis, au verset 7, le voile se lève sur l'identité des deux protagonistes de la chanson: le bien-aimé et la vigne. On apprend premièrement que la vigne est propriété «du Seigneur, le tout-puissant», et donc, que c'est lui le bien-aimé qui s'exprime par ce chant. Deuxièmement, l'identité de la vigne ne fait aucun doute: «*c'est la maison d'Israël*». L'histoire racontée passe donc à un second registre: celui de la parabole.

C'est donc à Ésaïe que revient le mérite d'avoir utilisé, pour la première fois, la vigne, cette réalité bien concrète et bien quotidienne, si chère aux habitants du Proche-Orient ancien, pour désigner de manière symbolique le peuple de Dieu et le soin particulier que Dieu prend de son peuple. L'idée, sans le mot, était déjà présente dans l'Écriture:

- «Tu les fais entrer et tu les *plantes* sur la montagne, ton héritage. Tu as préparé, Seigneur, un lieu pour y habiter.» (Ex 15, 7)

- «Je fixerai un lieu à Israël mon peuple, je *l'implanterai* et il demeurera à sa place.» (2 S 7, 10)

- «Mon regard se pose sur eux (= les déportés de Juda) avec complaisance, et je les ramènerai dans ce pays; je les édifierai, je ne les démolirai plus; je les *planterai*, je ne les déracinerai plus.» (Jr 24, 6)

Voilà donc trois textes qui se rapportent à autant de périodes majeures de l'histoire d'Israël: le temps de l'Exode et de l'installation en Canaan, puis le temps de la monarchie et enfin, avec Jérémie, le temps du retour d'exil. L'action de Dieu fait d'Israël un plant de choix, et le prophète Ésaïe nous livre, en approfondissant l'image de la vigne, un véritable raccourci de l'histoire du salut, partagée entre les innombrables manifestations de l'amour de Dieu pour son peuple, et les nombreuses ingratitudes de ce dernier.

La force d'une parabole

Le *chant* devient *parabole*. On l'apprend de façon explicite quand on arrive au verset 7. Mais

LE «NOUVEAU TESTAMENT», UNE TROUVAILLE DES PROPHÈTES?

Prophètes et Nouveau Testament vont si bien ensemble que c'est aux premiers que nous devons deux des expressions les plus courantes pour désigner les écrits du deuxième, soit «évangile» et «Nouveau Testament» (qu'on peut traduire aussi comme «nouvelle alliance»). C'est en effet à deux auteurs de l'Ancien Testament, deux prophètes de surcroît, que revient le mérite d'avoir forgé ces deux expressions, utilisées pour désigner soit la partie centrale soit la totalité des écrits bibliques proprement chrétiens.

D'une part, c'est chez Ésaïe qu'on retrouve la famille d'expressions «évangile, évangéliser, évangéliste»: «Comme ils sont les bienvenus, au sommet des montagnes, les pas du messager qui nous met à l'écoute de la paix, qui porte un message de bonté, qui nous met à l'écoute du salut, qui dit à Sion: "Ton Dieu règne!"» (52, 7). Le mot convient tellement pour décrire l'ensemble de la proclamation faite par Jésus que Luc s'empresse de l'emprunter à Ésaïe pour marquer l'ouverture du ministère de Jésus à Nazareth: «On lui donna le livre du prophète Ésaïe, et en le déroulant il trouva le passage où il était écrit:

L'Esprit du Seigneur est sur moi parce qu'il m'a conféré l'onction pour annoncer la bonne nouvelle aux pauvres.» (Lc 4, 17-18)

D'autre part, la tradition a emprunté au prophète Jérémie l'expression «Nouveau Testament» (littéralement «nouvelle alliance») pour désigner l'ensemble des écrits chrétiens admis par l'Église dans le canon des Écritures. La tradition est d'ailleurs ancienne et remonte au Nouveau Testament lui-même, puisque le texte de Jérémie 31 est cité *in extenso* (dans ce qui est une des plus longues citations du N.T.) dans l'épître aux Hébreux, précisément pour mettre en valeur la nouveauté de l'événement Jésus-Christ:

Si, en effet, cette première alliance avait été sans reproche, il ne serait pas question de la remplacer par une seconde. En fait, c'est bien un reproche qu'il leur adresse:

Voici: des jours viennent, dit le Seigneur, où je conclurai avec la maison d'Israël et avec la maison de Juda une alliance nouvelle, non pas comme l'alliance que je fis avec leurs pères (...)

En parlant d'une alliance *nouvelle*, il a rendu ancienne la première; or ce qui devient ancien et qui vieillit est près de disparaître.
(He 8, 7-9. 13)

L'auteur joue ici sur le contraste entre nouveauté et ancienneté, d'accord, mais rien n'empêche que l'ancien lui sert encore, puisqu'il appuie son argumentation sur le texte, ancien, de Jérémie... Comme quoi on peut tirer de «l'Ancien Testament», comme de l'évangile, de... l'ancien et du neuf!

on aurait déjà pu le deviner en entendant l'introduction narrative du chant: «Mon bien-aimé *avait* une vigne»... Cela ne fait-il pas penser à l'amorce de nombreuses paraboles, telles que recensées, par exemple, dans le Nouveau Testament: «Un père *avait* deux fils...» (Lc 15, 11); «Un homme riche *avait* un gérant... (Lc 16, 1); «Il y *avait* un homme riche...» (Lc 16, 19)?

La force d'une parabole, c'est d'interpeller les lecteurs. Comme Jésus le fera si souvent d'ailleurs: «Que vous en semble? Quel est le plus important? D'après toi, qui a été le prochain de l'autre?» Même procédé ici: «Que pouvais-je faire de plus? Pourquoi a-t-elle produit de mauvais fruits?» La réponse n'est jamais donnée, pour permettre aux auditeurs de faire leur propre cheminement et d'arriver à leurs propres conclusions.

Ici, comme dans d'autres paraboles de l'Ancien Testament (2 S 12, 1-7 et 1 R 20, 35-52), les auditeurs sont forcés de se compromettre et de porter un jugement sur le rendement de la vigne et sur les soins apportés par le bien-aimé. Une fois l'énigme résolue, ils seront bien obligés de vivre avec les conséquences de leur propre jugement...

---

2. *La vision du Dieu trois fois saint*
(Es 6, 1-12)

1   L'année de la mort du roi Ozias,
    je vis le Seigneur assis
    sur un trône très élevé.
    Sa traîne remplissait le Temple.

2   Des séraphins se tenaient au-dessus de lui.
    Ils avaient chacun six ailes:
    deux pour se couvrir le visage,
    deux pour se couvrir les pieds
    et deux pour voler.

3   Ils se criaient l'un à l'autre:
    «Saint, saint, saint, le Seigneur, le tout-puissant,
    sa gloire remplit toute la terre!»

4   Les pivots des portes se mirent à trembler
    à la voix de celui qui criait,
    et le Temple se remplissait de fumée.

5   Je dis alors: «Malheur à moi! Je suis perdu,
    car je suis un homme aux lèvres impures,

Personnage fantastique de la mythologie hittite, à corps d'homme, tête d'aigle et muni de quatre ailes, soutenant le disque solaire (voir Es 6, 2).

j'habite au milieu d'un peuple aux lèvres impures
et mes yeux ont vu le roi, le Seigneur, le tout-puissant.»

6   L'un des séraphins vola vers moi,
    tenant dans sa main une braise
    qu'il avait prise avec des pinces sur l'autel.

7   Il m'en toucha la bouche et dit:
    «Dès lors que ceci a touché tes lèvres
    ta faute est écartée, ton péché est effacé.»

8   J'entendis alors la voix du Seigneur qui disait:
    «Qui enverrai-je? Qui donc ira pour nous?»
    et je dis: «Me voici, envoie-moi!»

9   Il dit: «Va, tu diras à ce peuple:
    Écoutez bien, mais sans comprendre,
    regardez bien, mais sans reconnaître.

10 Engourdis le cœur de ce peuple,
    appesantis ses oreilles,
    colle-lui les yeux!
    Que de ses yeux il ne voie pas,
    ni n'entende de ses oreilles!
    Que son cœur ne comprenne pas!
    Qu'il ne puisse se convertir et être guéri!»

11 Je dis alors: «Jusques à quand, Seigneur?»
    Il dit: «Jusqu'à ce que les villes soient dévastées, sans habitants,
    les maisons sans personne,
    la terre dévastée et désolée.»

12 Le Seigneur enverra des gens au loin
    et il y aura beaucoup de terre abandonnée à l'intérieur du pays.

13 Et s'il y subsiste encore un dixième,
    à son tour il sera livré au feu,
    comme le chêne et le térébinthe abattus,
    dont il ne reste que la souche
    – la souche est une semence sainte.

La triple acclamation «Saint, saint, saint» (v. 3) est une des pièces les mieux connues du livre d'Ésaïe. Elle a franchi les frontières de la liturgie juive, pour se retrouver, par le relais d'*Apocalypse* 4, au cœur de la liturgie eucharistique chrétienne. Le verset 10, qui parle de l'endurcissement du peuple, est également familier aux lecteurs chrétiens, qui se souviennent de son utilisation par Jésus (Mt 13, 14-15) pour justifier le langage en paraboles, et par l'apôtre Paul pour rendre compte de la division des juifs de Rome à propos de son enseignement (Ac 28, 26-27). Ces deux versets (Es 6, 3 et 6, 10) doivent toutefois être compris avec l'ensemble du passage.

Un récit de vocation

On retrouve ici tous les éléments d'un récit de vocation (voir, par exemple, Ex 3; 1 S 3; Jg 6): rencontre de Dieu (théophanie), interpellation, mission, objection, confirmation, signe.

Dieu et son mystère

Avant toute mission, la vocation du prophète naît de la rencontre avec Quelqu'un, de la découverte d'un aspect du mystère de Dieu. Chez Ésaïe, cette dimension prend un relief de tout premier plan. Le récit de sa vocation s'ouvre en effet par une théophanie grandiose dont le contexte est à la fois liturgique et royal.

Le contexte est liturgique, avec la mention du temple et de ses portes, des séraphins, de la braise et de la fumée. Liturgique aussi est la distinction entre le pur et l'impur, ainsi que la mention de la gloire et l'acclamation de la sainteté de Dieu. Par ailleurs, on est en contexte royal par le fait même que le récit est daté en fonction de «l'année de la mort du roi Ozias», et aussi par la vision du trône sur lequel le Seigneur siège: ce qui n'est pas sans rappeler les Psaumes du Règne (93; 96; 98; 99). Enfin, à travers cette liturgie, le prophète lui-même n'aura aucune peine à reconnaître en ce Dieu qui se manifeste, le «Roi, le Seigneur» (v. 5).

Pour l'instant, l'interpellation n'est pas dirigée vers le prophète et ne comporte pas encore d'ordre de mission. Tout repose, à ce point-ci du récit, sur la proclamation de la sainteté de Dieu faite par les séraphins.

Pécheur parmi les pécheurs

Cette proclamation de la sainteté de Dieu entraîne naturellement de la part du prophète une reconnaissance de ses limites et de sa condition de pécheur: «Malheur à moi! Je suis perdu, car je suis un homme aux lèvres impures, j'habite au milieu d'un peuple aux lèvres impures et mes yeux ont vu le roi, le Seigneur, le tout-puissant» (v. 5). Il ne s'agit pas ici d'une objection à la mission puisqu'il n'y a pas eu encore d'ordre en ce sens. On notera cependant comment le prophète exprime sa solidarité avec le peuple. Il est bien de la même race que son peuple: «homme aux lèvres impures», habitant «au milieu d'un peuple aux lèvres impures». Comme tant d'autres grands croyants de l'Ancien Testament, Ésaïe se sent indigne de la vision qui lui est octroyée et, selon l'idée qu'il se fait de la sainteté de Dieu, il semble y avoir un abîme infranchissable entre lui et Dieu.

Les versets 6-7 permettent de dénouer ce qui semblait une impasse pour le prophète. Avant même qu'il n'ait demandé quoi que ce soit, le prophète reçoit le pardon de sa faute et de son péché. L'expérience de salut et de pardon est antérieure à la mission. C'est Dieu qui prend l'initiative et, du même coup, Ésaïe est ici libéré des interdits sur Dieu. Il peut approcher en toute confiance du Dieu très saint et très haut, et non seulement avoir la vie sauve, mais devenir son messager.

Envoyé, mais pour quelle mission?

C'est alors que retentit pour la première fois «la voix du Seigneur». On est étonné cependant d'entendre deux questions: «Qui *enverrai*-je? Qui donc *ira* pour nous?» Aucun ordre n'est donné, mais plutôt une question, laissant le chemin entièrement libre pour la réponse du prophète.

Cette réponse tient en quelques mots: «Me voici, envoie-moi». Le «me voici» est classique comme réponse indiquant la disponibilité des serviteurs de Dieu (Abraham: Gn 22, 1; Jacob: Gn 31, 11; Moïse: Ex 3, 4; Samuel: 1 S 3, 4). En revanche, le «envoie-moi» est tout à fait inédit dans les récits de vocation. Il marque l'entière disponibilité du prophète à l'action divine. L'envoi ne peut venir que de Dieu, mais il se conjugue parfaitement avec l'expression de la liberté et de l'initiative humaines.

La mission est exprimée, elle aussi, en termes très classiques, avec le verbe «Va» (Abraham: Gn 12, 1; Moïse: Ex 3, 10; Baraq: Jg 4, 6; Gédéon: Jug 6, 14). La suite étonne cependant: «... tu diras à ce peuple: Écoutez bien, mais sans comprendre, regardez bien, mais sans reconnaître...» La mission du prophète est définie ici, comme elle le sera plus tard pour Jérémie, Ézéchiel et Jésus, comme un pur paradoxe. D'une part, le prophète doit parler («parle à ce peuple») et, d'autre part, il invite le peuple à *écouter* et à *regarder*. Tel est bien le rôle du prophète, sauf qu'il ne lui appartient pas de décider du résultat de sa mission. Les versets 9-10 n'expriment pas un effet recherché, mais plutôt le constat d'une situation de fait: le prophète a beau parler, le peuple ne comprend pas et ne reconnaît pas son Dieu. Il faut comprendre qu'il n'y a pas là une fatalité qui fermerait à jamais toute possibilité de conversion et de guérison. Le verset 11, en effet, fait intervenir le «jusques à quand?» qui montre bien que le prophète perçoit le caractère temporaire de l'incompréhension. Seulement, la parole prophétique sert de déclencheur, de révélateur: elle est ce «glaive à deux tranchants» qui démasque les intentions de ses auditeurs.

Un récit bien à sa place?

À bien des égards, le récit de la vocation d'Ésaïe demeure un classique du genre. On s'étonnera peut-être toutefois de le retrouver au chapitre 6 plutôt qu'en ouverture du livre, comme c'est le cas, par exemple, pour la vocation de Jérémie, d'Osée, d'Ézéchiel. Un bref examen du contexte fera mieux apparaître les raisons de l'insertion de ce récit au chapitre 6.

Les cinq premiers chapitres font déjà ressortir le contraste entre la sainteté de Dieu (5, 16) et le péché du peuple (1, 2. 4; 5, 24). Ils insistent aussi sur l'incapacité pour Juda de reconnaître son Dieu et de comprendre ses voies (1, 3; 5, 24). En ce sens, le récit de la vocation vient donc confirmer ce qu'on sait déjà de l'endurcissement du peuple.

D'autre part, le récit sert de pivot pour la section suivante, souvent appelée «le livret de l'Emmanuel», en introduisant la typologie royale. Il sera justement question de la royauté menacée par l'invasion des rois étrangers et le signe donné par Dieu à la «maison de David» assurera la survie d'une dynastie menacée d'extinction («l'année de la mort du roi Ozias»).

3. *Le signe du Dieu-avec-nous:* *l'Emmanuel*
(Es 7, 10-17)

Le signe de l'Emmanuel

10   Le Seigneur parla encore à Akhaz en ces termes:

11   «Demande un signe pour toi au Seigneur ton Dieu,
     demande-le au plus profond ou sur les sommets, là-haut.»

12   Akhaz répondit: «Je n'en demanderai pas et je ne mettrai pas le Seigneur à l'épreuve.»

13   Il dit alors:
     Écoutez donc, maison de David!
     Est-ce trop peu pour vous de fatiguer les hommes,
     que vous fatiguiez aussi mon Dieu?

14   Aussi bien le Seigneur vous donnera-t-il lui-même un signe: Voici que la jeune femme est enceinte et enfante un fils et elle lui donnera le nom d'Emmanuel.

15   De crème et de miel il se nourrira,
     sachant rejeter le mal et choisir le bien.

16   Avant même que l'enfant sache rejeter le mal et choisir le bien,
     elle sera abandonnée, la terre dont tu crains les deux rois.

17   Le Seigneur fera venir sur toi, sur ton peuple et sur la maison de ton père, des jours tels qu'il n'en est pas venu depuis qu'Ephraïm s'est détaché de Juda – le roi d'Assyrie.

Avec Ésaïe 7, 14 – et les versets qui l'entourent –, nous voici en présence d'un des textes les plus célèbres et les plus discutés de toute la Bible. On le comprendra facilement, du côté juif, en raison de sa forte teneur messianique, et du côté chrétien, pour l'application que Matthieu en a fait à Jésus. Il n'est pratiquement pas un mot du texte original hébreu de 7, 14 et de sa plus ancienne version, en grec, qui n'ait fait l'objet d'âpres débats, et dont on pourrait dire que l'énigme a été entièrement résolue. Pour s'en convaincre, il suffira de consulter la bibliographie récente où on voit avec quelle précaution les auteurs reconnaissent le caractère hypothétique de la «solution» qu'ils proposent.

Cela dit, l'interprétation de l'ensemble de l'oracle est, somme toute, relativement aisée. Commençons toutefois par voir les difficultés ou les ambiguïtés du texte. Le verset tant discuté se lit donc comme suit:

> «*Aussi bien le Seigneur vous donnera-t-il lui-même un signe: Voici que la jeune femme est enceinte et enfante un fils et elle lui donnera le nom d'Emmanuel.*» (7, 14)

Parmi les questions qui se posent
L'*Emmanuel*

Le personnage-clef de l'oracle – et de la section qui suit jusqu'au chapitre 11 –, est évidemment l'*Emmanuel*. Qui est donc ce fameux personnage? Sera-t-il fils du prophète ou fils du roi? ou encore faut-il envisager un personnage de l'avenir lointain? Étant donné aussi que les deux verbes dans la phrase sont au participe et que le verbe être est sous-entendu, la conception et l'enfantement sont-ils une donnée déjà réalisée ou faut-il en attendre la réalisation pour plus tard? Dans ce dernier cas, pour combien de temps encore? Et que faut-il penser du régime alimentaire qui lui est prescrit («De crème et de miel il se nourrira»: v. 15): s'agit-il d'une nourriture de choix ou d'une nourriture d'indigence?

La '*Almah*

L'identité de celle qui doit donner naissance à l'Emmanuel n'est pas moins problématique. Tout d'abord, que veut dire ce terme '*almah*, qui est ici précédé de l'article défini? En hébreu, il désigne toute jeune femme en âge d'enfanter, sans toutefois préciser si elle est vierge ou non. Or, on sait que sur ce point, la version grecque de la Septante a choisi un terme plus précis que l'hébreu, avec *parthenos*, qui fait explicitement référence à la virginité. Ce sera, bien sûr, la version sur laquelle la tradition chrétienne, à partir de Matthieu, va s'appuyer pour l'appliquer à la Vierge Marie. Mais en soi, le texte original hébreu ne désigne pas une vierge.

Et alors, qui pourrait être cette «*jeune femme*»? La prophétesse, femme d'Ésaïe, dont on sait par ailleurs qu'elle a eu au moins deux enfants? Ce n'est pas exclu. À moins que ce ne soit la femme du roi Akhaz? L'article défini aurait alors pour fonction de souligner la dignité de la personne visée. L'une et l'autre explication pourraient aussi rendre compte de la portée explétive ou démonstrative du pronom défini: le prophète aurait en tête une personne présente au moment où il profère son oracle. Mais il se pourrait aussi que le mot ait une valeur symbolique et qu'il désigne collectivement l'ensemble du peuple, de la communauté messianique, qui va donner naissance à l'Emmanuel.

Enfin, que doit-on penser de la relecture chrétienne, inspirée de Matthieu 1, 22-23 – et de la tradition qui s'en est suivie – selon laquelle l'oracle aurait trouvé son accomplissement en Marie, mère de Jésus? Le prophète du VIIIe siècle a-t-il pu prévoir les circonstances entourant la naissance de Jésus le Christ et aurait-il connu d'avance les principaux traits de celle qui en serait la mère?

Un signe, c'est-à-dire...?

Il n'est pas jusqu'à la nature même de l'événement qui ne pose question. Puisque le prophète parle de *signe*, on peut s'interroger sur la nature et la portée de pareil signe. Que veut dire le mot signe (*'ôt*, en hébreu)? S'agit-il de quelque chose de singulier, d'extraordinaire, comme le laisse entendre le contexte immédiat: «Demande un signe pour toi au SEIGNEUR ton Dieu, demande-le au plus profond ou sur les sommets, là-haut» (7, 11)? Doit-on entendre par là un événement qui doit s'accomplir bientôt?

Un oracle, pour quoi faire?

Enfin, il y a sans doute lieu de s'interroger également sur la portée de l'oracle: pour emprunter le langage de G. Brunet (voir bibliographie), faut-il y voir un oracle *faste* ou *néfaste*? L'interprétation néotestamentaire de l'oracle ne fait assurément aucun doute: il s'agit d'une bonne nouvelle. Mais est-ce aussi évident pour le contexte original de l'oracle?

* * *

La grande diversité d'interprétations est donc compréhensible, du fait même de l'ambiguïté des termes employés par le prophète. Cela dit, le sens général de l'oracle peut être établi avec suffisamment de certitude, si l'on tient compte de certains points de repère.

Points de repère
pour une interprétation d'ensemble

Pour répondre aux nombreuses questions, commençons d'abord par examiner le genre littéraire de l'oracle.

D'abord une bonne nouvelle!

La formule «Voici que X est enceinte et enfante un fils», loin d'être inédite au temps d'Ésaïe, rattache l'oracle de l'Emmanuel au genre littéraire des *annonces de naissance merveilleuse* (Gn 16, 11; 18, 10; Jg 13, 5). Merveilleuse ne veut pas nécessairement dire spectaculaire ou en dehors des lois naturelles. Il faut plutôt l'entendre au sens d'inattendu et de gratuit. Dans les deux autres cas, il s'agit d'une situation de stérilité qui est maintenant changée en fécondité, et c'est précisément là-dessus que porte la bonne nouvelle de l'annonce de la naissance.

Dans le cas d'Ésaïe 7, 14, il faut donc entendre l'annonce comme quelque chose d'inattendu, de surprenant, et qui témoigne de la bienveillance particulière de Dieu à l'endroit de son peuple.

Le signe

Le signe donné est-il conditionné par la foi ou davantage destiné à la susciter? Notons en passant l'importance exceptionnelle du signe: «au plus profond ou sur les sommets, là-haut». Autre caractéristique du signe: il est proposé d'abord, puis donné par Dieu, en dépit du prétexte fourni par le roi, qui ne veut pas mettre le SEIGNEUR à l'épreuve... Enfin, troisième et dernière caractéristique: chaque fois que le prophète Ésaïe emploie ce mot *signe* ailleurs qu'au chapitre 7 – et en restant toujours à l'intérieur de 1-39 –, il a toujours en vue quelque chose de prochain et d'imminent dans le temps, sinon directement contemporain:

> Moi et les enfants que m'a donnés
> le SEIGNEUR,
> nous sommes des signes

et des présages en Israël,
de la part du Seigneur, le tout-puissant,
qui demeure sur la montagne de Sion.
(8, 18)

Le Seigneur dit: «Mon serviteur Ésaïe est allé nu et déchaussé – pendant trois ans –, signe et présage contre l'Égypte et contre la Nubie. De même, en effet, le roi d'Assyrie emmènera les prisonniers égyptiens et les déportés nubiens, jeunes gens et vieillards, nus et déchaussés, les fesses découvertes – nudité de l'Égypte! On sera consterné et confondu à cause de la Nubie vers qui on regardait et de l'Égypte dont on se faisait gloire.» (20, 3-4)

Ceci te servira de signe:
cette année, on mangera le regain,
l'année suivante, ce qui poussera tout seul,
mais la troisième année,
semez, moissonnez, plantez des vignes,
et mangez-en les fruits. (37, 30)

«... Et voici pour toi, de la part du Seigneur, le signe que le Seigneur fera ce qu'il a dit: Voici que, sur les degrés d'Akhaz, je vais faire reculer l'ombre qui est déjà descendue: elle reculera de dix degrés.» Et le soleil remonta sur le cadran dix degrés qu'il avait déjà descendus. (38, 7-8)

On ne voit pas pourquoi il en irait différemment du signe annoncé au chapitre 7. D'ailleurs les indices temporels qu'on retrouve dans le contexte immédiat (7, 16 et 8, 4) supposent des délais extrêmement brefs et orientent vers un accomplissement de la prophétie qui soit contemporain d'Ésaïe et de ses auditeurs.

L'Emmanuel

Le nom donné à l'enfant est non seulement un nom théophore (c'est-à-dire qu'il comprend le nom divin *'El*), mais il est d'abord et avant tout un nom *théologique*. En effet, historiquement, on ne connaît personne dans la Bible qui ait porté ce nom comme son nom propre. La signification *théologique*, elle, est tout à fait claire: *Dieu-avec-nous*.

Mais sur le plan historique – puisque la prophétie est ancrée dans l'histoire – quel pouvait bien être le personnage visé par le prophète? Ici, il n'y a que deux solutions: soit le fils du prophète et de la prophétesse, soit un enfant royal. Bien que la première solution ne soit pas impensable, il semble préférable d'opter pour la seconde et, conséquemment, d'y voir le fils d'Akhaz, Ézékias. Il est vrai qu'Ézékias ne portera pas le nom d'Emmanuel et ne sera pas identifié par la suite comme étant l'Emmanuel. Mais c'est lui qui est le plus susceptible de répondre aux prérogatives attribuées à l'Emmanuel. Il s'agit en effet d'un descendant royal puisque le signe est offert à Akhaz et donné à la «maison de David». Les chapitres qui vont suivre vont d'ailleurs développer amplement le caractère royal de l'enfant annoncé.

Tout récemment, l'association avec Ézékias a reçu un appui important grâce à la recherche qui a démontré des parallèles littéraires importants entre Ésaïe 7 (oracle de l'Emmanuel) et Ésaïe 36-39 (organisation de la résistance par Ézékias). L'argumentation de Conrad (voir encadré qui suit) est convaincante et permet de résoudre bon nombre de difficultés du texte d'Ésaïe 7. Les nombreux parallèles littéraires invitent à des parallèles historiques: ce qui se passe avec Ézékias est à comprendre à partir de ce que le prophète avait dit de l'Emmanuel, et *vice versa*. Une telle interprétation entraîne nécessairement avec elle la réponse à donner à propos de l'identité de la *'almah*: dans un tel contexte, il faut que ce soit la femme du roi Akhaz. Interprétation qui est tout à fait cohérente avec d'un côté le caractère solennel et royal de l'oracle et, de l'autre, le sens du mot hébreu *'almah*, qui désigne de façon plus large que le terme grec *parthenos* toute jeune femme en âge d'enfanter.

Et si l'Emmanuel, c'était Ézékias?
Deux événements à comprendre l'un par l'autre...

ÉSAÏE 7	ÉSAÏE 36-39
Aux jours d'Akhaz, fils de Yotam, fils d'Ozias, roi de Juda, Reçîn, roi d'Aram, et Péqah, fils de Remalyahou, roi d'Israël, **montèrent contre Jérusalem** pour l'attaquer, mais il ne purent lui donner l'assaut. (7, 1)	La quatorzième année du règne d'Ézékias, Sennakérib, roi d'Assyrie, **monta contre toutes les villes fortifiées de Juda** et s'en empara. Le roi d'Assyrie envoya son aide de camp de Lakish **à Jérusalem** vers le roi Ézékias, avec une armée importante. (36, 1-2)
Le Seigneur dit à Ésaïe: «Sors à la rencontre d'Akhaz, toi et ton fils Shéar-Yashouv, **vers l'extrémité du canal du réservoir supérieur, vers la chaussée du champ du Foulon**...» (7, 3)	Il se tint **près du réservoir supérieur, sur la chaussée du champ du Foulon**. (36, 2)
On annonça à la maison de David: «Aram a pris position en Ephraïm.» Alors, son cœur et le cœur de son peuple furent agités comme les arbres de la forêt sont agités par le vent. (7, 2)	Quand le roi Ézékias les eut entendus, il déchira ses vêtements, revêtit le sac et se rendit à la maison du Seigneur. (37, 1)
Tu lui diras: Veille à rester calme, **ne crains pas**! Que ton cœur ne défaille pas à cause de ces deux bouts de tison fumants (...) ainsi parle le Seigneur Dieu: Cela ne tiendra pas, cela ne sera pas! (7, 4. 7)	Les serviteurs du roi Ézékias arrivèrent auprès d'Ésaïe qui leur dit: «Vous parlerez ainsi à votre maître: Ainsi parle le Seigneur: **Ne crains pas** les paroles que tu as entendues et par lesquelles les serviteurs du roi d'Assyrie m'ont outragé. Voici ce que je vais lui souffler: sur une nouvelle qu'il apprendra, il retournera dans son pays. Je le ferai tomber par l'épée dans son propre pays.» (37, 6-7)

ÉSAÏE 7	ÉSAÏE 36-39
Aussi bien le Seigneur vous donnera-t-il lui-même un **signe**: Voici que la jeune femme est enceinte et enfante un fils et elle lui donnera le nom d'Emmanuel. (7, 14)	Ceci te servira de **signe**: cette année, on mangera le regain, l'année suivante, ce qui poussera tout seul, mais la troisième année, semez, moissonnez, plantez des vignes, et mangez-en les fruits. Ce qui a échappé de la maison de Juda, ce qui a été laissé, poussera de nouveau des racines en profondeur et, en haut, produira des fruits, car de Jérusalem sortira un reste, et de la montagne de Sion, des rescapés. L'ardeur du Seigneur, le tout-puissant, fera cela. (37, 30-32; cf. 38, 7. 22)
Avant même que l'enfant sache rejeter le mal et choisir le bien, elle sera abandonnée, la terre dont tu crains les deux rois. Le Seigneur fera venir sur toi, sur ton peuple et sur la maison de ton père, des jours tels qu'il n'en est pas venu depuis qu'Ephraïm s'est détaché de Juda – le roi d'Assyrie. (7, 16-17)	Ésaïe dit à Ézékias: «Écoute la parole du Seigneur le tout-puissant: Des jour viennent où tout ce qui est dans ta maison et que tes pères ont amassé jusqu'à ce jour sera emporté à Babylone: il n'en restera rien, dit le Seigneur. On emmènera plusieurs de tes fils, de ceux qui sont issus de toi, que tu auras engendrés: ils seront faits eunuques dans le palais du roi de Babylone.» (39, 5-7)
d'après l'article de E.W. Conrad, «The Royal Narratives and the Structure of the Book of Isaiah», dans *Journal for the Study of the Old Testament* 41 (1988) p. 67-81.	

En conclusion, citons ici les propos d'un spécialiste du livre d'Ésaïe:

> À notre avis, la question de l'identité de l'Emmanuel et de la '*Almah* a pris une place démesurée dans le débat suscité par l'interprétation d'*Is.* VII, 14. La naissance de l'Emmanuel fut un événement contemporain d'Achaz et d'Isaïe, comme l'indique le v. 16; cet élément de réponse est essentiel à l'intelligibilité du signe. Il importe moins de savoir de qui l'enfant est le fils: le signe ne réside pas avant tout dans l'identité de l'enfant, mais dans sa présence même, qui rappelle l'exigence radicale de la foi et les conséquences tragiques de l'attitude d'incroyance du roi. (...) Le signe donné à Akhaz est ambivalent: il exprime à la fois la confirmation de la promesse divine et sa contrepartie négative en cas de manque de confiance en Yahvé.
>
> (J. Vermeylen, *Du prophète Ésaïe à l'Apocalyptique...*, p. 220)

III- Le Dieu d'Ésaïe

Ésaïe n'est pas seulement un des plus grands poètes de la Bible. Il en est aussi un des plus grands théologiens chez qui on peut découvrir de multiples facettes du visage de Dieu: créateur, tout-puissant, sauveur, consolateur, défenseur, saint, fidèle, solide, indomptable, etc. Si on prend l'ensemble du livre (Es 1-66), la collection des attributs divins est quasi inépuisable (voir de nouveau le lexique proposé par Bonnard). Notre enquête toutefois ne portera ici que sur la première section du livre d'Ésaïe, soit les chapitres 1-39, dont l'essentiel remonte au prophète du VIIIe siècle. Nous essaierons donc de faire ressortir les principaux traits du visage de Dieu qui sont représentés dans cette section.

Un Dieu de majesté...

S'il fallait présenter le Dieu d'Ésaïe à l'aide d'une image architecturale, celle qui viendrait tout de suite à l'esprit serait celle des cathédrales gothiques (Notre-Dame de Paris, Chartres, Strasbourg, Cologne, et tant d'autres). Le livre d'Ésaïe a quelque chose d'une cathédrale et le Dieu qu'il révèle est aussi celui que révèlent ces monuments d'architecture et de foi que sont les cathédrales: élévation des tours et des clochers, gravité des sculptures et des bas-reliefs, solidité des contreforts, dépouillement et solennité des lignes et des ogives. Tout y est hommage à un Dieu de majesté.

On a l'impression, en effet, d'entrer dans le livre d'Ésaïe comme dans une cathédrale. Les lignes sont graves, puissantes, audacieuses, à l'image du Dieu que le prophète a rencontré, un Dieu qui habite les hauteurs:

> Le S<small>EIGNEUR</small> est exalté,
> car il réside sur les hauteurs,
> il remplit Sion de droit et de justice. (33, 5)

Il ne s'agit toutefois pas d'une grandeur accablante pour les croyants qui sont invités, au contraire, à célébrer joyeusement la grandeur incomparable de leur Dieu:

> Pousse des cris de joie et d'allégresse,
> toi qui habites Sion,
> *car il est grand au milieu de toi,*
> le Saint d'Israël! (12, 6)

Contrairement à ce qu'on a pu voir chez Osée, et qui se retrouvera en bonne partie chez Jérémie, on ne rencontre pas chez Ésaïe d'allusions à la souffrance de Dieu ou à des émotions qui s'en rapprochent. Chez Ésaïe, Dieu se présente avec une assurance absolue qui ne laisse rien entrevoir des débats intérieurs qu'on lui prête chez les deux autres prophètes. C'est aussi un Dieu dont on pourrait dire qu'il garde ses distances et qu'on ne saurait approcher avec une trop grande familiarité.

... qui défie la grandeur des puissants

Il y a toutefois une raison pour laquelle le prophète insiste autant sur la grandeur de Dieu. Il est confronté, tous les jours, aux prétentions de grandeur des autorités politiques et des puissances commerciales de Jérusalem et des nations voisines. Son langage sur Dieu a donc quelque chose de provocateur et de contestataire qui vise à ramener les grands de ce monde à se situer en vérité par rapport à Dieu, qui seul est grand.

C'est donc pour des raisons théologiques (*Dieu seul est grand, Dieu abaisse les puissants*) que le prophète s'emploie sans cesse à dénoncer les prétentions de l'orgueil humain (mentionné, sous une forme ou l'autre, au moins une quinzaine de fois en 1-39):

> *L'orgueilleux regard des humains sera abaissé,*
> *les hommes hautains devront plier:*
> *en ce jour-là, le Seigneur seul sera exalté.*
>
> Car il y aura un jour pour le Seigneur,
> le tout-puissant,
>   contre tout ce qui est fier, hautain et altier
>   et qui sera abaissé (...)
>
> L'orgueil des humains devra plier,
> les hommes hautains seront abaissés:
> et ce jour-là, le Seigneur seul sera exalté.
>
> (2, 11-12. 17)

Le Tout-puissant

Le titre de *tout-puissant* prolonge la vision ésaïenne de la majesté de Dieu. L'importance que ce titre revêt sous la plume d'Ésaïe invite toutefois à en faire l'objet d'un développement spécial. Ésaïe est de loin, en effet, l'écrivain biblique qui l'utilise le plus souvent (cinquante-six fois, soit un peu plus du quart de tous les emplois de l'Ancien Testament) pour parler de Dieu.

L'expression *Dieu tout-puissant* (en hébreu: *Yahvé tseba'ôt*) veut dire, littéralement, *Dieu des armées*. Elle peut faire référence, parfois, à l'image d'un Dieu guerrier qui conduit Israël à la victoire (c'est souvent le cas dans les deux livres de Samuel: voir 1 S 4, 4; 15, 2; 17, 45; 2 S 5, 10; 6, 20). Mais il ne faut pas oublier que les *armées* dont il est question ici sont les *armées célestes*, c'est-à-dire les astres (voir Gn 2, 1; Dt 4, 19; Ps 33, 6; 103, 21). En l'invoquant sous le titre de *tout-puissant*, Ésaïe souligne donc également la puissance du Dieu créateur, maître des astres et des forces cosmiques. C'est d'ailleurs ainsi que l'ont compris les traducteurs de la Septante, qui ont rendu l'expression par le grec *pantôcrator*.

Le «Saint d'Israël»

Dieu saint: bien que cette qualité de Dieu soit moins fréquemment attestée que la toute-puissance (la racine *qadôsh* apparaît vingt et une fois), elle n'en représente pas moins un concept-clé de la théologie ésaïenne. Par contraste, on notera qu'elle ne se rencontre que deux fois chez Amos, deux fois chez Osée et une seule fois chez Michée. Pour Ésaïe, non seulement Yahvé apparaît comme le Dieu trois fois saint (6, 3: ce qui suggère l'idée de plénitude), mais il se définit comme le «Saint d'Israël» (onze fois en tout: voir par exemple: 1, 4; 10, 20; 12, 6; 17, 7...) et il exige d'être traité en conséquence par son peuple:

> C'est le Seigneur, le tout-puissant, que vous tiendrez pour saint, c'est lui que vous craindrez, c'est lui que vous redouterez.
>
> (8, 13)

Si la sainteté implique aussi l'idée de perfection, elle renvoie d'abord au caractère transcendant de Dieu, à son altérité. Il est le Tout-Autre, celui dont on n'épuise jamais le mystère.

**Un Dieu exigeant,
mais qui sait pardonner à son peuple**

Les six premiers chapitres d'Ésaïe reflètent une vive conscience, de la part du prophète, du péché de son peuple et de sa propre condition de pécheur. À travers les mots d'Ésaïe, on ressent la très grande déception du «Saint d'Israël» qui se voit abandonné et trahi par une nation pécheresse:

> Malheur! Nation pécheresse, peuple chargé de crimes, race de malfaisants, fils corrompus. Ils ont abandonné le Seigneur, ils ont méprisé le Saint d'Israël, ils se sont dérobés. (1, 4)

On trouve chez Ésaïe une bonne trentaine d'allusions au péché qui, pour lui, consiste essentiellement en une *révolte contre Dieu*, un *mépris*, une *ignorance* et un *abandon de sa Torah* (1, 2. 4. 28; 5, 24). Mais il est aussi violence faite au prochain (1, 15; 26, 21) et mépris du droit:

> Lavez-vous, purifiez-vous. Ôtez de ma vue vos actions mauvaises, cessez de faire le mal. Apprenez à faire le bien, recherchez la justice, mettez au pas l'exacteur, faites droit à l'orphelin, prenez la défense de la veuve. (1, 16-17)

Au-delà de la gravité du péché, Ésaïe annonce avec non moins de conviction l'étonnante réalité du pardon offert. Si lui-même est purifié (6, 7), c'est pour qu'il devienne signe et témoin de la miséricorde de Dieu pour l'ensemble du peuple:

> Venez et discutons, dit le Seigneur. Si vos péchés sont comme l'écarlate, ils deviendront blancs comme la neige. S'ils sont rouges comme le vermillon, ils deviendront comme de la laine. (1, 18)

> Et c'est ainsi que sera effacé le crime de Jacob, et tel sera le fruit du pardon de son péché... (27, 9)

> Aucun habitant ne dira plus: «Je suis malade.» Le peuple qui habite Jérusalem sera absous de son péché. (33, 24)

**Un Dieu «solide»,
sur qui on peut s'appuyer...**

De tous les prophètes, Ésaïe est celui qui insiste le plus sur l'importance de la foi. C'est chez lui qu'on retrouve le plus fréquemment les deux principales racines qui évoquent l'idée de la foi, perçue non comme l'adhésion à un contenu doctrinal, mais comme une attitude de confiance en Dieu: *'aman* et ses dérivés (vingt-deux fois en Es 1-39, à comparer avec les vingt et un emplois chez Jérémie, six chez Zacharie, quatre chez Osée et deux seulement chez Ézéchiel), ainsi que *batah* (= s'appuyer sur) et ses dérivés (vingt fois en Es 1-39 contre seulement quatre fois en Es 40-66 et neuf fois dans l'ensemble des douze prophètes «mineurs»).

Le sens de la première racine (*'aman*) se trouve résumé dans le jeu de mots qui est au centre de l'exhortation du prophète au roi Akhaz:

> Si vous ne *croyez* pas, vous ne *subsisterez* pas (qu'on pourrait traduire, pour rendre le jeu de mots, par: «Si vous ne tenez pas ferme [dans la foi], vous ne tiendrez pas du tout!»). (Es 7, 9)

En hébreu, le sens de la racine *aman*, dans sa forme la plus simple, est celui de: *être ferme, être solide*. C'est d'ailleurs en ce sens que les disciples du prophète vont en faire un nom divin, en désignant Dieu comme *l'Amen* (65, 16), c'est-à-dire celui qui est solide, sur qui on peut s'appuyer. Employée dans une forme dérivée, appelée *hiph'il* en hébreu, la racine en est venue à désigner l'attitude fondamentale des croyants: croire, c'est déclarer que Dieu est solide, fiable, fidèle, et c'est s'engager dans une relation que l'on veut solide et fiable.

La deuxième racine *(batah)*, utilisée par le prophète pour parler de la foi, implique l'idée d'assurance, de sécurité: la foi est *confiance en Quelqu'un*. Elle est basée sur une *relation* de confiance et non pas sur l'adhésion intellectuelle à un ensemble de vérités. Les chapitres 36-37 (où on retrouve presque la moitié des emplois de cette racine: neuf emplois sur vingt) illustrent bien ce motif. Devant la menace de Sennakérib contre Jérusalem, Ézékias reste confiant et invite le peuple à ne pas céder sous le coup de la peur:

> C'est dans le Seigneur notre Dieu que nous avons mis notre confiance. (36, 7)

... et en qui on espère

Déjà sous l'angle de cette deuxième racine, la foi se présente sous les traits de l'espérance: «s'appuyer sur le Seigneur», c'est s'ouvrir à l'avenir qui vient de lui. Or on rencontre aussi, chez le prophète Ésaïe, deux autres racines directement rattachées à l'idée d'espérance et qui, toutes deux, soulignent cette orientation vers l'avenir: *qawah* (= espérer) et *hikkah* (= attendre). *Qawah* revient sept fois en Ésaïe 1 à 39 et autant de fois en Ésaïe 40 à 66. En 1-39, le verbe est même appliqué à Yahvé qui espérait voir le peuple répondre à son amour (5, 2. 4. 7). Mais il dit surtout l'attente du salut, dans la prière – sous forme de «credo» – de toute la communauté:

> On dira ce jour-là: C'est Lui notre Dieu. Nous avons espéré en Lui et il nous délivre. C'est le Seigneur en qui nous avons espéré. (25, 9)

> Sur le chemin que tracent tes sentences, nous espérons en toi, Seigneur, l'objet de nos désirs est de redire ton nom. (26, 8)

> Seigneur, aie pitié de nous! nous espérons en toi. Sois notre force chaque matin et notre délivrance au temps de la détresse. (33, 2)

Le deuxième verbe *(hikkah)* est plus rare (quatorze emplois en tout dans l'A.T.: mais on le retrouve trois fois en Es 1-39, contre aucune en Es 40-66, aucune chez Jérémie ni chez Ézéchiel):

> *J'attends le Seigneur qui cache sa face à la maison de Jacob, j'espère en lui.* (8, 17)

> Cependant le Seigneur *attend* le moment de vous faire grâce, il va se lever pour vous manifester sa miséricorde, car le Seigneur est un Dieu juste: heureux tous ceux qui *espèrent* en lui. (30, 18)

Enfin, à un niveau symbolique, Ésaïe s'affirme comme un prophète de l'espérance en ce qu'il annonce *la venue de la lumière au milieu de la nuit*. Si on lui demande «*Veilleur, où en est la nuit?*» (21, 11-12), le prophète répond:

> ... il créera en tout lieu de la montagne de Sion, sur les assemblées, une nuée le jour et

la nuit une fumée avec l'éclat d'un feu de flamme. (4, 5)

Mais ce n'est plus l'obscurité pour le pays qui était dans l'angoisse... Le peuple qui marchait dans les ténèbres a vu une grande lumière. Sur ceux qui habitaient le pays de l'ombre, une lumière a resplendi.
(8, 23 et 9, 1)

La lumière de la lune sera comme celle du soleil et la lumière du soleil sera multipliée par sept – comme la lumière de sept jours – lorsque le Seigneur bandera les plaies de son peuple et soignera les blessures qu'il a reçues. (30, 26)

Sauveur de tous les peuples

Prophète de Juda passionnément attaché à la cause de Jérusalem-Sion, Ésaïe n'en demeure pas moins un prophète préoccupé par le sort des nations. C'est sans doute chez lui qu'on trouve les accents les plus universalistes et les plus belles perspectives d'avenir. Le Dieu auquel il croit n'est pas seulement le Dieu de Jérusalem et de Juda. Il se révèle au contraire comme le Dieu qui veut rassembler toutes les nations et procurer à tous et à toutes un bonheur sans fin, sans entrave aucune:

Il arrivera dans l'avenir que la montagne de la Maison du Seigneur sera établie au sommet des montagnes et dominera sur les collines. *Toutes les nations y afflueront. Des peuples nombreux se mettront en marche* et diront: «Venez, montons à la montagne du Seigneur, à la maison du Dieu de Jacob. Il nous montrera ses chemins et nous marcherons sur ses routes.» (2, 2-3)

Ceux-là élèvent la voix, ils acclament la majesté du Seigneur. Du côté de la mer, ils exultent. On glorifie le Seigneur à l'Orient, le nom du Seigneur, Dieu d'Israël, dans les îles de la mer. *Des extrémités de la terre*, nous entendons chanter: «Honneur au juste!»
(24, 14-16)

Le Seigneur, le tout-puissant, va donner sur cette montagne un festin *pour tous les peuples*, un festin de viandes grasses et de vins vieux, de viandes grasses succulentes et de vins vieux décantés. Il fera disparaître sur cette montagne le voile tendu *sur tous les peuples*, l'enduit plaqué *sur toutes les nations*. Il fera disparaître la mort pour toujours. Le Seigneur Dieu essuiera les larmes *sur tous les visages* et dans tout le pays il enlèvera la honte de son peuple. Il l'a dit, Lui, le Seigneur. (25, 6-8)

Si l'initiative de Dieu est ici fortement soulignée, le prophète n'en fait pas moins appel à la responsabilité humaine. L'avènement d'un salut pour tous les peuples ne saurait se faire sans une conversion profonde des rapports entre eux:

Martelant leurs épées, ils en feront des socs, de leurs lances ils feront des serpes. On ne brandira plus l'épée nation contre nation, on n'apprendra plus à se battre.
(2, 4)

C'est alors, et alors seulement, que Dieu pourra restaurer l'harmonie originelle de la création et assurer la victoire définitive sur le mal:

Le loup habitera avec l'agneau, le léopard se couchera près du chevreau. Le veau et le lionceau seront nourris ensemble, un petit garçon les conduira. La vache et l'ourse auront même pâture, leurs petits, même gîte. Le lion, comme le bœuf, mangera du fourrage. Le nourrisson s'amusera sur le nid du cobra. Sur le trou de la vipère, le jeune enfant étendra la main. Il ne se fera ni mal, ni destruction sur toute ma montagne sainte, car le pays sera rempli de la connaissance du Seigneur, comme la mer que comblent les eaux. (11, 6-9)

La paix dans le monde animal
(voir Es 11, 6-7).

Pour prolonger l'étude

Sur Ésaïe 1-39

Asurmendi, J.-M., *Ésaïe 1-39*. Paris, Cerf, 1978 (Cahiers Évangile, 23) 63p.

Auvray, P., *Ésaïe 1-39*. Paris, J. Gabalda, 1972 (Sources Bibliques) 338p.

Brueggemann, W., «Unity and Dynamic in the Isaiah Tradition», dans *Journal for the Study of the Old Testament* 29 (1984) pp. 89-107.

Conrad, E.W., «The Royal Narratives and the Structure of the Book of Isaiah», dans *Journal for the Study of the Old Testament* 41 (1988) pp. 67-81.

Evans, C.A., «On the Unity and Parallel Structure of Isaiah», dans *Vetus Testamentum* 38 (1988) pp. 129-147.

Hayes, J.H. and Irvine, S.A., *Isaiah, the Eight-Century Prophet: his Times and his Preaching*. Nashville, Abingdon Press, 1987, 416p.

Jacob, E., *Ésaïe 1-12*. Genève, Labor et Fides, 1987 (Commentaire de l'Ancien Testament, 8a), 174p.

Jensen, J., «Isaiah 1-39», dans *The New Jerome Biblical Commentary*. Edited by R.E. Brown, J.A. Fitzmyer, R.E. Murphy. Englewood Cliffs, New Jersey, Prentice Hall, 1990, pp. 229-248.

Martin-Achard, R., «Ésaïe», dans Amsler, S., Asurmendi, J., Auneau, J., Martin-Achard, R., *Les prophètes et les livres prophétiques*. Paris, Desclée, 1985 (Petite Bibliothèque des Sciences Bibliques - Ancien Testament, 4), pp. 72-88.

Monloubou, L., «Ésaïe», dans *Introduction à la Bible*. Édition nouvelle, tome II. Sous la direction de H. Cazelles. Paris, Desclée, 1973, pp. 378-389.

Pelletier, A.-M., «Le Livre d'Ésaïe et le temps de l'histoire», dans *Nouvelle Revue Théologique* 112 (1990) pp. 30-43.

Seitz, C.R., *Reading and preaching the Book of Isaiah*. Philadelphia, Fortress Press, 1988, 126p.

Vermeylen, J. (éd.)., *The Book of Isaiah. Le livre d'Ésaïe. Les oracles et leurs relectures. Unité et complexité de l'ouvrage*. Leuven, University Press, 1989 (Bibliotheca Ephemeridum Theologicarum Lovaniensium, 81) x, 476p.

Vermeylen, J., *Du prophète Isaïe à l'Apocalyptique: Isaïe I-XXXV, miroir d'un demi-millénaire d'expérience religieuse en Israël*. Paris, J. Gabalda, 1977-78 (Études Bibliques) 2v. (x, 821p.)

Vermeylen, J., «Ésaïe», dans *Dictionnaire encyclopédique de la Bible*. Turnhout (Belgique) Brepols, 1987, pp. 619-621.

Vermeylen, J., «Ésaïe, Livre», dans *Dictionnaire encyclopédique de la Bible*. Turnhout (Belgique) Brepols, 1987, pp. 621-625.

Sur Ésaïe 7, 10-17

Brunet, G., *Essai sur l'Ésaïe de l'histoire...* Paris, Ed. A.&J. Picard, 1975, xv, 335p.

Conrad, E.W., «The Royal Narratives and the Structure of the Book of Isaiah», dans *Journal for the Study of the Old Testament* 41 (1988) pp. 67-81.

Feuillet, A., «La connexion de la révélation divine avec l'histoire du salut dans l'annonce prophétique du Sauveur messianique et de sa Mère. Le Protévangile, les oracles messianiques d'Ésaïe et de Michée (2e partie)», dans *Divinitas* 32 (1988) pp. 643-665.

Jensen, J., «The Age of Immanuel», dans *Catholic Biblical Quarterly* 41 (1979) pp. 220-239.

Lust, J., «The Immanuel Figure: A Charismatic Judge-Leader. A Suggestion Towards The Understanding of Is., 7, 10-17; (8, 29 - 9, 6; 11, 1-9)», dans *Ephemerides Theologicae Lovanienses* 47 (1971) pp. 464-470.

Nielsen, K., «Is 6:1 - 8:18 as Dramatic Writing», dans *Studia Theologica* 40 (1986) pp. 1-16.

Rice, G., «A Neglected Interpretation of the Immanuel Prophecy», dans *Zeitschrift für die Alttestamentliche Wissenschaft* 90 (1978) pp. 220-227.

Schoors, A., «The Immanuel of Isaiah 7, 14», dans *Orientalia Lovaniensia Periodica* 18 (1987) 66-77.

Scullion, J.J., «An Approach To The Understandinq of Isaiah 7, 10-17», dans *Journal of Biblical Literature* 87 (1968) pp. 288-300.

Vermeylen, J., *Du prophète Ésaïe à l'Apocalyptique...*, v. 1, pp. 197-249.

CHAPITRE 6

JÉRÉMIE :
LA PASSION DE LA PAROLE

Contrairement à Amos ou Osée, on ne pourra pas dire de Jérémie qu'il n'est pas connu. Peut-être faudra-t-il même dire qu'il est trop connu... Ses «confessions» l'ont rendu célèbre et ont tôt fait de lui donner une réputation de prophète extrêmement sensible, plutôt malheureux et tourmenté par rapport à sa mission. Ne lui a-t-on pas d'ailleurs attribué le livre entier des *Lamentations*, comme s'il devait porter seul la tragédie et la plainte de tout un peuple?

Ce Jérémie n'a-t-il vraiment émis que lamentations et... «jérémiades»? N'est-il pas le premier à parler de «nouvelle alliance» (ch. 31)? N'est-il pas le champion d'un renouvellement religieux profond, qui a conduit Israël vers une religion plus intérieure? Et si c'était chez lui qu'on retrouvait l'enseignement le plus systématique et le plus radical au sujet de la justice? Il y a en effet plus et mieux chez Jérémie que lamentations et jérémiades. Son message est empreint de courage et d'humanité. Essayons de redécouvrir Jérémie, ce prophète profondément humain et attachant, et dont les oracles sont faits de lutte et de courage, de tourments et de bonheur, de rejet et de solidarité, de déceptions et d'espoirs, de doutes et de passion.

I- Entre le rêve et l'exil ...

Jérémie en son temps (1, 1-3)

> *Paroles de Jérémie,*
> *fils de Hilqiyahou,*
> *l'un des prêtres résidant à Anatoth,*
> *dans le territoire de Benjamin.*

Où la parole du Seigneur s'adresse à lui, au temps de Josias, fils d'Amôn, roi de Juda, la treizième année de son règne. – Elle s'adresse encore à lui au temps de Yoyaqim, fils de Josias, roi de Juda, jusqu'à

LES «CONFESSIONS» DE JÉRÉMIE

Traditionnellement, il est convenu d'appeler «confessions» — en rappel du grand classique de saint Augustin — un ensemble de six passages chez Jérémie qui ont trois choses en commun: le discours à la première personne; il est directement adressé à Dieu et non au peuple ou à ses dirigeants; il exprime la souffrance profonde ressentie par le prophète dans l'exercice de sa mission. Ces passages sont situés entre les chapitres 11 et 20 du livre de Jérémie et comprennent: 11, 18-23; 12, 1-6; 15, 10-21; 17, 12-18; 18, 18-23; 20, 7-18. Aucun prophète autant que Jérémie n'aura dévoilé ses propres états d'âme et la souffrance inhérente à sa mission.

C'est sans doute ce qui a valu au prophète d'Anatoth l'attribution des *Lamentations* et la création, en français, du terme «jérémiade» qui n'annonce rien de flatteur pour le prophète, comme pour dire qu'il se plaignait trop facilement.

Or les «confessions» de Jérémie n'ont rien d'une complaisance maladive dans la souffrance et la plainte. Au contraire, il s'agit d'une protestation de quelqu'un qui s'efforce de comprendre ce qui lui arrive et surtout qui cherche à déceler les intentions de Dieu à travers tout cela. Si les «confessions» de Jérémie nous donnent l'impression de suivre à la trace l'humeur du prophète, il ne faudrait pas croire qu'elles n'ont pas d'autre valeur que psychologique, comme si elles n'étaient que le miroir des états d'âme de Jérémie.

Il y a bien plus. Ces passages, appelés «confessions» de Jérémie, sont bel et bien «parole de Dieu», dans la double acception du mot: parole venant de Dieu (pouvant lui être attribuée) et parole sur Dieu. Autrement dit, il s'agit encore là de théologie.

Car il faut bien se demander qui parle dans ces textes. Qui est le «je» des confessions: Jérémie? le juste? le peuple? ou peut-être même Yahvé?

À n'en pas douter, les «confessions» parlent d'*un drame vécu, celui du prophète lui-même*: «Ils disent: "Allons mettre au point nos projets contre Jérémie: on trouvera toujours des directives divines chez les prêtres, des conseils chez les sages, la parole chez les prophètes. Allons donc le démolir en le diffamant, ne prêtons aucune attention à ses paroles"» (18, 18). Les adversaires de Jérémie complotent sans cesse contre lui et cherchent à le faire taire. Un autre passage des confessions fait clairement référence aux «manœuvres» et aux «sinistres propos» de ces mêmes adversaires (11, 18-19). De fait, Jérémie a été persécuté, dénoncé, arrêté, enfermé, emprisonné. Ses plaintes ne relèvent pas de l'invention ni d'un complexe de persécution, mais elles jaillissent d'un drame vécu.

En ce sens, les confessions de Jérémie ont acquis un statut universel pour devenir l'*expression de la prière des justes qui souffrent*. On reconnaîtra facilement, dans la prière de Jérémie, les accents du juste qu'on persécute sans raison et la protestation de l'innocent face aux malheurs qui lui tombent dessus, alors que le perfide et l'impie semblent prospérer impunément: «Pourquoi les démarches des coupables réussissent-elles? Pourquoi les traîtres perfides sont-ils tous à l'aise?» (12, 1) ; «Ne te fais pas accablant pour moi, toi, mon refuge au jour du malheur! Qu'ils soient couverts de honte, mes persécuteurs, et non pas moi ; qu'ils soient accablés, eux, et non pas moi!» (17, 17-18);

▷

> «Prête-moi, SEIGNEUR, toute ton attention; écoute ce que disent mes accusateurs. Rend-on le mal pour le bien? Eux, ils m'entourent de pièges fatals. Rappelle-toi comme je me suis tenu devant toi pour parler en leur faveur et détourner d'eux ta fureur» (18, 19-20).
>
> D'autres justes ont souffert comme Jérémie et, comme lui, ont porté vers Dieu le cri de leur souffrance. Toutefois, la prière de Jérémie ne s'arrête pas là. Elle exprime aussi *la souffrance de tout un peuple* et, derrière le «je» des confessions, on entend facilement le désarroi et la plainte du peuple de Juda et de Jérusalem: «Jusques à quand la terre sera-t-elle en deuil et desséchée l'herbe de toute la campagne?» (12, 4 ; cf. 14, 2-6).
>
> Enfin, n'oublions pas que les paroles de Jérémie sont parole de Dieu (Jr 1) et que, pour cette raison, à travers la plainte de Jérémie, *c'est aussi la «souffrance de Dieu»* qu'il faut entendre: «Tu leur diras cette parole: Mes yeux fondent en larmes, nuit et jour, sans trêve: un grand désastre a brisé la vierge, mon peuple, un coup meurtrier...» Qui parle au juste? Jérémie reçoit l'ordre de parler ainsi, mais il ne fait que dire ce que le Seigneur lui demande de dire. C'est donc Dieu lui-même qui déplore le sort fait à son peuple («mon peuple», dit le texte). Dieu n'est pas indifférent aux malheurs de son peuple: voilà ce dont, ultimement, Jérémie témoigne dans ses confessions.

la fin de la onzième année de Sédécias, fils de Josias, roi de Juda, jusqu'à la déportation de Jérusalem, au cinquième mois.

Jérémie est de famille sacerdotale et il est originaire d'Anatoth, petit village de banlieue, au nord de Jérusalem. Son ministère prophétique compte parmi les plus longs de tous les prophètes-écrivains. Il s'étend en effet sur les règnes de trois rois de Juda: Josias, qui a régné de 640 à 609; Yoyakîm, de 609 à 598, et enfin Sédécias, de 597 à 587.

Un renouveau prometteur

Tout avait bien commencé pour Jérémie. Il ne pouvait souhaiter meilleure conjoncture pour déployer son génie de prophète. Il avait, en effet, eu le bonheur d'être appelé à prophétiser au temps du roi Josias, ce roi quasi-parfait («Il fit ce qui est droit aux yeux du SEIGNEUR et suivit exactement le chemin de David, son père, sans s'écarter ni à droite ni à gauche», 2 R 22, 2), que l'historien deutéronomiste place en tête du palmarès des rois de Juda et d'Israël: «Il n'y avait pas eu avant lui un roi qui, comme lui, revînt au SEIGNEUR de tout son cœur, de tout son être et de toute sa force, selon toute la Loi de Moïse. Après lui, il ne s'en leva pas de semblable» (2 R 23, 25).

Le même historien n'a pas manqué de détailler, dans les deux chapitres qui ont précédé ce sommaire (2 R 22-23), les raisons qui motivent pareille évaluation:

– C'est sous son règne que fut retrouvé «le livre de la Loi», appelé aussi «livre de l'Alliance». Le roi Josias lui-même en réclama la lecture, privée d'abord, puis publique. Il fut dès lors le premier à prendre ce livre au sérieux et à exiger du peuple qu'il se conforme aux exigences de ce livre de l'Alliance:

Jérémie dans la citerne.

Debout sur l'estrade, le roi conclut devant le SEIGNEUR l'alliance qui oblige à suivre le SEIGNEUR, à garder ses commandements, ses exigences et ses lois de tout son cœur et de tout son être en accomplissant les paroles de cette alliance qui sont écrites dans ce livre. Tout le peuple s'engagea dans l'alliance. (2 R 23, 3)

– Dans la foulée de cette découverte, Josias entreprit une vaste opération de purification cultuelle à l'échelle de tout le pays, abolissant prêtraille, autels, idoles, rituels païens et techniques divinatoires, etc.

– Plus positivement, il fit de Jérusalem le lieu central du culte et réinstaura une célébration de la Pâque plus conforme aux exigences mosaïques:

> Le roi donna cet ordre à tout le peuple: «Célébrez la Pâque du SEIGNEUR, votre Dieu, selon ce qui est écrit dans ce livre de l'alliance.» On n'avait pas célébré une telle Pâque depuis le temps où les juges avaient gouverné Israël et durant tout le temps des rois d'Israël et des rois de Juda. C'est dans la dix-huitième année du règne du roi Josias qu'on célébra une telle Pâque du SEIGNEUR à Jérusalem. (2 R 23, 21-23)

Assez curieusement, le texte de 2 Rois 22-23 ne fait aucune mention du prophète Jérémie, parlant plutôt de la prophétesse Houlda. Il ne semble donc pas que Jérémie ait été l'artisan du renouveau amorcé par Josias: il en aurait été plutôt le bénéficiaire ou le fruit. Mais on peut penser que la carrière de Jérémie s'est amorcée sous un jour décidément favorable et que ses oracles sur la religion intérieure ont trouvé dans ce qu'on a appelé la «réforme deutéronomique» un terreau plus que favorable. Dans cette première phase de son ministère, on peut donc dire que, pour Jérémie, tous les espoirs, tous les rêves étaient permis...

Des lendemains amers

Malheureusement pour lui, et pour le peuple de Juda, Josias devait mourir jeune, âgé de trente-neuf ans seulement, et son fils Yoyakîm, plutôt que de marcher dans ses traces, renoua avec les horreurs et abominations de ses prédécesseurs et entraîna avec lui le peuple de Juda: «Il fit ce qui est mal aux yeux du SEIGNEUR, exactement comme ses pères» (2 R 23, 37). Pour Juda et son roi, l'heure de rendre des comptes pour tant de crimes et d'infidélités allait bientôt sonner:

> Durant ses jours, Nabuchodonosor, roi de Babylone, se mit en campagne; Yoyaqîm lui fut assujetti pendant trois ans, puis il fit volte-face et se révolta contre lui. Le Seigneur envoya contre Yoyaqîm des bandes de Chaldéens, des bandes d'Araméens, des bandes de Moabites et des bandes des fils d'Ammon; il les envoya contre Juda pour l'anéantir, selon la parole que le Seigneur avait dite par l'intermédiaire de ses serviteurs les prophètes. C'est uniquement sur l'ordre du Seigneur que tout cela arriva à Juda, pour qu'il fût écarté loin de sa présence. C'est à cause des péchés de Manassé, de tout ce qu'il avait fait, et aussi à cause du sang innocent qu'il avait répandu et dont il avait rempli Jérusalem, que le Seigneur ne voulut pas pardonner.
> (2 R 24, 1-5)

C'est durant cette période surtout que Jérémie va prêcher «violence et répression» (20, 8). Le prophète est alors dans l'opposition: seul contre tous, il annonce la catastrophe prochaine. Non pas qu'il la désire, mais parce qu'il est convaincu que Juda a fait de mauvais choix, et qu'il court à sa perte. Le malheur prochain n'est pas fatal, mais il s'explique historiquement par l'échec du roi de Juda et de son peuple, qui n'ont pas su mettre en pratique les paroles du «livre de l'alliance» et qui ont fait preuve d'un mépris flagrant de toute justice.

Quant à Yoyakîm, on comprendra que Jérémie ne le porte pas dans son cœur, à la lecture

Prise d'une ville (Jérusalem?).

du seul oracle, virulent et sarcastique, qu'il prononce à son sujet:

> Malheureux celui qui construit son palais
> au mépris de la justice,
> et ses étages au mépris du droit;
> fait travailler les autres pour rien,
> sans leur donner de salaire;
> qui dit: «Je me construis une vaste maison,
> de spacieux étages»;
> qui y perce des fenêtres,
> la revêt de cèdre
> et l'enduit de vermillon.
>
> Penses-tu assurer ton règne
> en voulant te distinguer par le cèdre?

> Ton père n'a-t-il pas mangé, bu,
> défendu le droit et la justice,
> et il a connu le bonheur!
>
> Il a pris en main la cause de l'humilié
> et du pauvre,
> et c'était le bonheur!
> Me connaître, n'est-ce pas cela?
> – oracle du SEIGNEUR.
>
> Tu n'as de regards et de pensées
> que pour le profit,
> pour répandre le sang de l'innocent
> et agir avec brutalité et sauvagerie.
>
> Eh bien, ainsi parle le SEIGNEUR le tout-puissant à Yoyaqîm, fils de Josias, roi de Juda:
>
> On n'entonne pas pour lui l'élégie:
> «Quel malheur, mon frère!
> Quel malheur, ma sœur!»
> On n'entonne pas pour lui l'élégie:
> «Quel malheur, mon maître!
> Quel malheur, Son Excellence!»
>
> On l'enterre comme on enterre un âne:
> on le traîne, on le jette
> au-delà des portes de Jérusalem.
>
> (22, 13-19)

Ce fut une période extrême difficile pour Jérémie, ainsi qu'en témoignent ses confessions (ch. 11-20). Période difficile en raison même de la *parole* qu'il doit porter: «*Chaque fois que j'ai à dire la parole*, je dois appeler au secours et clamer: "Violence, répression!" *À cause de la parole du Seigneur*, je suis en butte, à longueur de journée, aux outrages et aux sarcasmes» (20, 8). Ce n'est pas de gaieté de cœur que Jérémie clame son message, mais uniquement pour traduire la parole du SEIGNEUR à ses contemporains. Période difficile aussi en raison de l'opposition que pareil message suscite. Tous sont contre lui, le roi, les prêtres, les autres prophètes et jusqu'à sa propre famille: «J'entends les propos menaçants de la foule – c'est partout l'épouvante: "Dénoncez-le!" – "Oui, nous le dénoncerons!" Tous mes intimes guettent mes défaillances: "Peut-être se laissera-t-il tromper dans sa naïveté, et nous arriverons à nos fins, nous prendrons notre revanche"» (20, 10). Période difficile enfin pour lui-même, qui ressent le poids de la solitude et se voit en butte à de profondes remises en question. Il ne comprend plus trop bien ce qui se passe. Même la conduite de son Dieu lui paraît difficile à comprendre et il ose porter ses questions devant lui: «Toi, SEIGNEUR, tu es juste! Mais je veux quand même plaider contre toi. Oui, je voudrais discuter avec toi de quelques cas. Pourquoi les démarches des coupables réussissent-elles? Pourquoi les traîtres perfides sont-ils tous à l'aise?» (12, 1). Il fallait de l'audace, mais ses questions étaient tout à fait légitimes. Parfois même, le prophète pousse l'audace jusqu'au point de reprocher à Dieu d'avoir «abusé de sa naïveté» de jeunesse: «SEIGNEUR, tu as abusé de ma naïveté, oui, j'ai été bien naïf; avec moi tu as eu recours à la force et tu es arrivé à tes fins. À longueur de journée, on me tourne en ridicule, tous se moquent de moi» (20, 7).

Mais Jérémie n'est pas un lâcheur. Aux heures les plus sombres et les plus tragiques de l'histoire de son peuple, il va faire preuve d'un courage exceptionnel et faire le pari d'une espérance à toute épreuve. Ce sera la troisième et dernière étape de son ministère prophétique, de 597 à 587, sous le règne de Sédécias.

Le temps du courage

La catastrophe, tant de fois annoncée par Jérémie, est maintenant en train de s'abattre sur Juda: Nabuchodonosor en a assez des insurrections ponctuelles à Jérusalem. Il va maintenant prendre les grands moyens et lui infliger une punition terrible en mettant la ville à feu et à sang, et en déportant une partie de sa population. Relisons la description succincte qu'en fait l'historien deutéronomiste, au deuxième livre des *Rois*:

> En ce temps-là, les serviteurs de Nabuchodonosor, roi de Babylone, montèrent contre Jérusalem. La ville soutint le siège. Nabuchodonosor, roi de Babylone, vint lui-même contre la ville que ses serviteurs assiégeaient. Alors Yoyakîn, roi de Juda, sortit au-devant du roi de Babylone, lui, sa mère, ses serviteurs, ses chefs et ses officiers. La huitième année de son règne, le roi de Babylone le fit prisonnier. Selon ce que le SEIGNEUR avait dit, il emporta tous les trésors de la Maison du SEIGNEUR et les trésors de la maison du roi; il brisa tous les objets en or que Salomon, roi d'Israël, avait faits pour le Temple du SEIGNEUR. Il déporta tout Jérusalem, tous les chefs, tous les gens riches, soit dix mille déportés, tous les artisans du métal et les serruriers; il ne resta que les petites gens du pays. Il déporta Yoyakîn à Babylone ainsi que la mère du roi, les femmes du roi, ses officiers, les princes du pays; il les emmena en déportation de Jérusalem à Babylone. Tous les riches, soit sept mille, les artisans du métal et les serruriers, au nombre de mille, tous les vaillants militaires, le roi de Babylone les emmena en déportation à Babylone.
> (2 R 24, 10-16)

Il semble y avoir un certain schématisme dans les chiffres (dix mille, sept mille et mille), mais il s'agit bien d'une tragédie nationale, la plus terrible qui ait frappé Jérusalem dans toute l'histoire de l'Ancien Testament. Les *Lamentations* et certains psaumes qui lui sont apparentés (par exemple Ps 74, 75, 89) témoigneront de façon éloquente de l'ampleur de la tragédie dans la conscience de Juda et d'Israël.

Le malheur qui s'abat sur Jérusalem est terrible. Mais peut-être – ont pu penser certains contemporains du prophète – s'agit-il d'un malheur passager et les choses reviendront-elles bientôt à la normale...

C'est tout le contraire qui se produira et Jérusalem connaîtra des heures encore plus sombres. À cette première vague de déportations, survenue en 597, succédera une deuxième en 587 – peut-être moins importante en nombre et qualité de population déportée, mais non moins terrible pour le destin de la ville de Jérusalem (voir le récit de 2 R 25). Le plus terrible de tout, c'est que, cette fois, il faudra bien se faire à l'idée d'un exil prolongé. Il durera au moins deux générations, jusqu'en 538.

Jérémie devant la catastrophe

Face à cette tragédie, quel aura donc été le rôle et l'attitude du prophète Jérémie? Rappelons tout d'abord que lui-même n'a pas été déporté à Babylone. Mais cela ne l'a pas empêché, du fond de son propre exil en Égypte, de communier aux affres de ses concitoyens en exil à Babylone. Pour faire bref, on pourrait expri-

LETTRE DE JÉRÉMIE AUX PREMIERS DÉPORTÉS

Jérémie n'est pas un prophète de malheur. Il n'a fait que prévoir, et non pas souhaiter, les conséquences malheureuses des options prises par le roi de Juda et son peuple. Aussi, dès que le malheur s'abat sur eux, son premier souci en est un de solidarité. C'est le but premier de sa lettre aux déportés, dont le texte suit plus bas. On notera aussi le ton résolument positif de la lettre, aux antipodes du fatalisme: «Construisez... plantez... prenez femme... travaillez à la prospérité», de même que le parti pris pour l'espérance: «Moi, je sais les projets que j'ai formés à votre sujet — oracle du Seigneur —, projets de prospérité et non de malheur: je vais vous donner un avenir et une espérance...» Enfin, dernière note qui ne suprendra guère: Jérémie continue de mettre en garde contre les prophètes qui maintiennent le peuple dans l'illusion et refusent de s'attaquer aux racines du mal qui les frappe.

JÉRÉMIE 29

¹ Voici les termes de la lettre que le prophète Jérémie envoya de Jérusalem à tous les anciens parmi les exilés, aux prêtres, aux prophètes et au peuple tout entier que Nabuchodonosor avait déportés de Jérusalem à Babylone, ² après que le roi Yekonya, la reine mère, le personnel de la cour, les hauts fonctionnaires de Juda et de Jérusalem, les techniciens et les officiers du génie eurent quitté Jérusalem — ³ il la confia à Eléasa, fils de Shafân, que Sédécias, roi de Juda envoyait à Nabuchodonosor, roi de Babylone, à Babylone:

En attendant, installez-vous!

⁴ «Ainsi parle le Seigneur le tout-puissant, le Dieu d'Israël, à tous les exilés que j'ai fait déporter de Jérusalem à Babylone: ⁵ *Construisez des maisons et habitez-les, plantez des jardins et mangez-en les fruits,* ⁶ *prenez femme, ayez des garçons et des filles, occupez-vous de marier vos fils et donnez vos filles en mariage pour qu'elles aient des garçons et des filles: là-bas soyez prolifiques, ne déclinez point!* ⁷ *Soyez soucieux de la prospérité de la ville où je vous ai déportés et intercédez pour elle auprès du Seigneur: sa prospérité est la condition de la vôtre.*

⁸ Oui, ainsi parle le Seigneur le tout-puissant, le Dieu d'Israël: Ne vous laissez pas abuser par les prophètes qui sont parmi vous ni par vos devins, et ne faites pas attention aux songes que vous avez; ⁹ c'est faux ce qu'ils vous prophétisent en mon nom; je ne les ai pas envoyés — oracle du Seigneur.

¹⁰ Ainsi parle le Seigneur: Quand soixante-dix ans seront écoulés pour Babylone, je m'occuperai de vous et j'accomplirai pour vous mes promesses concernant votre retour en ce lieu. ¹¹ Moi, je sais les projets que j'ai formés à votre sujet — oracle du Seigneur —, projets de prospérité et non de malheur: je vais vous donner un avenir et une espérance. ¹² Vous m'invoquerez, vous ferez des pèlerinages, vous m'adresserez vos prières et moi, je vous exaucerai. ¹³ Vous me rechercherez et vous me trouverez: vous me chercherez du fond de vous-mêmes, ¹⁴ et je me laisserai trouver par vous — oracle du Seigneur —, je vous restaurerai, je vous rassemblerai de toutes les nations et de tous les

lieux où je vous ai dispersés — oracle du Seigneur —, et je vous ramènerai à l'endroit d'où je vous ai déportés.

¹⁵ Si vous dites: "Le Seigneur nous a suscité des prophètes à Babylone"...

Les Judéens restés au pays seront châtiés à leur tour

¹⁶ Oui, voici ce que dit le Seigneur au roi qui siège sur le trône de David et à tous les gens qui habitent dans cette ville, vos frères qui ne sont pas partis en exil avec vous ¹⁷ — ainsi parle le Seigneur le tout-puissant: Je vais lâcher contre eux l'épée, la famine et la peste et je les traiterai comme des figues éclatées, si mauvaises qu'elles sont immangeables. ¹⁸ Je vais les poursuivre par l'épée, la famine et la peste; je ferai d'eux, pour tous les royaumes de la terre, un exemple terrifiant qu'on citera dans les imprécations, une désolation qui arrachera des cris d'effroi; chez toutes les nations où je les disperserai, ils passeront au répertoire des injures, ¹⁹ parce qu'ils n'écoutent pas mes paroles — oracle du Seigneur — alors que je leur ai envoyé inlassablement mes serviteurs, les prophètes. Mais ils n'écoutent pas — oracle du Seigneur.

²⁰ Vous les exilés que j'ai expulsés de Jérusalem à Babylone, écoutez la parole du Seigneur!

Gardez-vous des faux prophètes!

²¹ ... Voici ce que dit le Seigneur le tout-puissant, le Dieu d'Israël, à Akhab, fils de Qolaya, et à Sédécias, fils de Maaséya, qui prophétisent faussement pour vous en mon nom: Je vais les livrer au pouvoir de Nabuchodonosor, roi de Babylone, et il les abattra sous vos yeux. ²² On tirera d'eux une malédiction chez tous les déportés de Juda qui se trouvent à Babylone; on dira en effet: "Que le Seigneur te traite comme il a traité Sédécias et Akhab, que le roi de Babylone a grillés au feu." ²³ Leur faute est de commettre une infamie en Israël: ils s'adonnent à l'adultère avec les femmes de leurs prochains; ils parlent faussement en mon nom, alors que je ne leur ai rien demandé. Moi, je le sais, j'en suis témoin — oracle du Seigneur.»

mer la position de Jérémie face à la catastrophe de l'Exil par les trois points suivants:

• Premièrement, la catastrophe n'avait rien d'une surprise pour lui puisqu'il avait essayé tant de fois d'alerter le peuple à la gravité de la crise.

• Deuxièmement, envers et contre tous, Jérémie invite les déportés à se regrouper tout de suite et, du cœur même de l'exil, à reconstruire leur vie et leur bonheur *dès maintenant*. Il faut relire ici la très belle lettre qu'il a adressée aux déportés (voir encadré) dans laquelle il dit en substance ceci: «Ce qui nous arrive est terrible... la désolation est grande en Jérusalem et Juda... Mais la vie doit reprendre le dessus. Ce n'est pas la fin du monde... et Dieu nous demande de construire en fonction du bonheur, où que nous soyons, et dès maintenant...!»

• Troisièmement, au-delà du présent immédiat où tout est à reconstruire, Jérémie sait inventer des manières nouvelles de dire la foi et l'espérance. Autant il avait dénoncé les injustices et annoncé la catastrophe, autant il sait maintenant convier les siens à l'espérance:

> Eh bien! des jours viennent – oracle du Seigneur – où il ne sera plus dit: «Vivant est le Seigneur qui a fait monter les Israélites du pays d'Égypte!», mais plutôt:«Vivant est le Seigneur qui a fait monter les Israélites du pays du nord et de tous les pays où il les avait dispersés!» Oui, je les ramènerai sur le sol que j'ai donné à leurs pères.
> (16, 14-15)

> Ainsi parle le Seigneur le tout-puissant, le Dieu d'Israël: Quand je les aurai restaurés, on dira encore cette parole dans le pays de Juda et dans ses villes:
>
> *«Que le Seigneur te bénisse,*
> *domaine de justice, montagne sainte!»*
>
> Juda et toutes ses villes y habiteront ensemble, paysans et nomades. J'étancherai la soif des épuisés et je remplirai de vigueur tous les languissants. (31, 23-25)

> Ainsi parle le Seigneur: En ce lieu dont vous dites que c'est un monceau de ruines sans hommes ni bêtes, dans les villes de Juda et dans les ruelles désolées de Jérusalem d'où ont disparu les hommes, les habitants et les animaux, on entendra encore cris d'allégresse et joyeux propos, chant de l'époux et jubilation de la mariée, et la psalmodie de ceux qui, en apportant des sacrifices de louange dans la Maison du Seigneur diront: «Célébrez le Seigneur le tout-puissant, car il est bon et sa fidélité est pour toujours.» Oui, je restaurerai ce pays, et il redeviendra ce qu'il était autrefois, dit le Seigneur.
> (33, 10-11)

II- Trois textes pour comprendre Jérémie

1. *Dieu veille à l'accomplissement de sa Parole*
(Jr 1, 4-19)

4   La parole du Seigneur s'adressa à moi:

5   «Avant de te façonner dans le sein de ta mère,
    avant que tu ne sortes de son ventre
    je te connaissais;
    je t'ai consacré;
    je fais de toi un prophète pour les nations.»

6   Je dis: «Ah! Seigneur Dieu, je ne saurais parler, je suis trop jeune.»

7   Le Seigneur me dit: «Ne dis pas: Je suis trop jeune.
    Partout où je t'envoie, tu y vas; tout ce que je te commande, tu le dis;

8   n'aie peur de personne: je suis avec toi pour te libérer
    – oracle du Seigneur.»

9   Le Seigneur, avançant la main, toucha ma bouche,
    et le Seigneur me dit: «Ainsi je mets mes paroles dans ta bouche.

10 Sache que je te donne aujourd'hui autorité
    sur les nations et sur les royaumes,
    pour déraciner et renverser, pour ruiner et démolir,
    pour bâtir et pour planter.»

¹¹ La parole du Seigneur s'adressa à moi: «Que vois-tu, Jérémie?» Je dis: «Ce que je vois, c'est un rameau d'amandier.» ¹² Le Seigneur me dit: «C'est bien vu! Je veille à l'accomplissement de ma parole.» ¹³ La parole du Seigneur s'adressa à moi une seconde fois: «Que vois-tu?» Je dis: «Ce que je vois, c'est un chaudron sur un foyer attisé grâce à une ouverture sur le nord.» ¹⁴ Le Seigneur me dit:

«C'est du nord qu'est attisé le malheur,
pour tous les habitants du pays.

15 Je vais convoquer tous les clans des royaumes du Nord
    – oracle du Seigneur.
    Ils arrivent, et chacun place son trône
    à l'entrée des portes de Jérusalem,

    face aux remparts qui l'entourent
    et face à toutes les villes de Juda.

¹⁶ Je leur annonce mes décisions au sujet de leurs méfaits: ils m'abandonnent, ils brûlent des offrandes à d'autres dieux, ils se prosternent devant l'œuvre de leurs mains. ¹⁷ Mais toi, tu vas te ceindre les reins, te lever et leur annoncer tout ce que je te commande; ne te laisse pas accabler par eux, sinon c'est moi qui t'accablerai devant eux. ¹⁸ Moi, aujourd'hui, je fais de toi une place forte, un pilier de fer, un rempart de bronze, face au pays tout entier, face aux rois de Juda, à ses ministres, à ses prêtres et à sa milice; ¹⁹ ils te combattront, mais ils ne pourront rien contre toi: je suis avec toi – oracle du Seigneur – pour te libérer.»

La vocation de Jérémie.

Un récit en trois volets (vv. 4-10; 11-12; 13-19)

Les premières lignes de cet extrait (vv. 4-10) sont bien connues et souvent évoquées parmi les exemples de récits de vocation. Tout y est, semble-t-il: interpellation, élection, consécration, mission, objection, confirmation de la mission, et on se considère autorisé de lire ce passage comme un tout qui se suffit à lui-même, sans nécessité de recourir aux neuf versets qui suivent.

Ceux qui ont écrit ces lignes les ont pourtant fort bien agencées et liées à ce qui suit, de telle sorte que l'ensemble du chapitre 1 doit être lu comme un seul et même récit unifié de la vocation de Jérémie.

Le récit se déroule en trois temps, ponctués du refrain: «La parole du Seigneur s'adressa à moi» (vv. 4. 11. 13). La répétition de cette formule assure l'unité de l'ensemble du chapitre. Mais les trois temps de la structure ne sont pas seulement juxtaposés, ils sont agencés l'un par rapport à l'autre, tant et si bien que le premier et le troisième se font constamment écho, tandis que le second est manifestement inséré au milieu pour donner le message principal de tout le récit.

Avant d'interpréter les détails, voyons donc les correspondances entre les extrêmes (premier et troisième volet du tableau, soit entre les vv. 4-10 et les vv. 13-19).

Premier volet (vv. 4-10)	Troisième volet (vv. 13-19)
tout ce que je te commande, tu le dis (1, 7)	Mais toi, tu vas... leur annoncer tout ce que je te commande (1, 17)
n'aie peur de personne (1, 8)	ne te laisse pas accabler par eux (1, 17)
je suis avec toi pour te libérer – oracle du Seigneur (1, 8)	je suis avec toi – oracle du Seigneur – pour te libérer (1, 19)
Sache que je te donne aujourd'hui autorité sur les nations et sur les royaumes... (1, 10)	Moi, aujourd'hui, je fais de toi une place forte, un pilier de fer, un rempart de bronze, face au pays tout entier, face aux rois de Juda, à ses ministres, à ses prêtres et à sa milice (1, 18)

Les ressemblances sont trop nombreuses et trop précises pour qu'il s'agisse là d'un simple accident: les deux extrêmes se correspondent et s'éclairent mutuellement.

Ce jeu de correspondances vise à faire ressortir les versets 11 et 12 qui contiennent la pointe du récit, ou le message central, qui porte essentiellement sur *l'accomplissement de la parole du Seigneur*.

Maintenant que nous avons cette vue d'ensemble du chapitre, nous pouvons reprendre quelques-uns des éléments du récit.

Une réponse qui libère

D'entrée de jeu, le récit parle de la «consécration» du prophète «dès le sein maternel». On a pu en faire une lecture déterministe et essentialiste, comme si le prophète était non seulement prédestiné mais prédéterminé à une certaine vocation, et n'aurait en somme qu'à acquiescer au moment où l'appel se fait entendre. Or il faut noter le rôle actif que Jérémie prend dans l'ensemble du récit. D'une part, il exprime une objection (v. 6) et, d'autre part, dans chacune des deux visions, il est appelé à réagir à ce qu'il voit. Enfin, notons que l'objectif final de la mission, qui est la libération du peuple, ne va pas sans la libération de l'envoyé lui-même: «Je suis avec toi pour te libérer.» La vocation de Jérémie suppose une réponse libre, mais elle engage aussi le prophète lui-même sur de nouveaux chemins de liberté.

Jérémie, nouveau Moïse

La carrière prophétique de Jérémie a coïncidé avec l'avènement de ce qu'on a appelé la réforme deutéronomique et ce qui semble être la découverte du rouleau contenant le *Deutéronome*. Or on sait l'importance que Moïse a dans ce livre, et comment il est tenu en très haute estime, notamment à titre de prophète. *Deutéronome* 18, 18 reflète en fait une attente bien répandue au temps de Jérémie, celle du prophète semblable à Moïse: «C'est un prophète comme toi que je leur susciterai du milieu de leurs frères; je mettrai mes paroles dans sa bouche, et il leur dira tout ce que je lui ordonnerai.»

On aura vite reconnu les affinités du récit de vocation de Jérémie avec ce verset du *Deutéronome*: manifestement, l'auteur ou les auteurs de Jérémie 1 voient en Jérémie un digne émule du grand prophète Moïse. Le récit de vocation de ces deux grandes figures (Ex 3 et Jr 1) comporte d'ailleurs d'autres points de rapprochement. L'un et l'autre font allusion à leur difficulté de parler, les deux se voient rassurés par le Seigneur qui promet d'être avec eux, et tous deux reçoivent une mission de libération. Encore une fois, il est difficile de dire qui a influencé qui, mais il est certain que les disciples de Jérémie ont tôt fait de rapprocher leur maître et la grande figure prophétique qu'est Moïse.

L'inconfortable mission du prophète

Si Qohéleth, dans son admirable poème sur l'ambivalence du temps, peut constater paisiblement qu'il existe «un temps pour planter et un temps pour arracher le plant... un temps pour saper et un temps pour bâtir» (Qo 3, 2-3), Jérémie aura déjà expérimenté, dans sa vie de prophète, la coexistence et le conflit de ces contraires. On ne saurait sans doute mieux définir l'ambivalence de la mission prophétique que ne le fait Jr 1, 10: «pour déraciner et renverser, pour ruiner et démolir, pour bâtir et pour planter». Ici non plus on ne saurait guère parler d'accident, puisque cette formule revient comme un refrain, tout au long du livre, confirmant en quelque sorte au jour le jour que c'est bien entre ces deux pôles que Jérémie a vécu sa mission:

Les verbes des versets 10-11 dans l'ensemble du livre de Jérémie
(extrait de: *Jérémie, un prophète en temps de crise*, p. 55)

1. *nâtash* déraciner	2. *nâtats* renverser	3. *'âvad* ruiner	4. *hâras* démolir	5. *bânâh* bâtir	6. *nâtâ* planter	
X	X	X	X	X	X	1, 10
X	X	X	X	X	X	31, 28 + faire mal
X	X	X		X	X	18, 7-9
X			X	X	X	24, 6
X			X	X	X	42, 10
X			X	X	X	45, 4
X	X					12, 17
				X	X	29, 5. 28
				X	X	31, 4-5
X			X			31, 40
				X	X	35, 7

La préséance et la prédominance des termes négatifs a de quoi étonner: *déraciner, renverser, ruiner, démolir*. Rien là de particulièrement encourageant! Sauf que cela correspond effectivement à un besoin et à une réalité. La mission de Jérémie – plus que celle de ses prédécesseurs? – se fera à contre-courant et nécessitera un courage singulier.

Mais il faut lire cette phrase de manière dynamique. Certes, les termes positifs y sont moins nombreux, mais leur position en fin de parcours n'est-elle pas un indice que c'est là l'objectif visé: «pour bâtir et pour planter»?

D'ailleurs, il est intéressant de voir que ces deux verbes se retrouvent de façon beaucoup plus constante dans tout le livre, alors que l'auteur fait preuve d'une plus grande liberté par rapport aux autres termes et en laisse volontiers tomber plus d'un à l'occasion.

La mission du prophète est donc de dénoncer, de renverser, de démolir, mais pour mieux planter et bâtir. Mission de jugement, certes, mais aussi, mission de salut: «pour te libérer»...

L'amandier qui parle de Dieu

Au centre du texte, avons-nous dit, se

trouve la très belle parabole de l'amandier. En hébreu, l'amandier se dit *shaqed*, ce qui permet à l'auteur un jeu de mots magnifique puisqu'en gardant les mêmes consonnes et en ne changeant qu'une seule voyelle avec *shoqed*, il peut nous parler du mystère de Dieu qui *veille* à l'accomplissement de sa parole.

Ce texte donne véritablement la clef du livre de Jérémie. Les propos du prophète sont durs à entendre, mais puisqu'ils reprennent les paroles mêmes de Dieu, leur accomplissement ne saurait être mis en doute.

Savoir regarder: les secrets du prophète

Nous avons insisté sur les liens entre le premier et le troisième volet du tableau. Il en existe aussi de très évidents et très étroits entre le deuxième et le troisième:

La parole du SEIGNEUR s'adressa à moi (1, 11)	La parole du SEIGNEUR s'adressa à moi une seconde fois (1, 13)
«Que vois-tu, Jérémie?» (1, 11)	«Que vois-tu?»
Je dis: Ce que je vois, c'est un rameau d'amandier (1, 11)	Je dis: «Ce que je vois, c'est un chaudron sur un foyer attisé grâce à une ouverture sur le nord.»
Le SEIGNEUR me dit: (suit l'interprétation de la vision donnée par Dieu)	Le SEIGNEUR me dit: (suit l'interprétation de la vision donnée par Dieu)

Là aussi, le procédé fait ressortir la complémentarité des deux récits. Le prophète est celui qui sait observer et à qui Dieu peut dire «C'est bien vu!» Mais on remarquera aussi la différence, qui est dans le lieu de la révélation: il s'agit toujours d'une réalité créée (comme dans les paraboles de Jésus), mais dans la première c'est la nature ou la *création* qui dit quelque chose du mystère de Dieu, tandis que dans la seconde, c'est à partir de l'*histoire* que Dieu se révèle. Tels sont bien les deux lieux où les prophètes sont appelés à faire de la théologie: le monde de la création et le monde de l'histoire humaine.

«Prophète pour les nations»

Ce titre, Jérémie le mérite amplement, même si d'autres avant lui (Amos et Ésaïe, par exemple) ont aussi prononcé des oracles contre les nations voisines d'Israël et de Juda. Mais, plus que tout autre, Jérémie intervient à une période de l'histoire marquée par de grands bouleversements internationaux. «Prophète pour les nations», Jérémie le sera assurément puisqu'il connaîtra les dégâts causés par l'armée babylonienne, qu'il écrira aux captifs à Babylone et que lui-même devra s'enfuir en Égypte. Il le sera aussi par la teneur de certains oracles (chapitres 25; 46-51) qui montrent, de façon très réaliste, comment les nations voisines d'Israël (Moab, Edom, Damas, etc.) n'ont pas échappé à la dévastation causée par Nabuchodonosor et ses troupes. On a peut-être tendance à oublier le drame qui s'est joué sans doute aussi intensément auprès de ces nations, au moment où, nous dit Jérémie, «le malheur va de peuple en peuple, une grande tempête s'élève aux limites de la terre...» (25, 32). Ce n'est peut-être pas une consolation, mais au moins Jérémie a le mérite de mettre en perspective une tragédie que Jérusalem et Juda n'ont pas été seuls à connaître.

2. *Pas de connaissance de Dieu sans justice!*
(Jr 9, 1-11)

1   Que n'ai-je au désert un gîte de caravaniers ?
    J'abandonnerais mon peuple, je le planterais là,
    tous sont des adultères, un ramassis de traîtres.

2   Leur langue est comme un arc tendu.
    Leur essor dans le pays sert le mensonge, non la vérité.
    Ils commettent méfait sur méfait,
    et moi, ils ne me connaissent pas
    – oracle du Seigneur.

3   Soyez sur vos gardes, chacun envers son compagnon,
    ne vous fiez à aucun frère,
    car tout frère s'y entend en mauvais tours
    et tout compagnon répand la calomnie.

4   Chacun berne son compagnon,
    plus de paroles vraies !
    Ils entraînent leur langue aux paroles menteuses.
    Dans leur perversion, ils ne peuvent plus revenir.

5   Brutalité sur brutalité, tromperie sur tromperie !
    Ils refusent de me connaître
    – oracle du Seigneur.

6   Eh bien ! ainsi parle le Seigneur le tout-puissant,
    Je vais les fondre et les examiner.
    Ah ! comme je vais intervenir
    face à la méchanceté de mon peuple !

7   Flèche meurtrière que sa langue !
    Il profère la tromperie.
    Des lèvres, on offre la paix à son compagnon,
    mais dans le cœur, on lui prépare un guet-apens.

8   Ne dois-je pas sévir contre eux ?
    – oracle du Seigneur.
    Ne dois-je pas me venger
    d'une nation de cette espèce ?

«QUI EST MON PROCHAIN...?»

(d'après L. WISSER, *Jérémie, critique de la vie sociale...*, p. 149)

La question du scribe à Jésus (Lc 10, 29) «Qui est mon prochain» était très habile. Comme tout Juif pieux, il connaissait le commandement de l'amour du prochain, inscrit en toutes lettres dans la Loi (Lv 19, 18). Les contemporains de Jérémie le connaissaient également. Mais eux aussi avaient trouvé toutes sortes de moyens d'en contourner ou d'en diminuer les exigences. Là encore, la meilleure manière de se donner bonne conscience était de définir soi-même qui pouvait être accepté comme étant le prochain.

C'est à pareille distorsion de la Loi que Jérémie s'en prend, pour rappeler à ses contemporains que le commandement de l'amour du prochain s'étend à *tous* et à *toutes*: frère, compagnon, étranger, veuve, esclave... Mais en priorité, ce sont les plus faibles et les plus pauvres qui doivent être pris en compte.

Le tableau qui suit indique bien les différents niveaux de relations où l'amour du prochain est appelé à se concrétiser.

1. Le compagnon	5, 8; 7, 5; 9, 3. 4. 7; 22, 13; 34, 15. 17
2. Le frère	9, 3; 34, 9. 14. 17
3. L'innocent	2, 34; 7, 6; 22, 3. 17
4. Le spolié	21, 12; 22, 13
5. L'orphelin	5, 28; 7, 6; 22, 3
6. La veuve	7, 6; 22, 3
7. L'étranger	7, 6; 22, 3
8. L'esclave	34, 9. 10. 11. 16
9. Le pauvre	2, 34; 5, 28 , 22, 16
10. L'opprimé	22, 16
11. Les petites gens	5, 4; 6, 13; 8, 10

9   Sur les montagnes s'élève ma plainte éplorée,
    et sur les enclos de la lande ma lamentation,
    car ils sont incendiés, plus personne n'y passe,
    et les troupeaux ne s'y font plus entendre.
    Oiseaux, bétail, tout a fui... plus rien!

10 Je fais de Jérusalem un tas de pierres,
    un repaire de chacals,
    et des villes de Juda, des lieux désolés,
    vidés de leurs habitants.

11 Si quelqu'un est sage, qu'il comprenne et qu'il proclame
    la parole que la bouche du SEIGNEUR lui a adressée.
    Pourquoi le pays est-il ruiné,
    brûlé comme le désert où personne ne passe?

Qui parle: Dieu ou Jérémie?

Voilà un autre exemple – avec les «confessions» et plusieurs autres passages du livre de Jérémie – où il est difficile de discerner avec précision qui parle au juste. De nombreux indices pointent assurément vers Yahvé: c'est ce qu'indique le triple «oracle du SEIGNEUR» (vv. 2. 5. 8), renforcé par l'expression «ainsi parle le SEIGNEUR tout-puissant» (v. 6) et par la référence à «la parole que la bouche du SEIGNEUR lui a adressée». En outre, toute ambiguïté est levée au verset 2, lorsqu'on entend «et moi, ils ne me connaissent pas», qui se réfère manifestement à Dieu.

C'est donc à Dieu lui-même qu'il faut attribuer la «plainte éplorée» (v. 9) et la «lamentation» (v. 9) qui résonnent dans ce chapitre, et sans doute aussi dans le contexte immédiat.

Mais il est bien difficile de ne pas voir que cette lamentation soit aussi celle de Jérémie lui-même, constatant de ses propres yeux la désolation des rues de Jérusalem (v. 9). Plus encore, les deux questions du verset 11, dont l'attribution reste indéterminée, traduisent bien celles de Jérémie et de ses contemporains: «Pourquoi le pays est-il ruiné, brûlé comme le désert où personne ne passe?» Enfin, même le verset 1 pourrait s'entendre du prophète lui-même, tenté de se désolidariser d'un peuple adultère: «Que n'ai-je au désert un gîte de caravaniers? J'abandonnerais mon peuple, je le planterais là, tous sont des adultères, un ramassis de traîtres.»

L'injustice est à son comble!

Le verdict posé par Dieu est implacable: partout à Jérusalem, on ne trouve qu'injustice, méfait et tromperie. Il s'agit là d'une situation générale, et non de quelques méfaits isolés: «tous sont des adultères, un ramassis de traîtres» (v. 1); «tout frère s'y entend en mauvais tours et tout compagnon répand la calomnie» (v. 3); chacun berne son compagnon (v. 4). Ce qui frappe aussi, en plus de la généralisation, c'est l'intensité ou le degré d'injustice qu'on retrouve au sein du peuple, et que l'auteur fustige en un sommaire incisif: «brutalité sur brutalité, tromperie sur tromperie» (v. 5).

C'est sans doute là le plus étonnant. Jérémie a souvent été décrit comme un prophète spirituel, héraut de la nouvelle alliance et auteur de «confessions» émouvantes. Il est tout cela, bien sûr, mais il est aussi un champion incomparable de la justice sociale, fidèle héritier et disciple d'Amos, Osée et Ésaïe. De tous ces prophètes, il est celui qui fournit l'analyse la plus complète et la plus systématique de l'injustice sociale, et Jérémie 9, 1-11 est un des passages qui illustre le mieux cet aspect de son message. En effet, en plus de la généralisation et de l'intensité déjà signalées, on sera surpris de l'abondance des termes reliés à la justice (ou à son contraire, l'injustice) dans le passage que nous étudions: *adultères, traîtres, mensonge et non-vérité, méfait, mauvais tours, calomnie, paroles menteuses, perversion, brutalité, tromperie, méchanceté, flèche meurtrière, guet-apens*, etc. Abondance de termes (qu'on pourra vérifier dans l'ensemble du livre à partir de l'encadré fourni un peu plus loin: «Le vocabulaire de la justice et de l'injustice chez Jérémie»), mais aussi précision de l'analyse. Car Jérémie ne s'en tient pas à des généralités et ne se contente pas de dénoncer les injustices en haut-lieu. C'est chacun qu'il entend rejoindre et interpeller, et jusque dans le domaine des relations quotidiennes, fraternelles et sociales.

Les injustices envers le frère et le compagnon

Si on examine en effet l'ensemble du vocabulaire sur la justice et l'injustice chez Jérémie, on verra bien qu'aucune catégorie n'est épargnée (le roi, les riches, les prêtres, l'ensemble du peuple). Or ici, au chapitre 9, c'est davantage à *l'ensemble du peuple* que Jérémie s'en prend, et ce qui est dénoncé, c'est la corruption des relations entre frères et compagnons. On ne parle plus ici de l'adversaire étranger, mais du proche, du parent, de l'ami. Car c'est là aussi que se jouent les exigences de justice: dans les paroles, dans la considération envers les autres, dans le maintien de la paix entre frères, etc. Or Jérémie est obligé de constater que les relations entre frères et compagnons se sont terriblement détériorées: «Soyez sur vos gardes, chacun envers son compagnon, ne vous fiez à aucun frère, car tout frère s'y entend en mauvais tours et tout compagnon répand la calomnie. Chacun berne son compagnon...» (vv. 3-4).

Le vocabulaire de la justice et de l'injustice chez Jérémie

(d'après L. WISSER, *Jérémie, critique de la vie sociale...*, pp. 139-141)

1. JUGER	5, 28,
2. JUGEMENT - DROIT	5, 1. 28; 7, 5; 17, 11; 21, 12; 22, 3. 13. 15; 23, 5; 33, 15
3. JUSTICE	22, 3. 13. 15; 23, 5; 33, 15
4. JUSTE - INNOCENT	23, 5; 33, 15
5. MENSONGE - FAUSSETÉ	5, 2; 6, 13; 7, 9; 8, 10; 9, 2. 4; 23, 14
6. JUGER UNE CAUSE	5, 28; 21, 12; 22, 16

7. CAUSE DE QUELQU'UN	5, 20; 21, 12; 22, 16
8. COMMETTRE L'ADULTÈRE	5, 7; 7, 9; 9, 2; 23, 10. 14; 29, 23
9. FAIRE LE MAL	2, 33; 9, 2; 23, 10. 11. 14
10. GAIN, PROFIT	6, 13; 8, 10; 22, 17
11. OPPRIMER	6, 6; 7, 6; 21, 12; 22, 17
12. AFFRANCHIR	34, 9. 10. 11. 14. 16
13. FIDÉLITÉ - LOYAUTÉ	5, 1. 3; 9, 2. 4
14. SANG INNOCENT	2, 34; 7, 6; 22, 3. 17
15. TROMPERIE - FRAUDE	5, 27; 9, 5. 7
16. LIBÉRATION	34, 8. 15. 17
17. SERVIR - ASSERVIR	22, 13; 34, 9. 14
18. SOUMETTRE	34, 11. 16
19. SPOLIER	21, 12; 22, 3
20. FAIRE VIOLENCE	6, 7; 22, 3

Une question de «théologie»

Le jugement du prophète vis-à-vis de ses contemporains est donc très sévère en matière de justice. Mais en fait, il s'agit plus que d'une simple question de justice. Jérémie élève le débat à un niveau proprement théologique, c'est-à-dire qu'il invoque la connaissance du Dieu véritable comme fondement suprême des exigences de justice. Voilà ce qui ressort de l'antithèse formulée au verset 2: «Ils commettent méfait sur méfait, et moi, ils ne me connaissent pas – oracle du Seigneur». Commettre l'injustice «méfait sur méfait» équivaut tout simplement à méconnaître Dieu. Le même jugement est d'ailleurs repris au verset 5: «Brutalité sur brutalité, tromperie sur tromperie! Ils refusent de me connaître – oracle du Seigneur.»

C'est dans la justice seulement, pratiquée à tous les niveaux, que peut se faire l'expérience de la connaissance du vrai Dieu. L'originalité de Jérémie est justement d'avoir lié explicitement et inséparablement les thèmes de la connaissance de Dieu et de la justice (ou, en négatif, de la méconnaissance de Dieu et de l'injustice). L'encadré qui suit porte sur le premier thème («connaissance de Dieu»), mais on verra facilement dans les versets cités ou dans leur contexte immédiat comment les deux thèmes sont inséparables.

Connaissance de Dieu = respect de la justice

Voici les principaux passages, chez Jérémie, où on retrouve, en positif ou en négatif, l'association «connaissance de Dieu» et «justice»:

4, 22: Oui, mon peuple est bête;
ils ne me connaissent pas.
Ce sont des enfants bornés;
ils ne peuvent rien comprendre.
Ils sont habiles à faire le mal;
faire le bien, ils ne le savent pas.

5, 4-5: Moi, je me suis dit: «Ce sont de petites gens,
ils ne sont pas bien malins,
ils ne connaissent pas les voies du S{\sc eigneur},
les coutumes de leur Dieu.

J'irai donc vers les grands pour discuter avec eux;
*eux, au moins, connaissent les voies du Seigneur,
les coutumes de leur Dieu.*
Mais les uns comme les autres ont brisé le joug,
rompu les liens.

(voir le v. 2: «Y en a-t-il un seul qui défende le droit,
qui cherche à être vrai?»)

9, 2-5: Leur langue est comme un arc tendu.
Leur essor dans le pays sert le mensonge, non la vérité.
Ils commettent méfait sur méfait,
et moi, ils ne me connaissent pas
– oracle du S{\sc eigneur}.

Soyez sur vos gardes, chacun envers son compagnon,
ne vous fiez à aucun frère,
car tout frère s'y entend en mauvais tours
et tout compagnon répand la calomnie.

Chacun berne son compagnon,
plus de paroles vraies!
Ils entraînent leur langue aux paroles menteuses.
Dans leur perversion, ils ne peuvent plus revenir.

>   Brutalité sur brutalité, tromperie sur tromperie!
>   *Ils refusent de me connaître*
>   – oracle du Seigneur.

9, 23 :
>   Si quelqu'un veut se vanter, qu'il se vante de ceci :
>   *d'être assez malin pour me connaître,*
>   moi, le Seigneur qui mets en œuvre la bonté fidèle,
>   le droit et la justice sur la terre.
>   Oui, c'est cela qui me plaît
>   – oracle du Seigneur.

22, 16 :
>   Ton père (Josias, père de Yoyaqîm) n'a-t-il pas mangé, bu,
>   défendu le droit et la justice,
>   et il a connu le bonheur!
>
>   Il a pris en main la cause de l'humilié et du pauvre,
>   et c'était le bonheur!
>   *Me connaître, n'est-ce pas cela?*
>   – oracle du Seigneur.
>
>   (Voir, par contraste, les vv. 13 et 17 du même chapitre.)

31, 34 : Ils ne s'instruiront plus entre compagnons, entre frères, répétant: «Apprenez à connaître le Seigneur», car ils me connaîtront tous, petits et grands – oracle du Seigneur. Je pardonne leur crime; leur faute, je n'en parle plus.

---

3. La nouvelle alliance
(Jr 31, 31-34)

[31] Des jours viennent – oracle du Seigneur – où je conclurai avec la communauté d'Israël – et la communauté de Juda – une nouvelle alliance. [32] Elle sera différente de l'alliance que j'ai conclue avec leurs pères quand je les ai pris par la main pour les faire sortir du pays d'Égypte. Eux, ils ont rompu mon alliance; mais moi, je reste le maître chez eux – oracle du Seigneur. [33] Voici donc l'alliance que je conclurai avec la communauté d'Israël après ces jours-là – oracle du Seigneur: je déposerai mes directives au fond d'eux-mêmes, les inscrivant dans leur être; je deviendrai Dieu pour eux, et eux, ils deviendront un peuple pour moi. [34] Ils ne s'instruiront plus entre compagnons, entre frères, répétant: «Apprenez à connaître le Seigneur», car ils me connaîtront tous, petits et grands – oracle du Seigneur. Je pardonne leur crime; leur faute, je n'en parle plus.

Ce texte est sans doute le plus connu du livre de Jérémie, par un public chrétien, puisque le Nouveau Testament non seulement lui réserve sa citation la plus longue d'un texte de l'Ancien Testament (Hébreux 8, 8-12), mais lui doit jusqu'à son nom de *Nouveau Testament*, c'est-à-dire de *nouvelle alliance*. Cette célébrité même représente un danger dans la mesure où nous risquons de revendiquer la prophétie de Jérémie pour nous, indépendamment du contexte dans lequel elle a surgi et du sens qu'elle pouvait avoir pour le prophète et ses contemporains. C'est ce contexte et ce sens que nous tenterons de redécouvrir en étant attentifs aux différentes données du texte, et pas seulement à l'expression – si belle soit-elle – de *nouvelle alliance*.

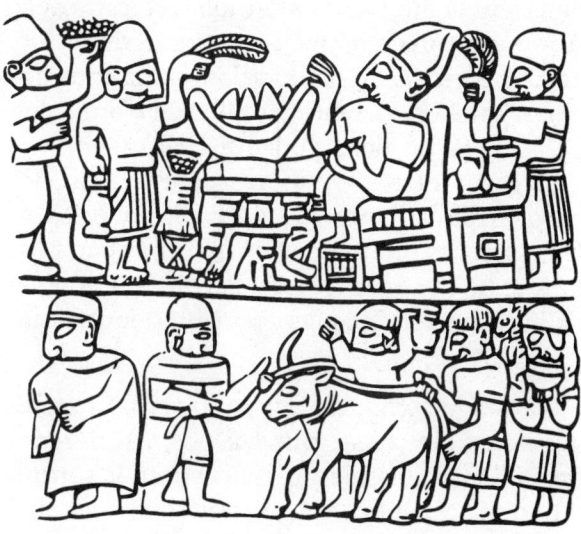

Scène de banquet hittite (voir Jr 31, 12-14).

Dieu refait tout en neuf: le contexte de la nouvelle alliance (Jr 30 – 33)

L'oracle de Jérémie sur la *nouvelle alliance*, loin d'être un oracle isolé et de se présenter comme un élément de surprise, s'insère dans un ensemble d'oracles consacrés à la restauration d'Israël (ch. 30-33), où abondent les termes indiquant les *changements* que Dieu va bientôt apporter à la destinée de son peuple: *restaurer* (30, 2. 18; 31, 23; 32, 42), *délivrer* (30, 10-11), *convalescence* et *guérison* (30, 17; 33, 6), *reconstruction* (30, 18; 31, 2. 38), *rajeunissement* (31, 1); *retour à la vie* et *épanouissement* (31, 12-14), *avenir plein d'espérance* (31, 17), *création de quelque chose de nouveau* (31, 22). La *nouvelle alliance* veut dire, d'abord et avant tout, le bonheur retrouvé pour Juda et Jérusalem: «... dans les villes de Juda et dans les ruelles désolées de Jérusalem d'où ont disparu les hommes, les habitants et les animaux, on entendra *encore* (voir la triple annonce commençant par *de nouveau* en 31, 4-5) cris d'allégresse et joyeux propos...» (33, 10-11).

Nouvelle, jusqu'à quel point?

Jérémie insiste: l'alliance sera *nouvelle* et «*différente* de l'alliance que j'ai conclue avec leurs pères quand je les ai pris par la main pour les faire sortir du pays d'Égypte» (v. 32). Elle n'est *pas seulement plus récente dans le temps*, comme s'il s'agissait de l'édition revue, corrigée et augmentée d'une alliance plus ancienne. L'alliance dont parle Jérémie est *inédite, radicalement nouvelle et d'une qualité supérieure à l'ancienne*. *Quatre traits* disent bien en quoi l'alliance annoncée par Jérémie est *nouvelle*:

1) La nouvelle alliance avec la communauté d'Israël sera *inscrite «dans leur être»*, plutôt que

dans leur chair. La première alliance, faite avec Abraham, puis renouvelée au temps de Moïse, avait nécessité la circoncision pour tous les enfants mâles. La nouvelle alliance n'aura rien à voir avec les liens du sang. Nul besoin non plus des tablettes de pierre pour inscrire les paroles de l'alliance. Les nouvelles paroles de Dieu seront communiquées désormais au plus intime de la conscience de la communauté, et l'alliance qui en découlera sera intérieure et universelle.

2) «*Je deviendrai Dieu pour eux, et eux, ils deviendront un peuple pour moi...*» À la différence de l'alliance conclue au Sinaï et dont la formulation était calquée sur les traités de vassalité du Proche-Orient Ancien, qui insistaient sur la différence entre le souverain et son vassal, la nouvelle alliance sera marquée au coin de la *mutualité*. Les deux partenaires, Dieu et la communauté, existeront *l'un pour l'autre et l'un par l'autre*.

3) «*Ils me connaîtront tous*, petits et grands...» La première alliance avait été sanctionnée par les «dix paroles», symbole de la révélation faite au Sinaï, et le peuple ne pouvait entendre la parole de Dieu que par l'intermédiaire de Moïse. Toute la religion d'Israël gravitait autour de cette révélation initiale et supposait la médiation d'un prophète de la trempe de Moïse, puis des prêtres, qui étaient chargés de l'instruction. Ici, c'est chacun et chacune qui pourra avoir accès à la connaissance de Dieu, sans passer par la médiation des prophètes, des prêtres ou du temple.

4) *Une alliance de pardon*. Dernière nouveauté, et non la moindre: même le péché d'Israël ne pourra entraîner la révocation de l'alliance. La nouvelle alliance sera éternelle et non plus conditionnelle à l'obéissance de la communauté. Alors que la première alliance avait été assortie d'un nombre impressionnant d'interdits, d'anathèmes et de malédictions, la nouvelle alliance est sanctionnée sous le signe du pardon offert: «Je pardonne leur crime; leur faute, je n'en parle plus.»

De Jérémie à Jésus, une plus grande nouveauté?

Devant tant de nouveauté, la question se pose maintenant pour nous, lecteurs chrétiens, de savoir en quoi l'alliance en Jésus pourrait prétendre à son tour à quelque nouveauté. L'expression *nouvelle alliance* n'apparaît qu'une fois sur les lèvres de Jésus: au moment du dernier repas. En effet, selon le témoignage concordant de Paul et de Luc, Jésus aurait dit en prononçant la bénédiction sur la coupe: «Cette coupe est *la nouvelle alliance en mon sang...*» (1 Co 11, 25; Lc 22, 20). L'expression est manifestement empruntée à Jérémie, mais ni Paul ni Luc ne sentent le besoin de commenter ce qui fait la nouveauté de cette alliance.

Ce commentaire, c'est plutôt l'auteur de l'épître aux Hébreux qui se chargera de le faire, en s'appuyant explicitement sur le chapitre 31 de Jérémie (He 8-10). Parlant du Christ comme «ministre du vrai sanctuaire et de la véritable tente dressée par le Seigneur et non par un homme» (He 8, 1), il écrit: «En réalité, c'est un ministère bien supérieur qui lui revient, car il est médiateur d'une bien *meilleure alliance*, dont la constitution repose sur de *meilleures promesses*» (He 8, 6). Puis il ajoute, tout de suite après sa citation de Jérémie 31, 34: «En parlant d'une alliance *nouvelle*, il a rendu ancienne la première; or ce qui devient ancien et qui vieillit est près de disparaître» (He 8, 13).

Il y a là quelque chose de paradoxal qui illustre bien les rapports de continuité et de nouveauté entre la *première alliance* et la *nouvelle alliance*. En effet, l'auteur de l'épître aux Hébreux cherche à démontrer la nouveauté de l'alliance établie en Jésus. Mais, pour ce faire, il s'appuie précisément sur le texte d'un prophète qui appartient à la première alliance! D'ailleurs, l'argumentation de l'épître aux Hébreux colle admirablement au texte de Jérémie qu'elle rejoint sur l'essentiel, *en ce qu'elle situe la nouveauté de l'alliance en Jésus dans le pardon des péchés* (He 10, 15-18) et *dans l'affranchissement du rituel et des médiations de la première alliance* (culte et temple terrestre, tables de l'alliance, aspersion de sang, etc.: He 9). Pour l'auteur de l'épître aux Hébreux, Jésus est donc celui qui porte à son accomplissement la grande nouveauté annoncée par Jérémie. On ne saurait comprendre Jésus sans Jérémie, ni Jérémie sans Jésus. Les deux alliances, la première et la nouvelle, s'appellent l'une l'autre et se complètent.

III- Le Dieu de Jérémie

Un Dieu de parole

Nous avons déjà dit, au début de ce livre, comment Jérémie était l'un des écrivains bibliques qui nous a fourni la plus complète des théologies de la Parole. À bien des égards, il annonce déjà les sommets du prologue de Jean (Jn 1, 1-18).

Le Dieu de Jérémie est en effet un Dieu qui se révèle par la parole. La Parole y est omniprésente: parole personnelle, intime, mais aussi parole faite pour susciter le dialogue et destinée à la communauté. C'est chez Jérémie qu'on retrouve le plus souvent la racine *parole - parler* (plus de trois cents emplois) et l'expression «parole du Seigneur» y revient pas moins de cinquante-deux fois (deux de moins que chez Ézéchiel). Dans son livre, qui est le plus long de toute la Bible, Dieu ne cesse de prendre la parole. Il ne faut pas oublier non plus que ce qui est présenté ici comme un recueil des «paroles de Jérémie» n'est rien de moins que les paroles mêmes de Dieu, mises sur les lèvres du prophète (1, 7.9).

Le récit de la vocation de Jérémie montre à quel point l'expérience de la Parole de Dieu a été centrale dans la vie du prophète: «La parole du Seigneur s'adressa à moi: "Que vois-tu, Jérémie?" Je dis: "Ce que je vois, c'est un rameau d'amandier." Le Seigneur me dit: "C'est bien vu! Je veille à l'accomplissement de ma parole"» (1, 11-12).

Jérémie est aussi celui qui insiste le plus sur la médiation des prophètes, tout au long d'une histoire où Dieu s'est révélé à son peuple:

Depuis que leurs pères sortirent du pays d'Égypte jusqu'à ce jour, je n'ai cessé de leur envoyer tous mes serviteurs les prophètes, chaque jour, inlassablement. Mais ils ne m'ont pas écouté; mais ils n'ont pas

tendu l'oreille: ils ont raidi leur nuque, ils ont été plus méchants que leurs pères. Tu leur expliques toutes ces paroles: ils ne t'écoutent pas. Tu les appelles: ils ne te répondent pas. Dis-leur donc: Voilà la nation qui n'écoute pas la voix du S<small>EIGNEUR</small> son Dieu, qui n'accepte pas la leçon: la vérité a péri, elle est bannie de leur bouche.
(7, 25-28)

L'histoire des prophètes remonte donc à la sortie d'Égypte, avec Moïse, et s'est poursuivie «jusqu'à ce jour... chaque jour, inlassablement». À travers les prophètes, c'est vraiment «la voix du S<small>EIGNEUR</small>» qui se fait entendre au peuple d'Israël. On croirait entendre déjà la revue que l'auteur de l'épître aux Hébreux fera de l'histoire de la révélation: «Après avoir, à bien des reprises et de bien des manières, parlé autrefois aux pères dans les prophètes, Dieu, en la période finale où nous sommes, nous a parlé à nous en un Fils...» (He 1, 1-2)

Un Dieu de justice

Prophète de la Parole de Dieu, Jérémie l'est de manière singulière. Cela ne l'empêche en rien de livrer l'un des plus vibrants plaidoyers de la Bible en faveur de la dignité humaine. La Parole de Dieu qu'il est appelé à prononcer devient parole libératrice pour l'homme.

Jérémie est en effet un des prophètes qui a poussé le plus loin les exigences de la justice sociale. Nous avons vu l'importance du discours sur la justice dans son œuvre. Or ce discours découle directement de son discours sur Dieu. Le Dieu de Jérémie est un Dieu de justice, c'est-à-dire un Dieu qui est justice, et s'il insiste autant sur les exigences de la justice, c'est bien parce qu'il croit en un Dieu foncièrement juste: «Toi, S<small>EIGNEUR</small>, tu es juste!» (12, 1). Son raisonnement est donc le suivant: «Soyez justes, parce que Dieu est juste!»

Selon Jérémie, on ne peut pas vraiment connaître Dieu sans connaître la justice. Pour paraphraser Jean dans le Nouveau Testament, on pourrait faire dire à Jérémie: «Qui ne pratique pas la justice n'a pas découvert Dieu, puisque Dieu est justice» (cf. 1 Jn 4, 8). C'est là une conviction que partagent tous les prophètes d'Israël, mais nul ne l'a poussée à ses conséquences extrêmes comme Jérémie:

> Si quelqu'un veut se vanter,
> qu'il se vante de ceci:
> d'être assez malin pour me connaître,
> moi, le S<small>EIGNEUR</small> qui mets en œuvre
> la bonté fidèle,
> le droit et la justice sur la terre.
> Oui, c'est cela qui me plaît
> – oracle du S<small>EIGNEUR</small>. (Jr 9, 23)

> Il a pris en main la cause de l'humilié
> et du pauvre,
> et c'était le bonheur!
> Me connaître, n'est-ce pas cela?
> – oracle du S<small>EIGNEUR</small>. (22, 16)

On ne sera donc pas étonné que Jérémie soit le seul auteur biblique à invoquer Dieu sous le nom de «c'est lui notre justice» (23, 5-6; voir aussi 33, 16).

«Dieu-pour-vous»

De tous les prophètes, c'est sans doute chez Jérémie qu'on retrouve le plus de références directes à l'Alliance. Jérémie partage ainsi les convictions de l'école deutéronomiste et, avec elle, il nous propose ainsi l'image d'un Dieu engagé dans une alliance. Le Dieu de Jérémie est le Dieu d'un peuple, le Dieu qui existe pour un peuple, un Dieu qui se dit lui-même «Dieu-pour-vous» (7, 23; 11, 4; 24, 7) ou «leur Dieu» (30, 22). Dieu d'une alliance, certes, mais aussi Dieu d'une promesse dont l'existence est solidaire de la destinée et du bonheur d'un peuple: «Écoutez ma voix et *je deviendrai Dieu pour vous*, et vous, vous deviendrez un peuple pour moi, suivez bien la route que je vous trace et vous serez heureux» (7, 23). Là encore, Jérémie annonce déjà les perspectives de l'Évangile de Jean sur le mystère d'un Dieu fait chair: «Et le verbe fut chair et il a habité parmi nous...» (Jn 1, 14). Le Dieu de Jérémie est un Dieu incarné, qui ne craint pas de prendre parti et de s'impliquer dans l'histoire d'un peuple.

Un Dieu qui souffre

Précisément parce qu'il est un Dieu intimement lié à l'histoire d'un peuple, le Dieu de Jérémie est un Dieu qui souffre. En ces heures de tragédie nationale, Dieu ne peut pas rester insensible à la souffrance des siens. C'est bien ce qui ressort des «confessions» de Jérémie, dont nous avons vu que le «je» qui s'exprime dit nécessairement quelque chose du mystère de Dieu. C'est ainsi que des paroles comme:

- Mon affliction est sans remède,
  tout mon être est défaillant.
  On entend les appels désespérés
  de mon peuple
  depuis une terre lointaine (8, 18-19);

- Mes yeux fondent en larmes,
  nuit et jour, sans trêve:
  un grand désastre a brisé la vierge, mon peuple,
  un coup meurtrier (14, 17)

nous font voir que Dieu est atteint par la souffrance de *son* peuple. Ici aussi, comme dans le cas d'Osée, il faudrait relire les propos de François Varillon, surtout son livre sur *La souffrance de Dieu*.

Un Dieu qui «déracine et renverse»...

La mission reçue par le prophète Jérémie (1, 10) nous dit aussi quelque chose sur l'attitude de Dieu par rapport à son peuple. Dieu déracine et renverse. Dieu secoue son peuple et le traite sans ménagement. Le verbe «déraciner» est employé pas moins de huit fois dans le livre de Jérémie, et principalement pour faire référence à l'épreuve de l'exil:

Ainsi parle le Seigneur: Tous mes méchants voisins qui portent atteinte au patrimoine que j'ai donné à mon peuple, à Israël, je vais les déraciner de leur sol; je déracinerai aussi les gens de Juda du milieu d'eux.
(12, 14)

Tantôt je décrète de déraciner, de renverser et de ruiner une nation ou un royaume.
(18, 7)

L'expérience de déracinement, très réelle et très concrète, vécue par les déportés d'Israël, est interprétée ici de façon théologique comme porteuse d'un dessein de la part de Dieu.

... mais pour mieux «bâtir et planter»

Ce dessein de Dieu ne saurait s'achever avec le malheur ou l'épreuve. Il faut bien voir que le but ultime de la mission du prophète, et donc de l'action de Dieu, est de «bâtir et planter». Dieu veut faire du neuf, restaurer son peuple, le ramener à l'unité et à la vie, le reconstruire :

> Mais après que je les aurai déracinés, je les prendrai de nouveau en pitié et je les ramènerai chacun dans son patrimoine, chacun dans son pays. Et s'ils apprennent bien à se conduire comme mon peuple, prêtant serment par mon nom : «Vivant est le Seigneur !» comme ils ont appris à mon peuple à prêter serment par Baal, alors ils auront leur maison au milieu de mon peuple. Mais s'ils n'écoutent pas, je déracinerai définitivement cette nation pour sa perte – oracle du Seigneur. (12, 15-17)

> Mon regard se pose sur eux avec complaisance, et je les ramènerai dans ce pays ; je les édifierai, je ne les démolirai plus ; je les planterai, je ne les déracinerai plus. (24, 6)

> Si vous acceptez de rester dans ce pays, alors je vous bâtirai, je ne vous démolirai plus ; je vous planterai, sans plus jamais vous déraciner : je réparerai le mal que je vous ai fait. N'ayez plus peur du roi de Babylone que vous redoutez ! N'ayez plus peur de lui – oracle du Seigneur –, car je suis avec vous, pour vous sauver, vous délivrer. (42, 10-11)

Au plus fort de l'épreuve, condamné à l'exil ou à la fuite, Jérémie demeure, comme tous les prophètes bibliques, un inconditionnel de l'espérance.

Pour prolonger l'étude

Auneau, J., Jérémie, dans Amsler, S., Asurmendi, J., Auneau, J., Martin-Achard, R., *Les prophètes et les livres prophétiques*. Paris, Desclée, 1985 (Petite Bibliothèque des Sciences Bibliques - Ancien Testament, 4), pp. 147-194.

Bogaert, P.-M. (et autres), *Le Livre de Jérémie: le prophète et son milieu, les oracles et leur transmission*. Leuven, Leuven University Press, 1981 (Bibliotheca Ephemeridum Theologicarum Lovaniensium, 54), 413p.

Briend, J., *Le livre de Jérémie*. Paris, Cerf, 1982 (Cahiers Évangile, 40), 60p.

Carroll, R.P., *Jeremiah: A Commentary*. Philadelphia, Westminster Press, 1986 (The Old Testament Library), 874p.

Clements, R.E., *Jeremiah*. Atlanta, John Knox Press, 1988 (Interpretation. A Bible Commentary for Teaching and Preaching) viii, 276p.

Holladay, W.L., *Jeremiah 1: A Commentary on the Book of the Prophet Jeremiah, chapters 1-25*. Philadelphia. Fortress Press, 1986 (Hermeneia) xxii, 682p.

Holladay, W.L., *Jeremiah 2: A Commentary on the Book of the Prophet Jeremiah, chapters 26-52*. Philadelphia. Fortress Press, 1989 (Hermeneia) xxxi, 543p.

Jérémie: un prophète en temps de crise. Dossier pour l'animation biblique. Par R. Blanchet (et autres). Genève, Labor et Fides, 1985, 180p.

Lumière & Vie, *Jérémie. La passion du prophète*. Lyon, t. 32, n° 165, 1983, 96.p.

Martin-Achard, R., «Quelques remarques sur la nouvelle alliance chez Jérémie (Jérémie 31, 31-34)», dans *Questions disputées d'Ancien Testament; méthode et théologie*. Edité par C. Brekelmans. Leuven, Leuven University Press, 1974 (Bibliotheca Ephemeridum Theologicarum Lovaniensium, 33), pp. 141-164.

Mckane, W., *A Critical and Exegetical Commentary on Jeremiah*, vol. 1: chapters i-xxv. Edinburgh, T & T Clark, 1986 (The International Critical Commentary, 24) cxxii, 658p.

Monloubou, L., «Jérémie, Livre», dans *Dictionnaire encyclopédique de la Bible*. Turnhout (Belgique) Brepols, 1987, pp. 654-656.

Mottu, H., «Aux sources de notre vocation: Jérémie 1, 4-19», dans *Revue de Théologie et de Philosophie* 114 (1982) pp. 105-120.

Mottu, H., *Les «confessions» de Jérémie. Une protestation contre la souffrance*. Genève, Labor et Fides, 1985 (Le Monde de la Bible) 205p.

Perdue, L.G. and Kovacs, B.W. (editors), *A Prophet to the Nations. Essays in Jeremiah Studies*. Winona Lake, Indiana, Eisenbrauns, xv, 379p.

Renaud, B., «Jer 1: Structure et théologie de la rédaction», dans Bogaert, P.-M. (et autres), *Le Livre de Jérémie: le prophète et son milieu, les oracles et leur transmission*. Leuven, Leuven University Press, 1981 (Bibliotheca Ephemeridum Theologicarum Lovaniensium, 54), pp. 177-196.

Ridouard, A., *Jérémie. L'épreuve de la foi*. Paris, Cerf, 1983 (Lire la Bible, 62), 111p.

Smith, D.L., «Jeremiah as Prophet of Nonviolent Resistance», dans *Journal for the Study of the Old Testament* 43 (1989) pp. 95-107.

Vogels, W., «Jérémie», dans *Dictionnaire encyclopédique de la Bible*. Turnhout (Belgique) Brepols, 1987, pp. 653-654.

Wisser, L., *Jérémie, critique de la vie sociale: justice sociale et connaissance de Dieu dans le livre de Jérémie*. Genève, Labor et Fides, 1982 (Le Monde de la Bible) 262p.

CHAPITRE 7

ÉZÉCHIEL :
LE VISIONNAIRE DE LA GLOIRE

Après Ésaïe et Jérémie, nous voici en présence d'un autre géant de la prophétie biblique : Ézéchiel. Il est lui-même héritier de ses deux prédécesseurs, surtout de Jérémie, dont il prend la relève et avec qui il partage un grand souffle de nouveauté, qui, à plusieurs égards, annonce la religion intérieure, libre et responsable, prêchée par Jésus. Par ailleurs, il n'est pas sans rappeler non plus les premières ébauches de la prophétie biblique et les grands ancêtres que sont Élie et Élisée.

Héritier des prophètes classiques, Ézéchiel l'est indéniablement. Mais c'est aussi et surtout un novateur, un initiateur. C'est lui, en effet, qui va donner le ton et l'inspiration à un vaste courant qui sera celui des apocalypses. Il aura, de fait, une influence décisive sur les livres de *Daniel* et de l'*Apocalypse* de Jean, ces deux grands classiques de l'apocalyptique biblique. Les auteurs de ces deux derniers ouvrages ont trouvé chez Ézéchiel un style et une puissance d'images singulièrement adaptés à leur propos.

C'est à Ézéchiel, en effet, que revient l'honneur d'avoir créé les images des quatre vivants (auxquels on associera plus tard les quatre évangélistes), du livre avalé, du trône divin, du Fils d'homme resplendissant de gloire et de la cité nouvelle, où Dieu demeure à jamais.

À en juger par l'impressionnante architecture et la complexité du livre qui porte son nom, Ézéchiel n'a rien d'un personnage banal. D'aucuns diront même qu'il est étrange, et que certaines de ses visions confinent à l'hallucination et à la schizophrénie. Le reproche n'est pas nouveau, puisque déjà dans la tradition juive ancienne, Ézéchiel était réputé pour l'obscurité de ses propos et que l'acceptation de son livre dans le canon des Écritures ne s'est pas faite sans difficulté.

Essayons donc de mieux cerner les traits, tantôt transparents, tantôt énigmatiques ou contrastants, du personnage et du message qu'il nous a livré.

I- Les paradoxes d'un prophète

Le prophète en son temps

D'après les données du livre, qui compte pas moins de quatorze dates précises pour des oracles individuels, le ministère du prophète Ézéchiel est, sans contredit, celui qu'on peut dater avec le plus de précision, parmi les prophètes considérés jusqu'ici. Voyons d'abord les deux dates extrêmes, fournies en 1, 1-3 et 29, 17:

- 1, 1-3: *La trentième année, le quatrième mois, le cinq du mois*, j'étais au milieu des déportés, près du fleuve Kebar; les cieux s'ouvrirent et j'eus des visions divines. *Le cinq du mois – cette année-là était la cinquième de la déportation du roi Yoyakîn* – il y eut une parole du Seigneur pour Ézéchiel...

- 29, 17: *La vingt-septième année, le premier mois, le premier jour du mois*, il y eut une parole du Seigneur pour moi...

Dans les deux cas, les années sont comptées en fonction de la déportation du roi Yoyakîn, qu'on peut dater, selon la chronique babylonienne, du mois de mars 597. L'introduction de 1, 1-3 est nettement surchargée, et il faut s'appuyer sur le verset 3 pour connaître avec précision le début du ministère prophétique d'Ézéchiel, soit *le cinq du mois – cette année-là était la cinquième de la déportation du roi Yoyakîn*. Nous sommes donc à l'été 593 et, à la lumière des indications fournies en 29, 17, la majorité des oracles d'Ézéchiel ont été prononcés entre l'été 593 et le printemps 571. Tandis que la première date nous situe presque à mi-chemin entre les deux vagues de déportation (597 et 587) qui ont touché les habitants de Jérusalem, la seconde va bien au-delà de la ruine de Jérusalem (survenue en 587) et renvoie à l'expérience de déportation à Babylone d'une génération complète. Pour cette raison, on peut distinguer deux grandes étapes dans le ministère prophétique d'Ézéchiel, soit *avant* (593-587) et *après la chute de Jérusalem* (587-571).

Première étape: avant la chute de Jérusalem (593-587)

Bien que cette première étape du ministère prophétique d'Ézéchiel n'ait duré que six ans, pas moins de la moitié de son livre (ch. 1-24) est consacrée aux oracles de cette période. Ce sont

Départ en exil, sous la garde d'un soldat assyrien (voir Ez 12, 3).

essentiellement des oracles de jugement, qui dénoncent le péché d'Israël (voir les chapitre 6, 16 et 23), et qui annoncent, en des termes non équivoques, la chute prochaine et définitive de Jérusalem (voir d'abord le chapitre 7 – commenté un peu plus loin –, et les actions symboliques du prophète aux chapitres 4, 5 et 12). Le jugement divin est sans appel et ne laisse place à aucune possibilité d'intercession de la part du prophète: «J'irai jusqu'au bout de ma colère, j'assouvirai ma fureur contre eux et je me vengerai; alors ils connaîtront que je suis le Seigneur, que j'ai parlé dans ma jalousie, en allant jusqu'au bout de ma fureur contre eux» (5, 13).

Le jugement est implacable, mais la situation n'est pas aussi désespérée qu'on le croirait. S'il y a une lueur d'espoir, elle est due au fait même de la présence d'Ézéchiel parmi les déportés. Car c'est bien ce qui fait la grande originalité d'Ézéchiel: il parle du cœur même de la déportation, lui, le déporté «au milieu des déportés, près du fleuve Kebar» (1, 1). À la différence de Jérémie, il a lui-même connu la déportation à Babylone et l'éloignement de Jérusalem et de son temple. Pourtant, Dieu continue de lui parler et de parler à son peuple. Le défi d'Ézéchiel, durant cette période, sera précisément d'aider les déportés à lutter contre la désespérance. Il le fait déjà en leur donnant l'assurance que la Gloire du Seigneur, loin d'être liée à des lieux physiques – si vénérables soient-ils –, est une présence dynamique, qui vient rejoindre et guider son peuple en terre étrangère, au cœur même de l'exil et de la souffrance.

Deuxième étape: après la chute de Jérusalem (587-571)

La transition à la deuxième étape du ministère prophétique d'Ézéchiel est présentée de façon saisissante par l'annonce de la mort prochaine de la femme du prophète: «Fils d'homme, je vais t'enlever brutalement *la joie de tes yeux*. Tu ne célébreras pas le deuil; tu ne feras pas de lamentation et tu ne pleureras pas. Soupire en silence; tu n'accompliras pas les rites funèbres...» (24, 16-17). Les événements eurent tôt fait de confirmer cette annonce, puisque la femme d'Ézéchiel mourut dans la soirée même. Dès le lendemain, Ézéchiel fit comme le Seigneur lui avait prescrit et s'abstint de procéder aux rites funèbres (24, 18). Sommé de s'en expliquer auprès de ses voisins, Ézéchiel annonce la chute prochaine de Jérusalem, qui viendra si brutalement ravir la joie de ses habitants: «Ainsi parle le Seigneur Dieu: Je vais profaner mon sanctuaire, l'orgueil de votre force, *la joie de vos yeux*. Vos fils et vos filles que vous avez laissés à Jérusalem tomberont par l'épée. Alors vous ferez comme j'ai fait: vous ne vous voilerez pas la moustache; vous n'accepterez pas le pain des voisins. Turbans en tête et sandales aux pieds, vous ne célébrerez pas le deuil et vous ne ferez pas de lamentation, mais vous pourrirez dans vos fautes et chacun gémira sur son frère» (24, 21-23).

Le choc sera terrible, mais la chute de Jérusalem marquera aussi le début d'une nouvelle activité prophétique de la part d'Ézéchiel: «... ce jour-là, arrivera vers toi un rescapé, pour faire entendre la nouvelle; ce jour-là, ta bouche s'ouvrira avec l'arrivée du rescapé; tu parleras, tu ne seras plus muet. Tu auras été pour eux un présage; alors ils connaîtront que je suis le SEIGNEUR» (24, 26-27). Le prophète aura maintenant pour mission de ranimer l'espérance chez son peuple, en présentant l'avenir que Dieu entend construire pour lui: Dieu sera le berger de son peuple (ch. 34), à qui il donnera «un cœur neuf et... un esprit neuf» (36, 26), et dont il ressuscitera les ossements desséchés (ch. 37). Il établira ensuite sa nouvelle demeure, plus parfaite que l'ancienne (le temple détruit) et créera une terre nouvelle, dépourvue de toute embûche et porteuse de bénédictions seulement (ch. 43-48).

Du jugement au salut: l'ordonnance générale du livre

L'architecture du livre et des visions individuelles est complexe, nous l'avons déjà dit. Il n'en reste pas moins que la structure générale du livre apparaît bien clairement et correspond à un schéma bien connu chez les prophètes. Après les trois chapitres d'introduction (rapportant la vision de la Gloire, dont découle le récit de vocation et d'envoi en mission du prophète), on trouve une série d'*oracles de jugement*, dirigés d'abord contre Israël et Juda (ch. 4-24), puis contre les nations voisines (ch. 25-32). Viennent ensuite, pour conclure le livre, les oracles de salut, avec les promesses de restauration de Jérusalem et du peuple (ch. 33-48).

Un homme et ses paradoxes

Chez Ézéchiel, on a l'impression que tout est porté à l'extrême et, en même temps, que tout est en mouvement. C'est pourquoi il faut parler de paradoxes à son propos, tellement son

Le prophète Ézéchiel.

texte fait ressentir la complexité de sa personnalité et de sa théologie. Les contraires se rencontrent chez lui en une tension qui devient magnifiquement créatrice. C'est ainsi qu'on trouve chez lui: le prêtre *et* le prophète, le visionnaire fantastique *et* l'homme d'action, le communicateur hors-pair (avec ses paraboles et allégories) *et* l'homme de controverse, l'homme résolument tourné vers l'avenir *et* le prophète toujours soucieux du présent.

Prêtre *et* prophète

D'emblée, Ézéchiel est présenté comme appartenant à une famille sacerdotale: il est «fils du prêtre Bouzi» (1, 3). Rien d'étonnant donc à voir affleurer sous sa plume le langage liturgique, avec lequel Ézéchiel fait preuve d'une

LE PROPHÈTE, CE FILS D'HOMME...

On ne saurait lire le livre d'Ézéchiel sans remarquer l'appellation donnée au prophète, toujours par Yahvé, de «fils d'homme». Cette expression, qu'on rencontre 93 fois chez Ézéchiel, paraît bien avoir été forgée par Ézéchiel, à moins que *Psaume* 8, 5 ne l'ait devancé. Quoi qu'il en soit de l'ancienneté ou de la nouveauté de la formule, la fréquence et le caractère systématique de son utilisation chez Ézéchiel invitent à en chercher le sens et la portée chez le prophète lui-même.

Tous les interprètes sont d'accord sur un point: la formule souligne *l'humanité* du prophète, son appartenance à la condition humaine. Il y a là quelque chose de très beau: *du fait même de sa condition humaine, à partir de ses expériences humaines, Ézéchiel est appelé à prophétiser*. En même temps, on peut y voir une ouverture *universaliste*: sa prophétie a des résonances humaines qui dépassent les frontières de Jérusalem et de Juda et pourra rejoindre tous ceux et celles qui participent de la même humanité.

Par contre, une grande majorité de commentateurs aime à souligner, en raison du contexte dans lequel apparaît la formule — surtout dans les premiers emplois, lors du récit de la vocation initiale (ch. 1-3) —, que l'expression traduit la distance entre le Seigneur de Gloire et le prophète. La distance est réelle aux yeux du prophète, mais le titre de «fils d'homme» qui lui est appliqué ne reçoit jamais, dans le livre d'Ézéchiel, une connotation négative de petitesse ou de faiblesse qui serait reliée à la condition humaine par opposition à la grandeur ou à la puissance de la gloire divine. Au contraire, l'expression, toujours employée dans un contexte de révélation et de mission, révèle une noblesse particulière, si bien que le titre de «fils d'homme» est vraiment l'un des plus beaux titres qu'on puisse décerner à Ézéchiel.

Et cela pour deux raisons. D'abord parce que ce titre signifie toujours pour Ézéchiel sa dignité devant Dieu et l'importance de sa collaboration dans l'œuvre prophétique: c'est en tant que «fils d'homme» qu'il est invité à *se tenir debout* (2, 1), à *ne pas avoir peur* (1, 6), à *prophétiser* (11, 4), et qu'il est *envoyé* (1, 3) et appelé à remplir diverses missions (en sont témoins les nombreux impératifs associés aux emplois de l'expression «fils d'homme»).

D'autre part, même si, pour Ézéchiel, le mystère de Dieu reste impénétrable, il n'est pas sans lien avec les réalités humaines. En effet, les quatre vivants qui accompagnent la Gloire de Dieu ont une *apparence humaine* (1, 5), avec des *mains humaines* (1, 8) et un *visage humain* (1, 10). Bien plus, il n'est pas jusqu'à la Gloire elle-même qui n'ait une *apparence humaine* (1, 26). Qu'il y ait une distance entre l'être humain et Dieu, Ézéchiel n'a jamais nié ce fait. Mais loin de souligner chez lui cette distance, l'expression «fils d'homme» invite plutôt à voir le respect que Dieu porte à son prophète et l'importance qu'il attache à sa collaboration.

connaissance remarquable de la géographie physique du Temple, des rituels qui s'y déroulent et du calendrier des célébrations (voir en particulier les ch. 40-48). Son appartenance à une famille sacerdotale est visible aussi à son souci, clairement exprimé, de séparer le sacré du profane (45, 1-6; 48, 9-14), de même qu'à l'expression de son horreur pour les impuretés légales (4, 14; 44, 17). Enfin, ses préoccupations pour la morale et les questions de rétribution (ch. 18) cadrent bien avec la fonction des prêtres qui veillaient à l'instruction des fidèles.

Nous avons déjà vu, principalement avec Amos, mais aussi avec Osée, Ésaïe et Jérémie, comment les prophètes ont réagi avec vigueur contre une certaine forme de culte et contre des ministres insouciants et dépravés. Or ici nous avons affaire à quelqu'un qui prophétise du sein même du milieu sacerdotal. Si Ézéchiel est prêtre, il n'en reste pas moins qu'il a su garder toute la liberté du prophète. Il connaît et respecte le Temple, mais il ose annoncer à ses frères et sœurs déportés que la Gloire de Dieu n'est pas liée à Jérusalem et à son Temple.

Ézéchiel a tout du prophète: le caractère irrésistible de la vocation et de la mission, la puissance des visions et des gestes symboliques, le radicalisme moral et les appels à la conversion, et enfin cette grande liberté qui lui vient de l'écoute de la Parole et de l'Esprit. Et comme ses prédécesseurs, son dernier mot n'est pas un mot de condamnation, mais d'encouragement et d'espoir.

Visionnaire *et* homme d'action

Par le caractère fantastique et, pourrait-on dire, par la précision géométrique de ses visions, Ézéchiel a tout du spéculatif, du visionnaire capable d'abstraction et de grandes constructions: il suffit de penser ici aux descriptions enchevêtrées de la Gloire (ch. 1, 10 et 43), à la vision grandiose des ossements desséchés (ch. 37) et à la description détaillée du mesurage du Temple (ch. 40-48). S'il faut y voir le déploiement impétueux d'une imagination intarissable, on reste en même temps séduit par la régularité, la symétrie et la précision des formes, où tout semble calculé avec minutie et proportionné jusque dans les détails.

En même temps, on est frappé par l'aspect visuel et concret de ces visions et par la précision des détails, qui trahissent l'homme d'action, toujours en contact avec la vie quotidienne. Il sait poser des gestes symboliques que les gens autour de lui devraient pouvoir interpréter, comme dessiner une ville assiégée, se coucher sur le côté gauche, préparer la cuisson d'un pain impur, se raser avec une épée (ch. 4 et 5) ou encore faire son baluchon de déporté (ch. 12).

Un communicateur incompris

Ézéchiel multiplie paraboles et allégories, auxquelles il sait donner une tournure particulièrement dramatique et grâce auxquelles il réussit à faire passer une théologie des plus profondes. On ne peut qu'être vivement impressionné et touché par l'allégorie des deux aigles (ch. 17 et 19), visant respectivement Nabuchodonosor et le Pharaon, ou celle, dirigée elle aussi contre le Pharaon, du grand cèdre (ch. 31), par l'histoire hautement personnalisée des amours coupables de Jérusalem-Juda et d'Israël (ch. 16 et 23), par la parabole de la marmite rouillée, symbole de Jérusalem, ville «sanguinaire» (ch. 24), et enfin, par la très belle image du Dieu-berger d'Israël (ch. 34, 1-16), qui sera reprise plus tard par Jésus (Jn 10).

Pourtant, malgré pareille démonstration de savoir-faire dans l'art de raconter et de faire une théologie en images, Ézéchiel se heurte sans cesse à l'incompréhension des gens. Certes, il a été prévenu: «Écoute, fils d'homme, n'aie pas peur d'eux et n'aie pas peur de leurs paroles; tu es au milieu de contradicteurs et d'épines, et tu es assis sur des scorpions; n'aie pas peur de leurs paroles et ne t'effraie pas de leurs visages, car c'est *une engeance de rebelles*. Tu leur diras mes paroles, qu'ils t'écoutent ou qu'ils ne t'écoutent pas: ce sont des rebelles» (2, 6-7). Il sait donc que la partie ne sera jamais facile, et sûrement pas gagnée d'avance. Mais il ne mettrait pas tant d'effort à communiquer s'il n'avait au moins l'espoir de trouver à tout le moins une oreille sympathique à ses propos et de provoquer quelque changement.

Or il semble bien que les gens ont été déroutés plutôt que conquis par les images et les gestes symboliques d'Ézéchiel. Ils n'ont cessé de poser des questions: «Que fais-tu?» (12, 9); «Ne nous expliqueras-tu pas ce que signifie pour nous ce que tu fais?» (24, 19); «Ne veux-tu pas nous expliquer ce que tu fais?» (37, 18). Aussi belles qu'elles soient pour nous maintenant, il faut dire que, pour les contemporains d'Ézéchiel, ses images faisaient plutôt figure d'énigmes (17, 2. 12). Non sans dérision, les gens de son entourage l'appelaient «le rabâcheur de paraboles» (21, 5).

Visionnaire de l'avenir *et* amoureux du présent

Ézéchiel est établi «guetteur pour la maison d'Israël» (3, 17; 33), à qui il doit servir de «présage» (ch. 12 et 24). À ce titre, il doit «diriger son regard» vers l'avenir (6, 2; 21, 1; 25, 1; 29, 2). L'ensemble de la dernière section du livre d'Ézéchiel (ch. 36-48) est précisément consacrée à la description de l'avenir que Dieu réserve à son peuple: rassemblement et purification de la maison d'Israël (ch. 36), don d'un souffle nouveau et résurrection des ossements desséchés (ch. 37), manifestation suprême de la gloire et de la sainteté de Dieu dans l'affrontement contre Gog (ch. 39 et 40), aménagement d'un temple nouveau et création d'une terre nouvelle (ch. 40-48).

Il s'agit là de visions grandioses, que d'aucuns, parmi les contemporains d'Ézéchiel, pourraient qualifier d'utopiques: «Ce que voit cet homme n'est pas pour demain, il prophétise pour des temps éloignés» (12, 27). Mais le prophète n'a que faire des spéculations gratuites, sans lien avec la vie de ses contemporains. En véritable «guetteur» qu'il est, il secoue l'inertie de la maison d'Israël et l'invite à prendre au sérieux *les exigences de la parole de Dieu pour aujourd'hui*: «Ainsi parle le Seigneur DIEU: *Aucune de mes paroles ne traînera plus; la parole que je dis s'exécutera*, oracle du Seigneur DIEU» (12, 27).

* * *

Comme pour les autres prophètes étudiés jusqu'ici, trois textes seulement ont été retenus pour servir d'introduction au livre d'Ézéchiel. Est-il besoin de dire que le choix n'a guère été facile? En effet, les visions d'Ézéchiel semblent tellement liées l'une à l'autre qu'on hésite à les séparer, et chacune pourrait revendiquer d'être typique de l'enseignement du prophète. Deux textes proviennent de la première grande section du livre: le premier est un oracle de jugement adressé à Israël, à qui le prophète ne laisse aucune illusion concernant sa fin prochaine, tandis que le second détaille en long et en large l'argumentation du prêtre-prophète sur la responsabilité des individus devant Dieu. Enfin, le troisième texte provient de la dernière section et se présente comme un oracle de salut, annonçant la restauration d'Israël comme nation.

II- Trois textes pour comprendre Ézéchiel

1. *La fin est arrivée!*
(Ez 7)

¹ Il y eut une parole du SEIGNEUR pour moi: ² «Écoute, fils d'homme! Ainsi parle le Seigneur DIEU à la terre d'Israël: C'est la fin! la fin arrive aux quatre coins du pays. ³ Maintenant c'est la fin pour toi: j'enverrai ma colère contre toi, je te jugerai selon ta conduite, et je te chargerai de toutes tes abominations. ⁴ Mon œil n'aura pas compassion de toi et je serai sans pitié, car je te chargerai de ta conduite, et tes abominations resteront au milieu de toi; alors vous connaîtrez que je suis le SEIGNEUR.»

⁵ Ainsi parle le Seigneur DIEU: «Malheur jamais vu! Malheur! Le voici qui vient. ⁶ La fin arrive; elle arrive, la fin; elle s'éveille pour toi; la voici qui arrive. ⁷ Le terme arrive sur toi, habitant du pays; le temps arrive, le jour est proche; panique au lieu de joie sur les montagnes. ⁸ Maintenant, tout de suite, je vais déverser ma fureur contre toi; j'irai jusqu'au bout de ma colère contre toi, je te jugerai selon ta conduite et je te chargerai de toutes tes abominations. ⁹ Mon œil sera sans compassion et je serai sans pitié; je te rétribuerai selon ta conduite, et les abominations resteront au milieu de toi; alors vous connaîtrez que c'est moi, le SEIGNEUR, qui frappe.

¹⁰ Voici le jour ; voici venir le terme; il est en route. La brutalité prospère, l'insolence s'épanouit. ¹¹ La violence est dressée, bâton de la méchanceté. Il ne reste rien d'eux, rien de leur clameur, rien de leur grondement; plus de répit pour eux. ¹² Le temps vient, le jour est imminent; que l'acheteur ne se réjouisse pas, que le vendeur ne s'afflige pas, car la fureur menace toute la richesse du pays. ¹³ Le vendeur ne retournera pas à sa marchandise, même s'il est encore en vie; car la vision qui menace toute la richesse du pays ne sera pas révoquée. Chacun vivra dans son crime; ils ne pourront reprendre force. ¹⁴ On sonnera de la trompette, on fera les préparatifs, mais personne n'ira au combat, car ma fureur menace toute la richesse du pays. ¹⁵ L'épée au-dehors, la peste et la famine à la maison; qui est aux champs mourra par l'épée; qui est en

ville, la famine et la peste le dévoreront. ¹⁶ Les rescapés s'échapperont; ils iront dans les montagnes, tous comme de plaintives colombes des vallées, chacun à cause de son péché.

17 Toutes les mains seront défaillantes;
   tous les genoux fondront en eau.

18 Ils se ceindront de sacs,
   un frisson les saisira.
   Sur tous les visages, la honte
   et sur toutes les têtes, cheveux tondus.

19 Ils jetteront leur argent dans les rues;
   leur or sera une souillure.
   – Leur argent et leur or ne pourront les sauver au jour de la fureur du S{\sc eigneur}. –
   Leurs gosiers ne seront pas rassasiés,
   et leurs entrailles ne seront pas remplies;
   car l'or et l'argent sont la cause de leur péché.

20 De leur splendide parure, ils ont fait leur orgueil; ils en ont fait leurs images abominables,
   leurs horreurs; c'est pourquoi j'en ferai leur souillure.

21 Je la livrerai aux mains des étrangers, pour le pillage;
   aux méchants du pays, pour le butin.
   Ils la profaneront.

22 Je détournerai d'eux mon visage,
   on profanera mon trésor.
   Des brigands y viendront
   et le profaneront.

23 Fabrique une chaîne,
   car le pays est plein de jugements sanguinaires,
   et la ville pleine de violence.

24 Je ferai venir les pires des nations;
   elles s'empareront des maisons.
   Je ferai cesser l'orgueil des forts,
   et ceux qui les sanctifient seront profanés.

25 L'angoisse vient;
   ils recherchent la paix: en vain!

26 Viendront désastre sur désastre,
   mauvaise nouvelle sur mauvaise nouvelle;
   ils réclameront une vision au prophète;

Prise de Jérusalem.

    le prêtre ne donnera plus de directive,
    ni les anciens de conseil.

27   Le roi portera le deuil,
    et le prince se revêtira de désolation;
    les mains des gens trembleront.
    J'agirai envers eux d'après leur conduite
    et je les jugerai selon leurs jugements;
    alors ils connaîtront que je suis le Seigneur.»

C'est la fin!

Les prophètes qui ont précédé Ézéchiel, d'Amos jusqu'à Jérémie, n'ont pas manqué d'évoquer la **fin possible** d'Israël: certes, au moment où Ézéchiel prend la parole, ce jour est déjà advenu pour le royaume du Nord (en 722). Mais le royaume du Sud, avec Jérusalem comme capitale, lui a tout de même survécu plus de cent ans. Comme la menace tarde à se réaliser pour les habitants de Jérusalem, on finit par ne plus y croire et par se penser à l'abri des malheurs qui ont frappé l'autre royaume.

Avec ce nouvel oracle d'Ézéchiel, on ne parle plus seulement d'une hypothèse, mais d'une réalité déjà bien engagée: une première vague de déportation a déjà eu lieu et la seconde est sur le point d'arriver. Jérusalem sera bientôt, très bientôt, incendiée et ruinée. Finis les délais, et finis les alibis pour la population de Jérusalem.

On notera dans ce texte les allusions nombreuses à la *fin* ou au *terme*, comme pour accentuer le caractère urgent de la situation: *C'est la fin! la fin arrive aux quatre coins du pays...* (v. 2); *La fin arrive; elle arrive, la fin; elle s'éveille pour toi; la voici qui arrive...* (v. 6); *Voici le jour; voici venir le terme; il est en route... plus de répit pour eux...* (vv. 10-11). Ce n'est pas pour rien qu'Ézéchiel parle d'*éveil*: ses contemporains n'ont pas vu venir la catastrophe, et le réveil sera d'autant plus brutal pour eux.

Cette situation sans précédent dans l'histoire nationale d'Israël («Malheur jamais vu...») explique le caractère radical du jugement porté par le prophète sur ses contemporains. Ézéchiel n'a pas le temps de s'apitoyer sur leur sort. Ses phrases se font brèves et haletantes, comme pour mieux confronter les habitants de Jérusalem à la dure réalité qui s'en vient et pour mieux provoquer leur réveil.

Des airs de fin du monde?

L'insistance du prophète Ézéchiel sur la fin et le succès de ses visions auprès des auteurs d'apocalypses ont contribué à classer Ézéchiel parmi les prophètes de la fin du monde. L'allusion, dans le passage étudié ici, au trio infernal de la guerre (l'épée), la famine et la peste (v. 15), peut facilement être invoquée pour confirmer pareille classification. Les apocalypses juives et chrétiennes ne manqueront pas, en effet, d'associer ce trio de calamités à leur propre scénario de fin du monde. En outre, on trouverait difficilement meilleur sommaire pour caractériser les événements de la fin que celui dressé par le prophète Ézéchiel, en conclusion de l'oracle du chapitre 7:

L'angoisse vient;
ils recherchent la paix: en vain!
Viendront désastre sur désastre,
mauvaise nouvelle sur mauvaise nouvelle...
(vv. 25-26)

Les apocalypses subséquentes détailleront à l'infini la séquence des désastres et mauvaises nouvelles qui marqueront les événements de la fin. Mais avec cette vision d'Ézéchiel l'essentiel est déjà dit.

On aurait tort cependant de «chosifier» et d'absolutiser cette vision, comme si, de fait, le prophète traitait explicitement d'une fin totale et universelle de l'univers terrestre. Le prophète, ne l'oublions pas, parle pour son temps. Il parle aussi pour son pays, et n'a que faire de considérations génériques sur l'avenir de la planète terre. La fin qu'il annonce, c'est la fin *pour le pays, pour «la terre d'Israël».* C'est une histoire nationale, bien localisée dans le temps et l'espace: «*maintenant c'est la fin pour toi... elle arrive, la fin; elle s'éveille pour toi...*» (vv. 3. 6). Autrement dit, pour Ézéchiel, comme aussi sans doute pour beaucoup d'autres apocalypticiens, il est plus juste de parler de *la fin d'un monde* que de *la fin du monde* en général. C'est ce qui transpire d'ailleurs des versets 26-27 qui prêtent indéniablement une couleur locale, proprement judéenne, aux événements de la fin:

> ... ils réclameront une vision au prophète;
> le prêtre ne donnera plus de directive,
> ni les anciens de conseil.
> Le roi portera le deuil,
> et le prince se revêtira de désolation...

Il s'agit bel et bien, pour les habitants de Jérusalem, de la *fin d'un monde* ou, pourrait-on dire, de la fin d'une époque, puisque, aux dires du prophète, les institutions majeures d'Israël, aussi bien spirituelles que politiques, seront complètement paralysées.

Un juste retour des choses

Ézéchiel ne se contente pas d'annoncer la fin aux habitants de Jérusalem et de Juda. Il pousse plus loin la réflexion et s'interroge sur les causes qui l'ont rendue inéluctable.

Dans un premier temps, c'est Dieu lui-même qui est tenu responsable des événements redoutables qui vont se produire: «Maintenant, tout de suite, je vais déverser ma fureur contre toi; j'irai jusqu'au bout de ma colère contre toi... Mon œil sera sans compassion et je serai sans pitié» (vv. 8-9; voir aussi vv. 3-4). Là-dessus, Ézéchiel rejoint les propos déjà tenus par Jérémie (voir Jr 42, 18 et 44, 6). Mais là encore, Ézéchiel tient un discours plus radical: selon lui, la colère de Dieu est à son comble, et sa miséricorde est comme suspendue.

À cette lecture théologique des événements, Ézéchiel s'empresse toutefois d'ajouter une lecture critique de la conduite des habitants de Jérusalem et de Juda. La colère de Dieu, ou sa fureur, n'ont rien d'une humeur capricieuse. Elles traduisent la juste réaction de Dieu devant la conduite d'Israël: «je te jugerai *selon ta conduite...*» (v. 3, voir aussi vv. 9 et 27). Le jugement est sévère, mais pleinement mérité, puisqu'Israël a commis des «abominations» (vv. 3-4; 8-9). Le mot, qui a des connotations cultuelles, sert aussi, chez Ézéchiel, à qualifier toute forme d'injustice (voir le chapitre 22, où les différentes formes d'abomination reprochées à Israël incluent meurtres, vols, abus sexuels, exclusion de l'étranger, exploitation des pauvres et des malheureux, etc.). Israël est donc en train de récolter la violence qu'il a lui-même semée (vv. 11. 23).

Tout est-il perdu? Les quelques allusions à des pratiques pénitentielles ou à des démarches religieuses (vv. 18. 26-27) ne laissent guère entrevoir d'espoir d'une conversion sincère et durable de la part d'Israël. Mais il reste tout de même un espoir, marqué par la répétition de la formule: «alors vous connaîtrez (*ou ils connaîtront*) que je suis le Seigneur»(vv. 4. 9. 27). Le but ultime du jugement de Dieu, aussi implacable soit-il, n'est pas d'anéantir Israël, mais de l'amener à reconnaître son Dieu. C'est au prix de la confrontation au juste jugement de Dieu qu'Israël pourra enfin connaître qui est son Dieu, et c'est à partir de cette reconnaissance que Dieu pourra recréer son peuple et inventer pour lui un avenir radicalement neuf.

2. *Vivre selon ses choix*
(Ez 18)

¹ Il y eut une parole du SEIGNEUR pour moi: ² «Qu'avez-vous à répéter ce dicton sur la terre d'Israël: "Les pères ont mangé du raisin vert et les dents des fils ont été agacées"? ³ Par ma vie – oracle du SEIGNEUR Dieu – vous ne répéterez plus ce dicton en Israël! ⁴ Oui! toutes les vies sont à moi; la vie du père comme la vie du fils, toutes deux sont à moi; celui qui pèche, c'est lui qui mourra.

⁵ Soit un homme juste: il accomplit le droit et la justice; ⁶ il ne mange pas sur les montagnes; il ne lève pas les yeux vers les idoles de la maison d'Israël; il ne déshonore pas la femme de son prochain; il ne s'approche pas d'une femme en état d'impureté; ⁷ il n'exploite personne; il rend le gage reçu pour dette; il ne commet pas de rapines; il donne son pain à l'affamé; il couvre d'un vêtement celui qui est nu; ⁸ il ne prête pas à intérêt; il ne prélève pas d'usure; il détourne sa main de l'injustice; il rend un jugement vrai entre les hommes; ⁹ il chemine selon mes lois; il observe mes coutumes, agissant d'après la vérité: c'est un juste; certainement, il vivra – oracle du Seigneur DIEU.

¹⁰ Mais il a pour fils un brigand qui répand le sang et commet l'une de ces choses, ¹¹ – alors que lui n'en avait commis aucune – et qui, de plus, mange sur les montagnes, déshonore la femme de son prochain; ¹² il exploite le malheureux et le pauvre; il commet des rapines; il ne rend pas un gage; il lève les yeux vers les idoles; il commet l'abomination; ¹³ il prête à intérêt et pratique l'usure... Lui, vivre! il ne vivra pas. Il a commis toutes ces abominations: certainement il mourra; son sang sera sur lui.

¹⁴ Mais qu'un homme ait un fils, qui a vu tous les péchés que son père a commis; il les a vus mais il n'agit pas de même: ¹⁵ il ne mange pas sur les montagnes; il ne lève pas les yeux vers les idoles de la maison d'Israël; il ne déshonore pas la femme de son prochain; ¹⁶ il n'exploite personne; il ne garde pas de gage; il ne commet pas de rapines; il donne son pain à l'affamé et il couvre d'un vêtement celui qui est nu; ¹⁷ il détourne sa main de l'injustice; il ne prélève ni intérêt ni usure; il accomplit mes coutumes et chemine selon mes lois: il ne mourra pas à cause de la faute de son père; certainement il vivra. ¹⁸ Mais son père – parce qu'il a pratiqué l'extorsion, commis des rapines envers son frère, parce qu'il n'a pas fait le bien au milieu de son peuple – voici donc qu'il mourra, par sa propre faute.

¹⁹ Or vous dites: «Pourquoi ce fils ne supporte-t-il pas la faute de son père?» Mais ce fils a accompli le droit et la justice, il a observé toutes mes lois et les a accomplies: certainement il vivra. ²⁰ Celui qui pèche, c'est lui qui mourra; le fils ne portera pas la faute du père ni le père la faute du fils; la justice du juste sera sur lui et la méchanceté du méchant sera sur lui.

²¹ Quant au méchant, s'il se détourne de tous les péchés qu'il a commis, s'il garde toutes mes lois et s'il accomplit le droit et la justice, certainement il vivra, il ne mourra pas. ²² On ne se souviendra plus de toutes ses révoltes, car c'est à cause de la justice qu'il a accomplie qu'il vivra. ²³ Est-ce que vraiment je prendrais plaisir à la mort du méchant – oracle du Seigneur Dieu – et non pas plutôt à ce qu'il se détourne de ses chemins et qu'il vive? ²⁴ Quant au juste qui se détourne de sa justice et commet le crime à la mesure de toutes les abominations qu'avait commises le méchant: peut-il les commettre et vivre? De toute la justice qu'il avait pratiquée, on ne se souviendra pas. À cause de son infidélité et du péché qu'il a commis, c'est à cause d'eux qu'il mourra. ²⁵ Mais vous dites: «La façon d'agir du Seigneur n'est pas correcte!» Écoutez, maison d'Israël: Est-ce ma façon d'agir qui n'est pas correcte? Ce sont vos façons d'agir qui ne sont pas correctes. ²⁶ Quand le juste se détourne de sa justice, commet l'injustice et en meurt, c'est bien à cause de l'injustice qu'il a commise qu'il meurt. ²⁷ Quand le méchant se détourne de la méchanceté qu'il avait commise et qu'il accomplit droit et justice, il obtiendra la vie. ²⁸ Il s'est rendu compte de toutes ses rébellions et s'en est détourné: certainement il vivra, il ne mourra pas. ²⁹ Mais la maison d'Israël dit: «La façon d'agir du Seigneur n'est pas correcte». Est-ce mes façons d'agir qui ne sont pas correctes, maison d'Israël? Ce sont vos façons d'agir qui ne sont pas correctes. ³⁰ C'est pourquoi je vous jugerai, chacun selon ses chemins, maison d'Israël, oracle du Seigneur Dieu. Revenez, détournez-vous de toutes vos rébellions, et l'obstacle qui vous fait pécher n'existera plus. ³¹ Rejetez le poids de toutes vos rébellions; faites-vous un cœur neuf et un esprit neuf; pourquoi devriez-vous mourir, maison d'Israël? ³² Je ne prends pas plaisir à la mort de celui qui meurt – oracle du Seigneur Dieu; revenez donc et vivez!»

Nous voilà en présence d'un textes les plus célèbres d'Ézéchiel, qui lui a valu le titre de champion des libertés et responsabilités individuelles parmi les auteurs de l'Ancien Testament. Jérémie avait déjà posé les premiers jalons (Jr 31, 29-30). Ézéchiel poursuit la réflexion et la pousse à des conclusions radicales. Pour bien comprendre la nouveauté de l'enseignement d'Ézéchiel, il faut d'abord se rappeler la théorie courante qu'il entend réfuter.

Une théorie tenace

Ézéchiel s'attaque à gros, puisqu'il s'en prend à un dicton populaire, traduisant une théorie bien ancrée dans la mentalité d'Israël: «Qu'avez-vous à répéter ce dicton sur la terre d'Israël: "Les pères ont mangé du raisin vert et les dents des fils ont été agacées?"» (v. 2). Le dicton, déjà cité par Jérémie (31, 29), traduit l'impatience et le sentiment d'injustice des judéens en exil, qui ont l'impression d'avoir à payer pour les fautes des générations antérieures.

Le dicton a toutefois des racines plus profondes et repose sur une double conviction de la part d'Israël. De toute évidence, il y a d'abord la conviction d'une *solidarité nationale en tout.* Le destin collectif l'emporte sur la destinée individuelle. On est solidaire dans le bien comme dans le mal. Il arrive, certes, dans la Bible que des individus soient pris à partie, mais on ne peut jamais dissocier leurs actions de la destinée collective d'Israël. Il y a là quelque chose d'admirable sans doute, mais on arrive aussi à des impasses, comme celle de lier le destin des générations aux fautes du passé. La théorie est ancienne et plus que vénérable puisqu'elle se rattache à la révélation du Sinaï:

> Le Seigneur passa devant lui (Moïse) et proclama: «Le Seigneur, le Seigneur, Dieu miséricordieux et bienveillant, lent à la colère, plein de fidélité et de loyauté, qui reste fidèle à des milliers de générations, qui supporte la faute, la révolte et le péché, mais sans rien laisser passer, *qui poursuit la faute des pères chez les fils et les petits-fils sur trois et quatre générations.*» (Ex 34, 6-7)

Le dicton cité par Ézéchiel avait donc des appuis solides dans la tradition théologique d'Israël. Par ailleurs, ce dicton reflète une autre conviction, qu'on peut appeler la *théorie de la rétribution.* Dans la mentalité d'Israël, une conduite morale bonne devait mener à une destinée morale heureuse, tandis que l'inverse, un agir moral mauvais entraînerait nécessairement le malheur. Quelques proverbes bibliques suffiront à illustrer cette théorie de la rétribution, qu'on retrouve partout dans la Bible, de la *Genèse* à l'*Apocalypse*:

> Qui marche dans l'intégrité
> marche en sécurité,
> mais celui qui suit des voies tortueuses
> sera puni. (Pr 10, 9)
>
> La crainte du Seigneur accroît les jours,
> mais les années des méchants
> seront raccourcies. (Pr 10, 27)
>
> Le méchant recueille un salaire décevant,
> une récompense est assurée
> à qui sème la justice. (Pr 11, 18)

On pourrait continuer les citations indéfiniment, tellement l'idée de rétribution, c'est-à-dire celle d'un *Dieu qui récompense ou punit selon qu'on agit bien ou mal*, est ancrée dans la mentalité des auteurs bibliques. Dans ce contexte, dès qu'un malheur survient, on cherche à trouver un coupable: il y doit y avoir une faute quelque part! C'est toute la problématique, notamment, du livre de *Job*, où le héros doit se débattre de toutes ses forces contre la théorie de ses amis, qui essaient d'expliquer ou de justifier les souffrances de Job en ayant recours à la théorie de la rétribution.

Telle est donc la problématique qui amène les mises au point du prophète Ézéchiel. S'il argumente de façon aussi serrée, voire casuistique, c'est que la théorie est tenace chez ses auditeurs (vv. 2. 19. 25. 29) et qu'il aura fort à faire pour les amener à adopter une nouvelle vision des choses.

À chacun selon ses actes!

Ézéchiel n'y va pas par quatre chemins. Systématiquement, et avec une logique inattaquable, le prophète réfute la théorie de ses auditeurs. Il le fait en deux temps: d'abord en s'attaquant au problème spécifique des conséquences de la faute d'une génération à l'autre (vv. 1-20), puis en élargissant le discours pour parler du «méchant» et du «juste» en général (vv. 21-32). La position d'Ézéchiel est toutefois la même dans les deux volets de son discours et marque, pour cette raison, la transition entre les deux (v. 20):

> Celui qui pèche, c'est lui qui mourra; le fils ne portera pas la faute du père ni le père la faute du fils; la justice du juste sera sur lui et la méchanceté du méchant sera sur lui...

Le principe est clair: chacun devra répondre de ses actes! Pour arriver à cet énoncé, Ézéchiel imagine deux scénarios opposés. Soit le cas d'un père juste ayant «pour fils un brigand» (vv. 5-10) et celui d'un père pratiquant l'injustice, mais dont le fils se détourne des péchés commis par son père (vv. 14-18). Dans les deux cas, l'hérédité ne joue aucun rôle dans la destinée finale des deux fils: «celui qui pèche, c'est celui qui mourra», et celui qui est juste, «certainement il vivra»... Pas question de porter «la faute du père» ni non plus d'être sauvé par la justice du père.

Un discours libérateur...

Il y a là un discours manifestement libérateur, qui vient responsabiliser chaque individu et valoriser chacun des choix qu'il fait. La bonne nouvelle, dans ce texte, est double. La première bonne nouvelle, c'est que chacun est libre et que l'exercice de sa liberté compte pour quelque chose. Quant à la deuxième, elle réside du côté de Dieu: s'il donne la liberté à l'être humain, ce n'est pas pour le piéger mais pour lui donner accès à la vie: «Je ne prends pas plaisir à la mort de celui qui meurt – oracle du Seigneur Dieu; *revenez donc et vivez!*»(v. 32). Chacun est libre de choisir, mais Dieu affiche clairement ses couleurs: c'est la vie, et la vie seulement, qui l'intéresse!

Le salut, qui est présenté ici en termes de «vie», ne va pas non plus sans les exigences de la justice. De quelle justice s'agit-il? On pourra sans doute la taxer de légaliste, si on s'arrête uniquement au fait qu'elle reprend les prescriptions du Décalogue (Ex 20), du Code de l'Alliance (Ex 20-24) et du Code de Sainteté (Lv 17-26). Mais on notera aussi, dans la plus pure tradition prophétique, l'importance des devoirs sociaux (respect du pauvre et du bien d'autrui, assistance à l'affamé et au démuni, etc.). Le salut passe nécessairement par l'accomplissement de la justice et par l'attention donnée aux plus pauvres. Pas question donc de salut qui serait purement spirituel et détaché de l'engagement et du combat de chaque jour.

... et redoutable

Aussi admirable et novatrice soit-elle, la position d'Ézéchiel ne résout pas tous les problèmes. D'abord, pour ce qui est de la théorie qu'il essaie de réfuter, disons que le problème n'est résolu qu'à moitié. Si le prophète a bien démontré l'affranchissement des générations l'une par rapport à l'autre dans la justice comme dans l'injustice, il maintient cependant la théorie de la rétribution dans toute sa rigueur: l'injustice ne peut mener qu'à la mort et la justice, à la vie. Peut-être bien, mais l'affirmation inverse est-elle vraie? Chaque fois qu'on rencontre la mort, faut-il conclure à l'injustice? et

LA CHUTE D'UN ANGE?
(ÉZÉCHIEL 28)

Parmi les oracles prononcés par Ézéchiel contre les nations, le plus célèbre, après l'oracle contre Gog et Magog, est celui qui est adressé au prince de Tyr (chapitre 28). Non pas que l'histoire de l'interprétation se soit particulièrement intéressée à la figure historique du prince de Tyr, l'un des rares chefs politiques à avoir osé résister à Nabuchodonosor, mais à cause de ses nombreuses références au mythe des origines et de ce qui allait devenir la légende de la chute des anges. Citons d'abord l'extrait le plus significatif du chapitre à cet égard:

11 Il y eut une parole du Seigneur pour moi:

12 «Fils d'homme, entonne une complainte sur le roi de Tyr. Tu lui diras: Ainsi parle le Seigneur Dieu:

Toi qui scelles la perfection, toi qui es plein de sagesse, parfait en beauté,

13 *tu étais en Eden, dans le jardin de Dieu,* entouré de murs en pierres précieuses: sardoine, topaze et jaspe, chrysolithe, béryl et onyx, lazulite, escarboucle et émeraude, et l'or dont sont ouvragés les tambourins et les flûtes, fut préparé le jour de ta création.

14 *Toi, le chérubin étincelant,* le protecteur, je t'avais établi; tu étais sur la montagne sainte de Dieu, tu allais et venais au milieu des charbons ardents.

15 *Ta conduite fut parfaite depuis le jour de ta création,* jusqu'à ce qu'on découvre en toi la perversité:

16 par l'ampleur de ton commerce, tu t'es rempli de violence et tu as péché...» (28, 11-16)

Le mythe des origines

Le langage de création et l'imagerie paradisiaque occupent une place importante dans ce passage, comme dans l'ensemble du chapitre 28. Nombreux, en effet, sont les traits qui rappellent le récit du paradis de Genèse 2-3:

- le rêve de devenir comme Dieu (vv. 2. 6. 9);
- l'importance donnée à l'intelligence et à la sagesse pour parvenir à la réalisation de ce rêve (vv. 3-5. 12-17);
- la mention explicite du *jardin de Dieu*, l'*Eden* (v. 13);
- l'allusion au «jour de ta création» (v. 13);
- la mention du chérubin (vv. 14. 16);
- la référence au péché et à la chute (vv. 15-16. 18);
- l'annonce du châtiment et de l'expulsion (vv. 16-19);
- le lien entre la faute et la mort (vv. 8. 18-19).

Un être satanique?

La mention du «chérubin étincelant» a entraîné certains auteurs chrétiens, depuis le quatrième siècle et jusqu'à la résurgence des lectures fondamentalistes ces dernières années, à lire ce récit comme étant celui de la chute des anges et d'y voir une description de celui que d'autres textes appelleront Lucifer.

Ce n'est certes pas la perspective du prophète. Il s'agit là d'une *complainte* dont la référence historique est on ne peut plus claire puisque l'oracle est adressé à celui qui est appelé tantôt *le prince de Tyr* (v. 2), tantôt *le roi de Tyr* (v. 12). Il n'est d'ailleurs pas le premier ni le dernier à se prétendre l'égal de Dieu: c'est un thème déjà abordé en *Ésaïe* 14, qu'on reverra dans le livre de *Daniel*

et, beaucoup plus tard, dans l'*Apocalypse* de Jean. L'ensemble du chapitre est également rempli d'allusions aux pratiques commerciales de la célèbre ville phénicienne de Tyr. Certes, le fait de retourner au récit primitif du paradis donne une certaine couleur mythologique à la complainte d'Ézéchiel, mais le mythe est là pour interpréter une situation historique, et non l'inverse. On serait donc mal avisé de s'appuyer sur un texte pareil pour avancer quelque certitude que ce soit sur une prétendue chute des anges, aux origines de la création.

à la justice, chaque fois qu'on est en présence de la vie? Malgré sa noblesse, la position d'Ézéchiel ne règle pas tout, comme en témoigne d'ailleurs le livre de *Job*, dont la rédaction finale est certainement postérieure à Ézéchiel.

Il y a aussi un danger à vouloir tout comptabiliser: si on s'en tient strictement au schéma chronologique présenté par le prophète, il semble qu'une injustice de dernière heure puisse effacer toute une vie de justice (vv. 24-26). La question surgit alors: est-ce que Dieu juge chacun selon toutes ses œuvres, ou seulement selon les derniers choix qu'il aurait effectués dans sa vie? Une telle perspective ne risque-t-elle pas d'engendrer la peur et de paralyser la liberté, cette liberté que le prophète entend précisément réhabiliter? Enfin, il faut rappeler que la position d'Ézéchiel, tout en représentant une avancée significative, ne constitue qu'une étape dans la révélation et qu'il y aura, par la suite, de nombreux textes bibliques pour affirmer la gratuité du salut et les nombreuses surprises que Dieu nous réserve pour son accomplissement (voir, par exemple, le livre de *Jonas* et, pour ce qui est du Nouveau Testament, les paraboles de Jésus sur le Royaume). La salut est bien plus qu'une question de rétribution et de calcul des proportions: il exige, de la part de l'homme, un engagement de tous les instants en faveur de la justice, mais il dépend toujours, en dernière instance, d'un Amour infiniment généreux et miséricordieux.

---

3. *L'eau qui guérit et redonne vie*
(Ez 47, 1-12)

[1] Il me fit venir vers l'entrée du Temple; or, de l'eau sortait de dessous le seuil de la Maison, vers l'orient, car la façade de la Maison était à l'orient; et l'eau descendait au bas du côté droit de la Maison, au sud de l'autel. [2] Il me fit sortir par la porte nord; puis il me fit contourner l'extérieur, jusqu'à la porte extérieure qui est tournée à l'orient, et voici que l'eau coulait du côté droit. [3] Quand l'homme sortit vers l'orient, le cordeau à la main, il mesura mille coudées; il me fit traverser l'eau: elle me venait aux chevilles. [4] Puis il mesura mille coudées et me fit traverser l'eau: elle me venait

aux genoux. Puis il mesura mille coudées et me fit traverser l'eau: elle me venait aux reins. ⁵ Puis il mesura mille coudées: c'était un torrent que je ne pouvais traverser, car l'eau avait monté: c'était de l'eau où il fallait nager, un torrent infranchissable. ⁶ Il me dit: «As-tu vu, fils d'homme?» Il m'emmena puis me ramena au bord du torrent. ⁷ Quand il m'eut ramené, voici que, sur le bord du torrent, il y avait des arbres très nombreux, des deux côtés. ⁸ Il me dit: «Cette eau s'en va vers le district oriental et descend dans la Araba: elle pénètre dans la mer; quand elle s'est jetée dans la mer, les eaux sont assainies. ⁹ Et alors tous les êtres vivants qui fourmillent vivront partout où pénétrera le torrent. Ainsi le poisson sera très abondant, car cette eau arrivera là et les eaux de la mer seront assainies: il y aura de la vie partout où pénétrera le torrent. ¹⁰ Alors des pêcheurs se tiendront sur la rive; et depuis Ein-Guèdi jusqu'à Ein-Eglaïm, ce sera un séchoir à filets. Les espèces de poissons seront aussi nombreuses que celles de la grande mer. ¹¹ Mais ses lagunes et ses marais ne seront pas assainis; on les laissera pour avoir du sel. ¹² Au bord du torrent, sur les deux rives, pousseront toutes espèces d'arbres fruitiers; leur feuillage ne se flétrira pas et leurs fruits ne s'épuiseront pas; ils donneront chaque mois une nouvelle récolte, parce que l'eau du torrent sort du sanctuaire. Leurs fruits serviront de nourriture et leur feuillage de remède.»

La vision rapportée ici par le prophète traduit d'une façon saisissante la grande nouveauté que Dieu est sur le point d'accomplir pour changer du tout au tout la destinée de son peuple.

Le désert qui refleurit

Notons d'abord l'orientation géographique de la source que Dieu fait voir à son prophète: elle sort du Temple «vers l'Orient» (v. 1). Or, on le sait, à l'est de Jérusalem, juste au-delà du mont des Oliviers, commence le désert de Judée, qui s'étend jusqu'aux rives de la mer Morte. C'est d'ailleurs l'association de cette région avec le désert qui est mise en relief: «Cette eau s'en va vers le district oriental et descend dans la Araba...» (v. 7), région précisément reconnue comme désertique (Dt 1, 1; 1 S 23, 24; et surtout Es 35, 6).

Or que se passe-t-il? La source provenant du Temple vient traverser et féconder la région de la Araba, au point de former un «torrent infranchissable» (v. 6). Le désert ne sera plus le désert, et voici que «des arbres très nombreux» s'élèvent «des deux côtés» du torrent. Le miracle a eu lieu (voir de nouveau Es 35, 6). Rien n'est impossible à Dieu: il fait refleurir le désert.

La mer Morte reprend vie!

La revitalisation du désert n'est qu'une première étape. L'eau qui provient du Temple fait aussi revivre la mer Morte (appelée parfois Mer de la Araba: Dt 3, 17; 4, 49; Jos 3, 16): «Elle pénètre dans la mer; quand elle s'est jetée dans la mer, les eaux sont assainies» (v. 8). Pourrait-on concevoir plus belle image de régénération et de salut que celle d'une résurrection de la mer Morte et de ses environs? Désormais, «les espèces de poissons seront aussi nombreuses que celles de la grande mer (= la Méditerranée)» (v. 10). Les auteurs bibliques ont souvent évoqué les deux mers (la Méditerranée et la mer Morte) pour indiquer les frontières occidentale et orientale de la Terre Promise (Nb 34, 3. 12; Jos 15, 2. 5; Ps 72, 8; Mi 7, 12; Am 8, 12). La vision d'Ézéchiel nous renvoie donc à une image idéalisée de la Terre Promise: la frontière orientale n'aura plus rien à envier à la «grande mer», sise aux frontières occidentales d'Israël.

Le Paradis retrouvé

Le récit de Genèse 2 faisait état d'un fleuve qui se divisait en quatre branches dans le paradis et au bord duquel on retrouvait l'arbre de vie et l'arbre de la connaissance du bien et du mal – celui qui allait provoquer la chute du premier couple. Si le prophète ne parle pas ici d'une division en quatre branches, l'universalisme de sa vision n'en est pas moins grand que dans le récit de la Genèse: «Il y aura de la vie partout où pénétrera le torrent» (v. 9). Mais plus encore que d'universalisme, il faut parler de la permanence des fruits produits par les arbres qui poussent autour du torrent:

> Au bord du torrent, sur les deux rives, pousseront toutes espèces d'arbres fruitiers; leur feuillage ne se flétrira pas et leurs fruits ne s'épuiseront pas; ils donneront chaque mois une nouvelle récolte, parce que l'eau du torrent sort du sanctuaire. Leurs fruits serviront de nourriture et leur feuillage de remède. (v. 12)

Il n'y aura plus d'interdit, et les arbres ne pourront plus donner la mort. Leurs fruits et leur feuillage ne seront source que de bénédictions, et Dieu les renouvellera sans cesse pour la vie de son peuple.

III- Le Dieu d'Ézéchiel

L'ineffable Seigneur de Gloire

Le ton est donné dès les premières lignes du livre: la vocation d'Ézéchiel découle directement de sa perception du mystère de Dieu («les cieux s'ouvrirent et j'eus *des visions divines*...»: 1,1). L'objet premier de ses visions, ce n'est pas le déroulement actuel ou prochain de l'histoire nationale d'Israël, mais bien le mystère de Dieu: «des visions divines».

La vision de la Gloire, rapportée dans les trois premiers chapitres, souligne admirablement la grandeur du mystère de Dieu. Il est le Tout Autre, qu'on n'aperçoit que de façon imprécise et lointaine derrière l'écran d'un «vent de tempête», d'une «grande nuée» et d'un «feu fulgurant» (1, 4). Il est l'ineffable, dont on ne peut parler qu'avec des approximations: «En son milieu, *comme* un étincellement... En son milieu, la *ressemblance* de quatre être vivants... Au-dessus de la tête des vivants, *la ressemblance* d'un firmament, étincelant *comme* un cristal resplendissant... Et par-dessus le firmament... il y avait la *ressemblance* d'un trône; et au-dessus de cette *ressemblance, comme l'aspect* d'un homme, au-dessus, tout en haut. Puis je vis *comme* l'étincellement du vermeil, *comme l'aspect* d'un feu qui l'enveloppait tout autour... et... je vis *comme l'aspect* d'un feu et d'une clarté, tout autour de lui. C'était *comme l'aspect* de l'arc qui est dans la nuée un jour de pluie: tel était *l'aspect* de la clarté environnante. C'était *l'aspect, la ressemblance* de la Gloire du Seigneur...» (1, 4-5. 22. 26-28).

La vocation du prophète Ésaïe, nous l'avons vu, a été marquée elle aussi par une vision de la Gloire et de la Sainteté de Dieu. Mais la différence saute aux yeux. Le compte-rendu, chez Ésaïe, demeure sobre et dépouillé. Chez Ézéchiel, au contraire, le récit est surchargé et témoigne d'une expérience plus complexe. L'expérience du prophète Ésaïe, à cet égard, paraît plus transparente tandis que le Dieu d'Ézéchiel demeure toujours voilé d'un certain mystère.

Il faudra que le prophète multiplie les paraboles et les gestes symboliques pour faire apparaître progressivement les traits du Dieu qu'il a rencontré. S'il est question, à travers ses récits et ses oracles, d'étincellement, de feu et de clarté, Ézéchiel ne voit Dieu qu'à travers un écran ou, pour employer le langage de saint Paul, comme «à travers un miroir».

Maître de l'histoire

Le Dieu d'Ézéchiel n'est pas pour autant détaché de l'histoire humaine. Au contraire, c'est lui qui apparaît comme la source de tout ce qui survient dans l'histoire collective d'Israël, comme dans chacune des expériences prophétiques d'Ézéchiel.

La vision d'Ézéchiel.

Que Dieu soit, pour Ézéchiel, maître de l'histoire d'Israël apparaît de plusieurs façons. Tout d'abord, du fait que les oracles sont prononcés, pour la très grande majorité, à la première personne, et attribuent directement à Dieu les actions qui vont marquer le cours de l'histoire: «Je viens, moi aussi, contre toi; j'exécute la sentence...» (5, 8); «Me voici, je vais faire venir sur vous l'épée et je ruinerai vos hauts lieux...» (6, 3); «À mon tour d'agir avec fureur...» (8, 18); «Je vous rassemblerai du milieu des peuples et je vous réunirai des pays où vous avez été dispersés...» (11, 17), etc. En deuxième lieu, les grandes allégories des chapitres 16 et 23 font bien ressortir la main-mise de Dieu sur l'histoire d'Israël et de Juda, à partir de leurs origines et à travers toutes les phases de leur croissance. Enfin, la «formule de reconnaissance», *alors ils connaîtront (vous connaîtrez) que je suis le Seigneur*, typique d'Ézéchiel – on la retrouve cinquante-quatre fois dans son livre –, montre bien que c'est à travers ses interventions dans l'histoire que Dieu se fait connaître.

Quant aux expériences prophétiques d'Ézéchiel, elles sont elles aussi attribuées à l'emprise de la main de Dieu (1, 3; 3, 14. 22; 33, 22; 37, 1; 40, 1) ou de son Esprit (3, 12. 14; 8, 3). C'est Dieu qui dirige son prophète et qui, par lui, cherche à changer la destinée de son peuple.

Le Vivant

Ézéchiel se démarque de ses prédécesseurs jusque dans son langage sur Dieu. On note chez lui des absences significatives quant au vocabulaire théologique: le mot *hesed (amour-tendresse)*, si caractéristique de l'alliance, est inconnu chez lui, tandis que le terme qui lui est souvent associé, *rehem (miséricorde)*, n'est employé qu'une seule fois en référence à Dieu (39, 25). Enfin, la racine la plus courante pour désigner le *salut (yasha')* ne se retrouve chez lui que trois fois (contre vingt fois chez Jérémie et cinquante-six fois en Es 40-66).

En revanche, Ézéchiel applique à Dieu, plus souvent que tous les autres auteurs de l'Ancien Testament réunis, l'attribut primordial de la *vie*. Pour Ézéchiel, *Dieu est le Vivant par excellence*: pas moins de quinze oracles sont introduits par la formule «par ma vie» (littéralement: *je suis vivant*: 14, 16. 18. 20, etc.). Il est aussi celui qui donne ou redonne la vie (voir l'ensemble du chapitre 18, et surtout la vision des ossements desséchés au chapitre 37). Là où d'autres prophètes font référence à l'amour et à la miséricorde de Dieu pour son peuple, Ézéchiel a choisi de renvoyer au pouvoir extraordinaire que Dieu détient sur la vie:

> Vous connaîtrez que je suis le Seigneur quand j'ouvrirai vos tombeaux, et que je vous ferai remonter de vos tombeaux, ô mon peuple. Je mettrai mon souffle en vous pour que vous viviez; je vous établirai sur votre sol; alors vous connaîtrez que c'est moi le Seigneur qui parle et accomplis – oracle du Seigneur. (37, 14)

Le Berger d'Israël

C'est à Ézéchiel que revient le mérite d'avoir développé la double image du berger et du troupeau pour parler des relations entre Dieu et son peuple (ch. 34). D'autres avaient déjà amorcé la réflexion en ce sens (Ps 23 et 80, 2; 1 R 22, 17; Jr 10, 21), mais c'est Ézéchiel qui l'aura poussée le plus loin, préparant ainsi le chemin à l'admirable parabole de Jésus (Jn 10).

À propos du chapitre 34, soulignons quelques particularités. Tout d'abord, Ézéchiel s'en prend aux bergers d'Israël. Il s'inscrit alors dans le contexte du Proche-Orient Ancien, où le titre de berger était donné aux rois. Mais à la différence des peuples voisins, Israël n'a jamais perdu de vue le sens réaliste du terme, même pour le roi (David était berger, et le *Cantique des Cantiques*, qui désigne vraisemblablement le roi

Salomon, en parle aussi comme d'un berger). La symbolique de l'image est toutefois détournée chez Ézéchiel au profit d'une critique en règle des chefs politiques et spirituels d'Israël: «Malheur aux bergers d'Israël qui se paissent eux-mêmes!» (34, 2)

Deuxièmement, on notera ici une tension dynamique entre la *singularité de l'élection d'Israël* et l'*universalisme* suggéré par le dernier emploi de l'expression «mon troupeau» dans le chapitre 34. Alors que les quatorze premiers emplois de l'expression (quatorze = le chiffre de David[1]!) se réfèrent manifestement à Israël, le quinzième et dernier emploi ouvre sur des perspectives universelles, *englobant toute l'humanité*: «Vous êtes mon troupeau, le troupeau de mon pâturage, vous les hommes. Moi, je suis votre Dieu – oracle du Seigneur Dieu» (34, 31). Dieu n'est pas berger seulement pour Israël, mais pour toute l'humanité.

Une Présence pour toujours

L'une des plus grandes tragédies pour Israël, au moment de l'Exil, sera le sentiment d'avoir été abandonné par Dieu: «Ils disent: "Le Seigneur ne peut pas nous voir; le Seigneur a abandonné le pays"» (8, 13). En ces heures d'épreuve extrême, alors que le Temple est détruit, le roi fait prisonnier et le peuple déporté de la ville et de la terre saintes, Dieu fait figure de grand absent. Un psaume de cette époque traduit bien le désarroi causé par le sentiment de l'absence de Dieu: «Pourquoi laisser dire aux nations: "Où est leur Dieu?"» (Ps 79, 10). Le Dieu d'Israël serait-il à jamais absent?

Or là-dessus, la réponse d'Ézéchiel est on ne peut plus claire. Dieu demeure présent à son peuple. La Gloire, habituellement identifiée avec le Temple, est maintenant mobile et se déplace jusqu'en terre étrangère (ch. 1-3 et 12) pour réconforter les déportés. C'est de là aussi qu'elle repartira pour investir de nouveau le Temple idéal dont les véritables dimensions correspondent au peuple de Dieu, rassemblé dans sa plénitude (ch. 47-48). Dieu habitera désormais au cœur de son peuple:

> Et j'entendis qu'on me parlait depuis la Maison, tandis que l'homme se tenait à côté de moi. On me dit: «Fils d'homme, c'est l'emplacement de mon trône et la place de mes pieds; *c'est là que j'habiterai, au milieu des fils d'Israël, pour toujours.*»
> (43, 6-7)

Le Dieu d'Ézéchiel est bel et bien ce *Yahvé-shamma* (48, 35), c'est-à-dire le Dieu-qui-est-là et qui transcende les institutions. Ce n'est plus le Temple bâti dans la pierre ni la cité érigée par les rois qui seront la fierté d'Israël, mais la certitude d'une Présence:

> À partir de ce jour, le nom de la ville sera: «YHWH-Shamma» – le Seigneur-est-là.
> (48, 35)

On croirait entendre déjà la promesse du Christ à ses disciples: «Et moi, je suis avec vous tous les jours jusqu'à la fin des temps» (Mt 28, 20) ou celle du Créateur qui fait «toutes choses nouvelles»: «Voici la demeure de Dieu avec les hommes. Il demeurera avec eux» (Ap 21, 3).

---

[1] Dans la tradition juive, le nom de David est associé au chiffre quatorze, qui représente la somme de la valeur numérique de chacune des lettres qui forment son nom en hébreu. C'est ainsi qu'on pourrait expliquer la présentation, chez Matthieu (1, 1-17), d'une généalogie de Jésus divisée en trois périodes de quatorze générations, soit pour mieux faire ressortir son appartenance à la maison de David.

Pour prolonger la réflexion

ALLEN, L.C., *Ezekiel 20-48*. Dallas, Texas, Word Books Publisher,1990 (Word Biblical Commentary, 29) xxviii, 301p.

ASURMENDI, J.-M., «Ézéchiel», dans AMSLER, S., ASURMENDI, J., AUNEAU, J., MARTIN-ACHARD, R., *Les prophètes et les livres prophétiques* (en collaboration). Paris, Desclée, 1985 (Petite Bibliothèque des Sciences Bibliques. Ancien Testament, 4), pp. 199-233.

ASURMENDI, J.-M., *Le prophète Ézéchiel*. Paris, Cerf, 1981 (Cahiers Évangile, 38), 67p.

BERNIER-GENTON, J., *Ézéchiel, fils d'homme*. Genève, Labor et Fides, 1982 (Essais bibliques, 5), 103p.

BLENKINSOPP, J., *Ezekiel*. Louisville, Kentucky, J. Knox Press, ©1990 (Interpretation. A Bible Commentary for Teaching and Preaching) vi, 242p.

BOADT, L., «Ezekiel», dans *The New Jerome Biblical Commentary*. Edited by R.E. Brown, J.A. Fitzmyer, R.E. Murphy. Englewood Cliffs, New Jersey, Prentice Hall, 1990, pp. 305-328.

BRECHET, R., *Ézéchiel aujourd'hui ou Israël et les chrétiens dans le monde*. Genève, Ed. du Tricorne, 1979 (Buisson Ardent), 197p.

BROWNLEE, W.H., *Ezekiel 1-19*. Waco, Texas, Word Books Publisher,1986 (Word Biblical Commentary, 28) xlii, 320p.

KLEIN, R.W., *Ezekiel: the prophet and his message*. Columbia, South Carolina, University of South Carolina, 1988 (Studies on Personalities of the Old Testament), xi, 206p.

LUST, J., ed., *Ezekiel and his Book*. Leuven, Leuven University Press (Bibliotheca Ephemeridum Theologicarum Lovaniensium, 74), 1986, x, 391p.

MONLOUBOU, L., *Un prêtre devient prophète: Ézéchiel*. Paris, Cerf, 1972 (Lectio Divina, 73), 183p.

TIDIMAN, B., *Le livre d'Ézéchiel*. 2 vol. Vaux-sur-Seine, Éditions de la Faculté Libre de Théologie Évangélique, 1985-1987 (Commentaire Évangélique de la Bible, 4 et 6).

ZIMMERLI, W., *Ezekiel: A Commentary on the Book of the Prophet Ezekiel*. Philadelphia, Fortress Press (Hermeneia), v. 1: Chapters 1-24. Transl. by R.E. Clements. 1979 (Hermeneia), xlvi, 509p.; v. 2: Chapters 25-48. Transl. by J.D. Martin. Philadelphia, 1983, xxiv, 606 p.

CHAPITRE 8

LES PROPHÈTES DU RETOUR

Les prophètes dont il a été question jusqu'ici ont exercé leur ministère depuis le début du VIIIᵉ siècle jusqu'au temps de l'Exil inclusivement. Les deux derniers, Ézéchiel et Jérémie, ont connu les heures sombres de l'invasion babylonienne et de la déportation. Ont-ils survécu à l'Exil et continué d'exercer leur ministère, une fois passé le choc de la catastrophe? Dans le cas de Jérémie, on ne sait guère s'il a proféré des oracles au-delà de la première vague de déportation en 597. Ézéchiel, quant à lui, a certainement connu la seconde vague et son ministère s'est prolongé durant deux décennies. Dans les deux cas cependant, le ministère des prophètes eux-mêmes n'a guère dépassé le premier quart du VIᵉ siècle.

Dans ce chapitre, nous allons maintenant considérer les «prophètes du retour», c'est-à-dire ceux dont le ministère s'est exercé *aux lendemains du retour d'Exil,* un événement qui s'est échelonné sur quelques décennies *à partir de 538.* Leurs interventions et leurs écrits couvrent une période d'un peu plus d'un demi-siècle (de 535 à 480, environ), du *Deutéro-Ésaïe* jusqu'à *Malachie.* Pour désigner les prophètes de cette période, différentes appellations sont utilisées: prophètes «post-exiliques», ou «de la période perse», ou encore «de la restauration». Nous les appellerons ici les «prophètes du retour», en pensant aux problèmes et défis spécifiques auxquels ils ont eu à faire face pour rebâtir une communauté décimée, dévastée même, et à la recherche de nouveaux points de repère religieux.

I- Le temps du retour: entre le rêve et la désillusion

À première vue, la proclamation de l'édit de Cyrus, en 538, ne pouvait que représenter une bonne nouvelle pour les exilés judéens encore détenus à Babylone. Ils allaient enfin retrouver la liberté et se voyaient autorisés à retourner à Jérusalem pour y reconstruire le Temple dans sa splendeur première. La conjoncture historique était on ne peut plus favorable, et aurait sans doute plu à un Jérémie qui réclamait à grands cris d'avoir à proclamer autre chose que «ruine et violence». L'heure avait sonné, semblait-il, pour des prophéties résolument optimistes et enthousiastes. C'est bien ce qui se produira, dans un premier temps, avec les oracles du *Deutéro-Ésaïe*, mais la réjouissance sera de courte durée. D'autres prophètes surgiront, tels Aggée, Zacharie et Malachie, et ils auront vite fait de «remettre les pendules à l'heure» et de rappeler à la communauté les exigences d'une reconstruction véritable et profonde.

Le retour célébré dans la joie

Le psalmiste a bien exprimé le sentiment d'euphorie qui animait les déportés au jour du retour à Jérusalem: «Quand revint le Seigneur avec les revenants de Sion, nous avons cru rêver. Alors notre bouche était pleine de rires et notre langue criait sa joie...» (Ps 126, 1-2).

Le même enthousiasme est partagé, voire amplifié, par le poète, prophète du retour, qui nous a donné les très belles pages d'Ésaïe 56-66:

Les nations verront ta justice,
et tous les rois ta gloire.
On t'appellera d'un nom nouveau
que la bouche du Seigneur énoncera.

Tu seras une couronne de splendeur
dans la paume de ton Dieu.

On ne te dira plus: «L'Abandonnée»,
on ne dira plus à ta terre: «La Désolée»,
mais on t'appellera
«elle en qui je prends plaisir»,
et ta terre «l'Épousée»,
car le Seigneur mettra son plaisir en toi
et ta terre sera épousée.

En effet, comme le jeune homme
épouse sa fiancée,
tes enfants t'épouseront,
et de l'enthousiasme du fiancé
pour sa promise,
ton Dieu sera enthousiasmé pour toi.

Sur tes murailles, Jérusalem,
j'ai posté des gardes;
à longueur de jour, à longueur de nuit,
ils ne doivent jamais rester inactifs...
(Es 62, 2-6)

De toute évidence, le retour a d'abord été vécu comme un des grands gestes de salut posé par Dieu en faveur de son peuple, comparable à la sortie d'Égypte. C'est ainsi que les chapitres 44-45 d'Ésaïe font l'éloge de Cyrus, l'homme qui a décrété le retour des fils d'Israël: «Je donne pleine valeur à la parole de mon serviteur, je fais réussir le dessein de mes messagers: je dis pour Jérusalem: "Qu'elle soit habitée", pour les villes de Juda: "Qu'elles soient rebâties", ce qui est dévasté, je le remettrai en valeur» (Es 44, 26).

C'est toutefois vers un livre «historique», le livre d'*Esdras*, qu'il faut se tourner pour avoir une idée plus concrète des événements qui ont marqué le retour.

Tout commence avec l'édit de Cyrus: «Ainsi parle Cyrus, roi de Perse: Tous les royaumes de la terre, le Seigneur, le Dieu des cieux, me les a donnés, et il m'a chargé lui-même de lui bâtir une Maison à Jérusalem qui est en Juda. Parmi vous, qui appartient à tout son peuple? Que son Dieu soit avec lui, et qu'il monte à Jérusalem, en Juda, bâtir la Maison du Seigneur, le Dieu d'Israël – c'est le Dieu qui est à Jérusalem! En tous lieux où réside le reste du peuple, que les gens de ce lieu apportent à chacun de l'argent, de l'or, des biens et du bétail, ainsi que l'offrande volontaire pour la Maison du Dieu qui est à Jérusalem!» (Esd 1, 2-4). L'auteur livre ensuite, en un sommaire rapide, la réaction des déportés: «Alors se levèrent les chefs de famille de Juda et de Benjamin, les prêtres et les lévites, bref tous ceux dont Dieu avait éveillé l'esprit pour aller bâtir la maison du Seigneur qui est à Jérusalem» (Esd 1, 5). Le rôle de Cyrus ne s'est pas borné à proclamer un édit affranchissant les déportés: il s'est également empressé de remettre «les objets de la Maison du Seigneur que Nabuchodonosor avait enlevés de Jérusalem pour les mettre dans la maison de ses dieux» (1, 7): un total de 5 400 objets en or et en argent (1, 11).

S'il faut en croire les chiffres avancés par Esdras, le total de ceux «qui sont remontés de la captivité, de la déportation... et qui retournèrent à Jérusalem et en Juda, chacun dans sa

Remise des tributs (voir Esd 4, 13). En plus des objets précieux (vases, bracelets), chaque peuple apporte les ressources locales (chevaux, chameaux, tissus, vêtements).

ville» (2, 1), fut de 42 360 personnes (2, 64). À leur arrivée à Jérusalem, «certains chefs de famille firent des offrandes volontaires pour la Maison de Dieu, afin de la rétablir sur son emplacement» (1, 68).

Ce n'est toutefois qu'au «septième mois» que les fils d'Israël purent enfin songer à célébrer dignement le retour à Jérusalem et rétablir le culte, sous la direction de Zorobabel et de Josué (Esd 3). La reconstruction s'est faite, toujours selon Esdras, dans la plus grande émotion et la joie la plus totale:

Alors les bâtisseurs posèrent les fondations du Temple du S{ EIGNEUR}, tandis qu'on plaçait les prêtres, en costume, avec les trompettes, ainsi que les lévites fils d'Asaf avec les cymbales, pour qu'ils louent le S{ EIGNEUR} d'après les ordonnances de David, roi d'Israël. Dans la louange et l'action de grâce envers le S{ EIGNEUR}, ils se répondaient: *Car il est bon, car sa fidélité dure toujours pour Israël.* Tout le peuple poussait de grandes ovations en louant le S{ EIGNEUR} à cause de la fondation de la Maison du S{ EIGNEUR}. Alors beaucoup de prêtres, de lévites et de chefs de famille parmi les plus âgés – ceux qui avaient vu la Maison d'autrefois – pleuraient à haute voix, tandis qu'on posait sous leurs yeux les fondations de cette Maison-ci. Mais beaucoup aussi élevaient la voix en joyeuses ovations. Aussi le peuple ne pouvait-il distinguer le bruit des ovations joyeuses du bruit des pleurs populaires, car le peuple poussait de grandes ovations dont le bruit s'entendait très loin. (Esd 3, 10-13)

C'était fête à Jérusalem, et pour cause, puisque le peuple, réuni autour des lévites, renouait enfin avec une longue tradition de célébrations joyeuses dans l'enceinte du Temple.

Le retour désenchanté

L'entreprise de reconstruction devait cependant s'avérer beaucoup plus ardue que ne le laissait entrevoir l'euphorie des premières heures. Là-dessus, le prophète Aggée, luimême impliqué dans le processus de reconstruction, fait entendre un autre son de cloche que celui du livre d'*Esdras*. Selon le prophète, l'arrivée à Jérusalem, loin de se faire dans l'enthousiasme, a plutôt eu l'effet d'un choc: le temple n'était plus qu'une «maison en ruine» (Ag 1, 4), et la communauté demeure divisée quant à sa reconstruction: «Ces gens-là déclarent: Il n'est pas venu le moment de rebâtir la Maison du S{ EIGNEUR}» (Ag 1, 2). Ce fut là le premier grand défi des prophètes du retour: mobiliser les gens pour la reconstruction du Temple. Aggée est celui qui s'est le plus engagé pour cette cause, avec l'aide de Zorobabel, gouverneur de Juda, mais il devra insister pour convaincre ce dernier de commencer les travaux.

Tel était le problème le plus obvie: celui de la reconstruction matérielle du temple. D'autres problèmes hantaient la communauté, dont celui d'une situation économique désastreuse, résultat d'une sécheresse qui s'est abattue «sur la terre» (Ag 1, 11): «Réfléchissez bien à quoi vous êtes arrivés. Vous avez semé beaucoup, mais peu récolté; vous mangez, mais sans vous rassasier; vous buvez, mais sans être gais; vous vous habillez, mais sans vous réchauffer et le gain du salarié va dans une bourse trouée» (Ag 1, 6). Même dans ce contexte difficile, le prophète invite le peuple à sortir de sa torpeur: «Est-ce le moment pour vous d'habiter vos maisons lambrissées, alors que cette Maison-ci est en ruine?...» (Ag 1, 5), et à s'engager généreusement dans la reconstruction du Temple, qui ne pourra être que source de bénédiction et de prospérité (Ag 2, 15-19).

Rebâtir le Temple était une chose, mais il fallait aussi rebâtir la communauté et apaiser les tensions existant au sein des différents groupes. *Ésaïe* 56 fait clairement référence à de telles tensions et, selon le prophète, le salut ne pourra arriver (Es 56, 1) pour les déportés que s'ils ouvrent les portes du Temple rebâti aux «eunuques» et aux «fils de l'étranger» (Es 56, 1-8). C'est à ce prix seulement d'une conversion radicale que le Temple pourra jouer son vrai rôle qui est d'être une «Maison de prière pour tous les peuples» (Es 56, 7).

Le processus de conversion sera long, puisque près de quatre-vingts ans plus tard, le scribe Esdras, d'abord si positif dans son appréciation du retour, a dû déplorer à son tour les pratiques de son peuple qui a tôt fait de se laisser assimiler à la population locale, soit par les mariages avec des femmes étrangères, soit par l'adoption de leurs pratiques idolâtriques (Esd 9, 1-2). Esdras est profondément «accablé» par cette «infidélité des déportés» (Esd 9, 3-4) et ne manque pas d'exprimer sa honte et sa confusion devant Dieu: «Mon Dieu, j'ai trop de honte et de confusion pour lever ma face vers toi, mon Dieu, car nos fautes se sont multipliées par-dessus nos têtes et notre offense a grandi jusqu'aux cieux» (Esd 9, 6).

Les voyages successifs de Néhémie à Jérusalem montreront d'ailleurs, environ un siècle après le retour, que la reconstruction de Jérusalem et de ses murailles est demeurée une tâche sans cesse à refaire. Le rapport que Néhémie reçoit de quelques hommes «au sujet des Juifs réchappés, le reste survivant de la captivité, et au sujet de Jérusalem» (Ne 1, 2) n'est guère encourageant: «Ceux qui sont restés de la captivité, là-bas dans la province, sont dans un grand malheur et dans la honte; la muraille de Jérusalem a des brèches et ses portes ont été incendiées» (Ne 1, 3). Néhémie aura d'ailleurs l'occasion de voir par lui-même l'étendue des dégâts, lors de son premier voyage dans la ville sainte: «Vous voyez le malheur dans lequel nous sommes, parce que Jérusalem est dévastée et que ses portes sont incendiées. Allons rebâtir la muraille de Jérusalem et ne soyons plus une honte!»

Bref, le «retour» ne s'est pas fait de façon magique et instantanée. Il aura fallu plusieurs générations et plusieurs tentatives de restauration, avec l'intervention de prophètes courageux et clairvoyants, pour voir enfin apparaître le profil d'une nouvelle communauté et des perspectives théologiques nouvelles.

II- Des prophètes pour reconstruire

Les prophètes du retour et leurs écrits

Qui sont donc ces prophètes du retour qui ont accompagné et guidé le peuple au moment où il fallait tout reconstruire? Parmi eux, il faut sûrement compter Aggée, Zacharie et Malachie, dont les écrits ont été regroupés à la fin du livre des Douze Prophètes. À ces trois prophètes, il faut ajouter, comme on l'a dit plus haut, les disciples du grand prophète Ésaïe, qui nous ont donné les chapitres 40-55 et 56-66, recueils connus respectivement sous le nom de *Deutéro-Ésaïe* et de *Trito-Ésaïe*. Reste le cas difficile de *Joël* que les commentateurs datent tantôt du VIIe, tantôt du IVe siècle. En raison de cette incertitude, et en raison également du fait qu'une datation au IVe siècle nous renvoie à un contexte fort différent des premières décennies qui ont marqué le retour, nous ne retiendrons pas son livre comme appartenant au groupe des prophètes du retour. Pour la même raison, le livre de Jonas sera considéré séparément dans le prochain chapitre.

Il nous reste donc les livres d'*Aggée*, *Zacharie* et *Malachie*, ainsi que les vingt-sept derniers chapitres d'*Ésaïe*. Une brève description de chacun nous permettra de les situer dans le temps et d'indiquer l'orientation générale de l'œuvre.

Ésaïe 40-66

C'est chez Ésaïe qu'on trouve les premiers échos – les plus flamboyants aussi – du retour d'Exil. Son message s'adresse à la toute première génération d'exilés qui reviennent en Juda. On connaît le célèbre «consolez, consolez mon peuple» (40, 1), placé en ouverture du recueil, et qui le résume admirablement. N'est-ce pas son auteur, d'ailleurs, qu'il faut voir sous les traits du *messager de bonne nouvelle* dont il est question en 52, 7:

> Comme ils sont les bienvenus,
> au sommet des montagnes,
> les pas du messager
> qui nous met à l'écoute de la paix,
> qui porte un message de bonté,
> qui nous met à l'écoute du salut,
> qui dit à Sion: «Mon Dieu règne!»

L'auteur des chapitres 40-55 ne tarit pas d'éloges envers Cyrus (voir 44, 28 et 45, 1) dont le fameux édit de 538 allait enclencher le processus du retour. Les allusions à Babylone sont fréquentes et forment la trame d'une épopée qui n'est pas sans rappeler celle de la sortie d'Égypte. Le retour de Babylone est présenté, en effet, comme un *nouvel exode*, plus merveilleux encore que le premier:

> Sortez de Babylone!
> Fuyez de chez les Chaldéens!
>
> D'une voix retentissante annoncez-le,
> faites-le entendre,
> ébruitez-le jusqu'à l'extrémité de la terre,
> dites: «Le Seigneur a racheté
> son serviteur Jacob.»   (48, 20)
>
> Ainsi parle le Seigneur,
> lui qui procura en pleine mer un chemin,
> un sentier au cœur des eaux déchaînées,
>
> lui qui mobilisa chars et chevaux,
> troupes et corps d'assaut tout ensemble (...)
> Ne vous souvenez plus
> des premiers événements,
> ne ressassez plus les faits d'autrefois.
>
> Voici que moi je vais faire du neuf
> qui déjà bourgeonne;
> ne le reconnaîtrez-vous pas?   (43, 16-19)

C'est dans la foulée du disciple qui nous a donné le *Deutéro-Ésaïe* qu'il faut situer les onze derniers chapitres du livre d'Ésaïe (56-66). L'auteur de ce recueil partage assurément l'enthousiasme de son prédécesseur:

> Pour la cause de Sion
> je ne resterai pas inactif,
> pour la cause de Jérusalem,
> je ne me tiendrai pas tranquille,
> jusqu'à ce que ressorte,
> comme une clarté, sa justice,
> et son salut, comme un flambeau qui brûle.
>   (62, 1)

Il s'en démarque cependant par son évaluation réaliste des tensions qui se vivent au sein de la communauté, qui hésite toujours à admettre les eunuques et les étrangers (56, 1-8). La leçon apprise en terre étrangère aura été vite oubliée: la communauté se replie sur elle-même et oublie déjà que la présence de Dieu n'est pas liée à un lieu ni à l'appartenance à un peuple, fût-il le peuple choisi.

Le retour ne va donc pas sans problèmes. Passées la joie et l'euphorie des premières heures, la communauté devra régler ses tensions internes et redéfinir l'expression de sa foi. Ce sera le rôle des prophètes Aggée, Zacharie et Malachie de les accompagner dans ce travail de reconstruction.

Aggée

Les interventions du prophète Aggée sont faciles à dater. Les cinq oracles qu'il a prononcés sont tous situés en « l'an deux du règne de Darius », soit en l'an 520, entre « le sixième mois, le premier jour du mois » et « le vingt-quatre du neuvième mois », c'est-à-dire sur une période de quatre mois. L'empire perse connaît à ce moment-là une crise politique majeure, alors que Darius doit mater une série de révoltes internes pour asseoir son pouvoir. On pourrait voir une allusion à cette agitation politique dans l'expression « ébranler ciel et terre » (2, 6-7).

Le livre du prophète ne compte en tout que trente-huit versets. Le prophète s'emploie surtout à convaincre les habitants de Jérusalem que le temps est venu de reprendre les travaux de reconstruction du Temple, interrompus précipitamment en 537, en raison de l'hostilité des Samaritains. La brièveté du ministère d'Aggée n'est pas sans refléter une dimension d'urgence car il n'est pas loin le temps où Dieu va rétablir la splendeur de Jérusalem et de son Temple: « Oui, ainsi parle le Seigneur, le tout-puissant: encore un moment – il sera court – et je vais ébranler ciel et terre, mer et continent... et j'emplirai de splendeur cette Maison... La gloire dernière de cette Maison dépassera la première, dit le Seigneur, et dans ce lieu j'établirai la paix – oracle du Seigneur, du tout-puissant » (2, 6-9). L'impact de la parole prophétique d'Aggée fut, selon le chroniqueur qui nous a donné la version finale du livre, rien de moins que formidable: « Alors Zorobabel, fils de Shaltiel, et Josué, fils de Yehosadaq, le grand prêtre, et tout le reste du peuple écoutèrent la voix du Seigneur, leur Dieu, et les paroles d'Aggée, le prophète... ils vinrent et se mirent à l'œuvre dans la Maison du Seigneur, du tout-puissant, leur Dieu » (1, 12. 14).

Zacharie

Le prophète Zacharie est contemporain d'Aggée puisque son premier oracle date du « huitième mois, la deuxième année du règne de Darius », soit novembre 520. Toutefois, seuls les huit premiers chapitres de son livre datent effectivement de cette période, qui s'étend au moins jusqu'en 518 (7, 1: « la quatrième année du règne de Darius... le quatrième jour du neuvième mois »). Ces huit premiers chapitres rapportent autant de visions, destinées essentiellement à consoler Jérusalem, comme en font foi la conclusion de la première et de la troisième vision:

> Alors à l'ange qui me parlait, le Seigneur donna une réponse encourageante, une réponse consolante. (1, 13)

> Et moi, JE SERAI LÀ – oracle du SEIGNEUR –
> je serai pour elle un rempart de feu
> et au milieu d'elle je serai sa gloire. (2, 9)

En outre, les visions quatre et cinq (ch. 3 et 4) ont une portée nettement messianique et font l'éloge du grand prêtre Josué et du gouverneur Zorobabel, ces deux artisans de la reconstruction du Temple. Puis le livret s'achève sur un rappel des causes de l'Exil (ch. 7) et sur une série d'oracles de salut (ch. 8).

La seconde partie du livre de Zacharie est d'une toute autre venue. On n'y retrouve plus de référence précise à la reconstruction du temple, les oracles y sont plus développés et la personnalité du prophète s'efface totalement derrière le message. À propos de cette section, on parle volontiers du Deutéro-Zacharie – comme on parle du Deutéro-Ésaïe –, et on repousse la date de composition de ce livret jusqu'à la période grecque, vers 330, soit près de deux siècles après le retour, dans un contexte historique tout à fait différent de Zacharie 1- 8.

Malachie

Tout à la fin du rouleau des Douze prophètes, se trouve le livre de Malachie, dont l'activité prophétique s'est déroulée autour des années 480. Son livre n'est pas considérable (trois chapitres seulement), mais son message demeure incisif et percutant. La vie au Temple a repris son cours normal depuis un certain temps déjà puisque le prophète doit se lancer dans une critique virulente des offrandes apportées par les fidèles (1, 6-14) et de la pratique du sacerdoce (2, 1-9). Sa critique de la vie sociale n'est pas plus tendre (2, 10-16). Enfin, la prédication contenue au chapitre 3 prend une tournure messianique et eschatologique, et c'est elle qui

Ahuramazda, la plus importante divinité perse selon la religion réformée par Zoroastre. C'est le dieu suprême créateur du monde (voir Za 1, 11).

va donner naissance, dans le judaïsme, à l'attente du retour d'Élie (3, 23-24).

* * *

Voilà, présentés à grands traits, les principaux témoins du retour de l'Exil. Examinons maintenant d'un peu plus près les principaux défis que les prophètes du retour ont été appelés à relever. *Deux défis* ont particulièrement sollicité leur attention et leur créativité.

Reconstruire ou ne pas reconstruire le Temple?

La reconstruction du Temple était manifestement la première tâche à entreprendre pour les exilés revenus à Jérusalem. Après tout, c'était la raison d'être même de l'édit de Cyrus, et la population judéenne pouvait jouir de son appui financier. Mais rien n'allait de soi. D'une part, il ne suffit pas d'un décret royal pour assurer le succès d'une opération de ce genre. Il fallait l'appui de la population, et celle-ci s'est vite embourbée dans ses propres difficultés économiques (Ag 1, 2-6). D'autre part, la question se posait en termes plus radicaux, surtout dans les milieux prophétiques: *était-il seulement souhaitable de reconstruire ce Temple* que les prophètes du passé ont si souvent critiqué, et dont les prophètes Jérémie et Ézéchiel ont justement dénoncé les pratiques comme ayant directement mené à la catastrophe de 587 (Jr 7, 1-15; Ez 8-9)? Pouvait-on oublier aussi vite et s'exposer à retomber dans les mêmes déviations? Certes, Ézéchiel avait annoncé la restauration du Temple (Ez 40-48), mais son intention n'était pas de proposer un projet d'architecture réaliste: il avait plutôt en vue un temple idéal, reposant d'abord et avant tout sur la reconstruction pleine et entière du peuple de Dieu.

L'option du prophète Aggée est très claire: il faut reconstruire! C'est en fait le thème quasi unique de ses interventions auprès des dirigeants et de l'ensemble du peuple. Il est lui-même très conscient des difficultés du projet, puisqu'il connaît les objections de la population (1, 2) et l'état lamentable des lieux (2, 3). D'où son appel général au courage: «Mais maintenant, *courage*, Zorobabel, – oracle du Seigneur –, et *courage*, Josué, fils de Yehosadaq, grand prêtre, et *courage*, vous le peuple du pays – oracle du Seigneur –, au travail!» (2, 4). Le prophète Zacharie fera preuve, lui aussi, d'un très grand attachement au Temple et tiendra un discours encourageant en faveur de la reconstruction: «Ainsi parle le Seigneur, le tout-puissant: Voici un homme dont le nom est "Germe", sous ses pas tout germera, et il construira le Temple du Seigneur...» (Za 6, 12).

Mais, comme on peut s'y attendre, la reconstruction du Temple n'a rien pour ces deux prophètes d'une fin en soi. Aggée s'engage dans une polémique avec les prêtres (1, 10-14) au cours de laquelle il fait apparaître les limites d'une sainteté basée sur le culte. Pour lui, comme pour les prophètes d'avant l'Exil, le véritable test se passe dans la vie: c'est l'obéissance qui sanctifie, et non le rite. Or, justement, la tâche de reconstruire le Temple est requise par Dieu lui-même et l'accomplissement de cette tâche s'avérera davantage une source de bénédiction que toutes les pratiques rituelles des prêtres autour de l'autel. Quant à Zacharie, il s'engage lui aussi dans une discussion avec les «prêtres attachés au Temple» (ch. 7), auxquels il reproche d'avoir détourné le sens du jeûne: «Quand vous avez jeûné, avec des lamentations, au cinquième et au septième mois, et cela depuis soixante-dix ans, ce jeûne, l'avez-vous pratiqué pour moi? Et quand vous mangiez et buviez, n'était-ce pas pour vous-mêmes que vous mangiez et buviez?» (Za 7, 5-6). À ce jeûne égocentrique, Zacharie propose de substituer «des jours d'allégresse, de réjouissance, de joyeuse fête» (Za 7, 19), et surtout une vie animée par l'amour de «la vérité et la paix» (Za 7, 19). On retrouve là les grandes exigences de justice sociale des prophètes classiques (voir aussi 7, 9-10).

Le temps des prophètes, un temps révolu?

Les prophètes Aggée, Zacharie et Malachie ont eu à affronter un autre défi tout aussi important: celui de *confirmer ou d'infirmer la validité de la parole prophétique*. Ils surgissent en effet à une époque où la crédibilité des prophètes classiques est l'objet de sérieuses remises en question et où la question se pose du statut qu'il convient d'accorder à la parole prophétique, celle d'hier et celle d'aujourd'hui. Il y a place en fait pour une double question: la parole des prophètes de jadis aurait-elle mené à une impasse? Et aujourd'hui, dans cette situation de crise extrême, y a-t-il place pour de nouveaux prophètes?

À en juger par le témoignage de Zacharie, la crise est réelle, et ses racines remontent loin dans le passé:

> N'imitez pas *vos pères*, eux que *les prophètes de jadis* ont interpellés en ces termes: «Ainsi parle le SEIGNEUR, le tout-puissant – Revenez donc, renoncez à vos chemins mauvais et à votre conduite mauvaise», mais ils n'ont pas écouté et n'ont pas pris garde à moi – oracle du SEIGNEUR. *Vos pères*, où sont-ils, eux? *Et les prophètes, vivent-ils toujours?* Pourtant mes déclarations et mes décisions, celles dont j'avais chargé *mes serviteurs les prophètes*, n'ont-elles pas atteint *vos pères*? Alors ils sont revenus et ils ont avoué: «Le SEIGNEUR, le tout-puissant, avait décidé de nous traiter selon nos chemins et notre conduite et c'est bien ainsi qu'il nous a traités.» (Za 1, 4-7)

C'est donc à ce problème de fond que Zacharie doit s'attaquer avant même de livrer ses propres visions: quel crédit faut-il accorder à la parole prophétique? Pour lui, il ne fait pas de doute que Dieu a agi conformément à la parole qu'il avait fait connaître par l'entremise de «mes serviteurs les prophètes». Leur parole demeure toujours actuelle et doit être prise au sérieux.

C'est en ce sens aussi qu'on peut comprendre la finale du livre de Malachie, qui revendique pour le prophète du retour une autorité comparable à celle des deux grandes figures prophétiques que sont Moïse et Élie:

> Souvenez-vous de la Loi de Moïse, mon serviteur, à qui j'ai donné, à l'Horeb, des lois et des coutumes pour tout Israël. Voici que je vais vous envoyer Élie, le prophète, avant que ne vienne le jour du SEIGNEUR, jour grand et redoutable. Il ramènera le cœur des pères vers leurs fils, celui des fils vers leurs pères pour que je ne vienne pas frapper la terre d'interdit. (Ml 3, 22-24)

Le même souci de légitimer le ministère prophétique se retrouve chez Aggée, qui est désigné pas moins de cinq fois du titre de «prophète» et une fois du titre de «messager du SEIGNEUR» (1, 13) et chez qui on retrouve un emploi singulièrement élevé de la «formule du messager» (1, 2. 5. 7. 8; 2, 6. 7. 9. 11) et de l'expression «oracle du SEIGNEUR» (douze fois en deux chapitres!), si typiques de la prophétie classique.

Peu nombreux, les prophètes du retour ont toutefois conscience de s'inscrire dans la tradition des prophètes classiques et de poursuivre leur œuvre. En cela, ils opposent un démenti formel au sentiment populaire qui s'est manifesté aux lendemains de la catastrophe de 597 et croyait en une éclipse totale de la prophétie: «Nous ne voyons plus nos signes, *il n'y a plus de prophètes*, et parmi nous, nul ne sait jusqu'à quand!» (Ps 74, 9).

Le temps des relectures

Même après l'Exil, la parole des prophètes est encore bien vivante. On aurait tort, justement, de croire que la production littéraire des milieux prophétiques se limite aux seules œuvres des prophètes que nous avons mentionnées dans ce chapitre. Bien au contraire. Loin de marquer la fin du prophétisme, l'Exil a donné lieu a une forte activité littéraire dans les cercles prophétiques. C'est lors de l'Exil, et au retour, que les livres prophétiques que nous avons examinés jusqu'à maintenant (d'Amos à Ézéchiel) ont connu leur rédaction définitive, si bien qu'on peut retrouver chez eux des oracles mis à jour à la lumière des événements vécus lors de l'Exil.

Surpris par l'ampleur de la catastrophe, les déportés ont senti le besoin de retourner aux prophéties classiques, et c'est à partir d'elles que de nouveaux prophètes se sont levés dans la communauté post-exilique. Il n'est pas un livre prophétique qui ne contienne des relectures faites à la lumière des événements qui ont marqué la fin d'Israël et de Juda. On pourra en juger par les quelques extraits suivants, tirés des livres des prophètes du VIIIe et du VIIe siècles, dont le message est mis à jour pour raviver l'espérance des déportés de Juda:

> Ce jour-là,
> je relèverai la hutte croulante de David,
> j'en colmaterai les brèches,
> j'en relèverai les ruines,
> je la dresserai comme aux jours
> d'autrefois... (Am 9, 11)

> En ce jour-là – oracle du SEIGNEUR –
> je rassemblerai ce qui boite,
> je réunirai ce qui est dispersé,
> ce que j'ai maltraité.
> De ce qui boite, je ferai un reste;
> de ce qui est éloigné, une nation puissante.
> Sur la montagne de Sion,
> le SEIGNEUR sera leur roi
> dès maintenant et à jamais.
> Et toi, tour du troupeau,

Prise de Karkar, en Syrie, et départ de ses habitants en esclavage (voir Am 1, 5).

hauteur de la fille de Sion,
vers toi fera retour la souveraineté d'antan,
la royauté qui revient
à la fille de Jérusalem.   (Mi 4, 6-8)

En ce temps-là je vous ramènerai,
ce sera au temps où je vous rassemblerai;
votre renom s'étendra,
et je vous mettrai à l'honneur
parmi tous les peuples de la terre
quand, sous vos yeux, je changerai votre
destinée, dit le SEIGNEUR.   (So 3, 20)

Même à l'intérieur de la première section d'Ésaïe (1-39), on trouve les chapitres 13 et 14 sur la chute de Babylone et la restauration d'Israël. De toute évidence, il s'agit là d'ajouts qui ont été faits longtemps après le VIIIe siècle, à une époque plus récente où Babylone passe à l'avant-scène de la politique internationale et exerce une domination dont Israël cherche à se libérer:

Le SEIGNEUR aura pitié de Jacob,
Il choisira encore Israël.
Il les installera sur leur terre.
Les étrangers se joindront à eux
et ils seront rattachés à la maison de Jacob.

Des peuples les recevront
et les feront entrer dans leur patrie.
Sur la terre du SEIGNEUR,
la maison d'Israël se les partagera
comme serviteurs et comme servantes;
elle fera captifs ceux qui l'ont tenue captive
et subjuguera ses oppresseurs.   (Es 14, 1-2)

Certes, il n'est pas toujours facile de déterminer avec précision quels textes ont été retouchés. Mais il est certain que le drame de l'Exil a en quelque sorte forcé les déportés à scruter la parole des prophètes antiques pour essayer de comprendre ce qui leur arrivait. La parole des prophètes comme Amos et Ésaïe, si dure à entendre pour son auditoire des origines, se

dressait soudain comme un phare dans la nuit. D'où cette intense activité de relecture de leurs oracles qui nous a valu des textes nouveaux, porteurs d'une espérance singulière.

III- Déclin ou renouveau de la prophétie?

Les prophètes du retour ont souffert, et souffrent toujours, de la comparaison avec leurs prédécesseurs d'avant l'Exil, reconnus justement comme étant les «classiques» de la prophétie en Israël. Parce qu'ils n'ont pas la stature d'un Osée, d'un Ésaïe ou d'un Jérémie, des prophètes comme Aggée, Zacharie et Malachie ont été négligés ou jugés très sévèrement par les chercheurs. C'est un fait qu'il existe fort peu d'ouvrages en français sur cette période, et jusqu'à tout récemment, les grandes synthèses bibliques avaient tendance à juger les écrits des prophètes du retour comme étant plus ou moins un sous-produit de la grande littérature prophétique. On reproche notamment aux prophètes du retour d'accorder trop d'attention au Temple et au culte et d'orienter vers un type de judaïsme plus légaliste et moins novateur que celui des prophètes classiques.

Il n'est donc pas étonnant que ces prophètes aient trouvé une place plus que limitée dans la liturgie chrétienne et soient demeurés peu connus du public chrétien. Le lectionnaire dominical romain ne retient aucun passage d'*Aggée* ni de *Zacharie* 1 – 8, et il n'offre qu'une maigre citation de six versets et demi (!) de *Malachie*, répartis sur deux dimanches différents du cycle triennal. En revanche, le *Deutéro-Ésaïe* est le livre prophétique le plus cité du même lectionnaire, mais on ne peut présumer qu'il soit pour autant perçu comme datant du retour de l'Exil! Le seul nom du grand prophète du VIIIe siècle lui a sans doute valu cette place privilégiée dans la liturgie.

Acteurs et témoins d'une ère nouvelle

Pourtant, malgré le fait que les prophètes de l'Exil soient peu connus, on ne redira jamais trop l'importance de leur contribution, survenue à un point tournant de l'histoire religieuse d'Israël. Plusieurs facteurs sont à prendre en compte pour saisir l'importance des changements survenus à partir de la prédication et des écrits des prophètes du retour.

- Premièrement, les livrets d'*Aggée, Zacharie,* et *Malachie* ferment le livre des *Douze Prophètes*. Ne fût-ce que pour cette raison, ils méritent une attention particulière. La forme définitive et canonique des *Douze Prophètes*, dont les premiers livrets n'étaient rien de moins que les œuvres magnifiques d'*Osée* et d'*Amos*, ne peut s'interpréter qu'en tenant compte des trois derniers livrets. Autrement dit, il y a une continuité littéraire, et sans doute théologique, d'Osée à Malachie. C'est un aspect qu'on a trop négligé par le passé, et que la recherche récente tend à juste titre à remettre en valeur comme principe de lecture des textes bibliques.

- Deuxièmement, on sait que l'Exil a marqué un tournant, et que le retour marque le début d'une ère nouvelle, celle qu'on appelle en milieu juif du «second Temple», et qui s'étendra jusqu'à l'an 70 de notre ère. C'est une période d'intense activité littéraire, avec la rédaction définitive du Pentateuque, des livres prophétiques et de l'histoire deutéronomiste; un temps de remises en question très profondes, avec la problématique des livres de *Job* et de *Jonas*, et un temps de grandes réformes religieuses, avec *Esdras* et *Néhémie*. Comment pourrait-on ignorer ceux qui ont accompagné et guidé le peuple aux premières heures et aux avant-postes de ces changements?

- Troisièmement, avec *Zacharie*, le passage se fait de manière décisive vers l'apocalyptique qui prendra, pour une bonne part, la relève de la prophétie classique. Faut-il parler d'un conflit entre des espérances théocratiques et eschatologiques? Les deux tendances sont représentées chez *Aggée, Zacharie, Malachie* et le *Deutéro-Ésaïe*, mais le débat est loin d'être tranché avec leurs écrits. À tout le moins, on ne saurait comprendre l'effervescence apocalyptique et messianique des deux derniers siècles avant notre ère sans un examen approfondi des écrits des prophètes du retour.

L'au-delà de la prophétie

Héritiers des prophètes classiques, les prophètes du retour n'en marquent pas moins la transition – et une transition majeure – à une nouvelle ère dans ce qui deviendra désormais le judaïsme. Le prophétisme n'est pas mort, mais voilà que la révélation va prendre de nouveaux chemins et que les écrits bibliques vont se développer dans une autre direction. Sans rien renier de la tradition prophétique, scribes, sages et apocalypticiens vont prendre la relève. La majorité des écrits bibliques post-exiliques relèvera de la sagesse (*Job, Qohéleth, Cantique,* certaines sections de *Proverbes,* etc.) et les deux premiers siècles avant notre ère verront surtout fleurir le genre des apocalypses (*Daniel* et les apocalypses non bibliques).

Faut-il le déplorer, avec nostalgie, comme l'auteur de *1 Maccabées* au IIe siècle avant notre ère: «Ce fut en Israël une oppression comme il n'y en avait pas eu depuis *la fin des temps des prophètes*» (1 M 9, 27); «... les Juifs et les prêtres avaient jugé bon de nommer Simon chef et grand prêtre à perpétuité *jusqu'à ce que se lève un prophète fidèle...*» (1 M 14, 41)? Ou faut-il se réjouir de voir qu'il y a d'autres manières de dire Dieu et de percevoir les relations entre la foi et le monde, entre la foi et l'histoire? Ce serait faire injure aux prophètes que d'enfermer Dieu et sa révélation dans un modèle unique et de refuser d'autres approches théologiques. La théologie des prophètes est extrêmement riche et combien pertinente pour aujourd'hui. Mais, pas plus que les croyants qui ont vécu le retour de l'Exil, elle ne saurait nous dispenser d'inventer nos propres relectures et d'imaginer de nouvelles manières de dire la présence de Dieu dans l'histoire.

Pour prolonger la réflexion

La période en général

AMSLER, S., «Les prophètes de l'époque perse», dans AMSLER, S., ASURMENDI, J., AUNEAU, J., MARTIN-ACHARD, R., *Les prophètes et les livres prophétiques* (en collaboration). Paris, Desclée, 1985 (Petite Bibliothèque des Sciences Bibliques. Ancien Testament, 4), pp. 273-314.

BLENKINSOPP, J., *Une histoire de la prophétie en Israël, depuis le temps de l'installation en Canaan jusqu'à la période hellénistique*. Traduit par M. Desjardins. Montréal, Fides, 1993 (Loi et Évangile, 4), pp. 271-339.

MASON, R.A., «The Prophets of the Restoration», dans COGGINS, R., PHILLIPS, A. & KNIBB, M., *Israel's Prophetic Tradition. Essays in Honour of Peter R. Ackroyd*. Cambridge, Cambridge University Press, ©1982, pp. 137-154.

Ésaïe 40-66

AUNEAU, J., «Le Second Ésaïe: Es 40-55 ou Deutéro-Ésaïe», dans AMSLER, S., ASURMENDI, J., AUNEAU, J., MARTIN-ACHARD, R., *Les prophètes et les livres prophétiques* (en collaboration). Paris, Desclée, 1985 (Petite Bibliothèque des Sciences Bibliques. Ancien Testament, 4), 238-271.

BONNARD, P.-E., *Le Second Isaïe. Son disciple et leurs éditeurs (Isaïe 40-66)*. Paris, J. Gabalda et Cie, 1972 (Études Bibliques), 560p.

DION, P.-E., «Les chants du Serviteur de Yahvé et quelques passages apparentés d'Is 40-55. Un essai sur leurs limites précises et sur leurs origines respectives», dans *Biblica* 51 (1978) pp. 17-38.

GRELOT, P., *Les poèmes du Serviteur. De la lecture critique à l'herméneutique*. Paris, Cerf, 1981 (Lectio Divina, 103), 282p.

STUHLMUELLER, C., «Deutero-Isaiah: Major Transitions in the Prophet's Theology and in Contemporary Scholarship», dans *Catholic Biblical Quarterly* 42 (1980), pp. 1-29.

STUHLMUELLER, C., *Deutero-Isaiah and Trito-Isaiah* dans *The New Jerome Biblical Commentary*. Edited by R.E. Brown, J.A. Fitzmyer, R.E. Murphy. Englewood Cliffs, New Jersey, Prentice Hall, 1990, pp. 328-348.

WATTS, J., *Isaiah 34-66*. Waco, Texas, Word Books, Publisher, (Word Biblical Commentary, 25), 1987, xxxiii, 385p.

WESTERMANN, C., *Isaiah 40-66. A Commentary*. Transl. by D.M.G. Stalker. London, SCM Press, 1969 (The Old Testament Library) xv, 429p.

WHYBRAY, R.N., *The Second Isaiah*. Sheffield, Engl., JSOT Press, 1983 (Old Testament Guides, 1) xiv, 84p.

WIENER, C., *Le Deuxième Isaïe*. Paris, Cerf, 1977 (Cahiers Évangile, 20), 63p.

Aggée, Zacharie et Malachie

AMSLER, S., LACOQUE, A., VUILLEUMIER, R., *Aggée. Zacharie 1-8. Zacharie 9-14. Malachie*. 2e éd. corrigée et mise à jour. Genève, Labor et Fides, 1988 (Commentaire de l'Ancien Testament, XIc).

CHARY, T., *Aggée-Zacharie-Malachie*. Paris, J. Gabalda et Cie, 1969 (Sources Bibliques) 282p.

CODY, A., «Haggai, Zechariah, Malachi», dans *The New Jerome Biblical Commentary*. Edited by R.E. Brown, J.A. Fitzmyer, R.E. Murphy. Englewood Cliffs, New Jersey, Prentice Hall, 1990, pp. 348-361.

COGGINS, R.J., *Haggai, Zechariah, Malachi*, Sheffield, Engl., JSOT Press, 1987 (Old Testament Guides), 88p.

PETERSEN, D.L., *Haggai and Zechariah 1-8: A Commentary*. Philadelphia, The Westminster Press, 1984, 320p.

PIERCE, R.W., «Literary Connectors and a Haggai/Zechariah/Malachi Corpus», dans *Journal of the Evangelical Theological Society* 27 (1984) 277-290.

PIERCE, R.W., «A Thematic Development of the Haggai/Zechariah/Malachi Corpus», dans *Journal of the Evangelical Theological Society* 27 (1984), pp. 401-411.

SMITH, R.L., *Haggai, Zechariah, Malachi*, dans *Micah-Malachi*. Waco, Texas, Word Books, Publisher, 1984 (Word Biblical Commentary, 32) pp. 146-342.

WOLFF, H.W., *Haggai: A Commentary*. Transl. by Margaret Kohl. Minneapolis, Augsburg Publishing House, 1988, 128p.

CHAPITRE 9

JONAS,
OU LE PROPHÈTE «MALGRÉ LUI»

Invitation au sourire...

Pour aborder le prophète Jonas, il faudra nécessairement sortir des sentiers battus. En effet, aussi bien le prophète que l'auteur qui a imaginé son histoire sont des personnages fort peu conventionnels. Ce n'est pas tous les jours qu'on rencontre un prophète qui a fait le voyage aller-retour dans un monstre marin et qui, en dépit de toutes ses réticences et ses subterfuges, amène au repentir une ville entière. Et pas la moindre, puisqu'il s'agit de la fameuse capitale assyrienne, Ninive, ennemie jurée d'Israël... On peut d'ores et déjà prévoir que l'histoire que nous allons lire sera fertile en rebondissements.

Pour sortir justement des sentiers battus, rien de mieux que de goûter tout de suite au texte lui-même. Intégralement. Car les quatre petits chapitres qui le composent sont faits pour être lus d'un seul trait. Ils sont habilement agencés et ne sauraient produire l'effet escompté sur le lecteur que s'ils sont lus à la suite.

Alors, bonne lecture, et surtout préparez-vous à quelques surprises et à de nombreux clins d'œil, assortis de quelques drôleries, de la part de l'auteur. Dernière recommandation: défense de ne pas rire!

POURQUOI JONAS?

Le livre de Jonas est une fiction: il est le fruit de l'imagination, de l'ouverture théologique et de la foi profonde d'un auteur génial, mais dont le nom demeure inconnu. Mais pourquoi, de toutes les figures prophétiques, avoir choisi Jonas?

On peut tenter quelques explications. En premier lieu, il faut savoir que, si le récit lui-même est fictif, le nom du prophète, lui, ne l'est pas. La Bible en effet connaît déjà l'existence d'un «prophète Jonas, fils d'Amittaï»: «C'est lui (Jéroboam II) qui rétablit le territoire d'Israël, depuis Lebo-Hamath jusqu'à la mer de la Araba, selon la parole que le Seigneur, le Dieu d'Israël, avait dite par l'intermédiaire de son serviteur le prophète Jonas, fils d'Amittaï, de Gath-Héfer» (2 R 14, 25). C'était au huitième siècle, à peu près à la même période que le prophète Amos. Or, dans sa brièveté même, la notice du deuxième livre des Rois pourrait expliquer le choix de l'auteur du livre de Jonas, écrit quelque cinq siècles après le Jonas de l'histoire!

Le prophète Jonas du VIIIe siècle est donc présenté en relation au roi Jéroboam II et à ses prouesses expansionnistes, qu'il semble avoir non seulement approuvées mais déclarées conformes à la Parole de Dieu. Nous avons déjà vu quel jugement, diamétralement opposé, le prophète Amos a porté sur les conquêtes et sur le règne de Jéroboam II. En ce sens, on peut comprendre pourquoi l'auteur a choisi Jonas. D'une part, en choisissant une figure aussi peu connue, il avait toute liberté de broder sur son personnage. D'autre part, il avait là un candidat idéal pour incarner une théologie complaisante et restrictive qui considérait le salut d'Israël comme un droit, et non comme une grâce, et encore, comme un droit exclusif qui ne saurait être étendu aux autres nations.

Une deuxième tentative d'explication pourrait être avancée à partir de la signification du nom Jonas, en hébreu. Jonas est la transcription de l'hébreu *yonah*, qui veut dire «colombe». C'est bien la colombe *(yonah)* qui avait été messagère de bonne nouvelle lors du déluge (Gn 6-8). Or la «méchanceté» des habitants de Ninive fait penser à celle qui prévalait sur toute la surface de la terre au moment du déluge (Gn 6, 5). De même, le délai de quarante jours annoncé par Jonas pourrait se comprendre en référence aux quarante jours qui ont marqué la durée du déluge (Gn 7, 12). Et enfin, dans les deux récits, la conclusion est la même: Dieu «se ravise», le salut l'emporte sur le malheur projeté et Dieu se révèle un Dieu de miséricorde pour tous.

Ainsi, déjà par son nom, Jonas est porteur de bonne nouvelle. Il y a là encore une pointe d'humour. Alors que Jonas résiste de toutes ses forces, il est destiné — mais sans le savoir, et peut-être sans le vouloir —, à porter la bonne nouvelle d'un salut pour tous.

JONAS

Jonas 1

Jonas fuit vainement devant la Parole de Dieu

¹ La parole du Seigneur s'adressa à Jonas fils d'Amittaï: ² «Lève-toi! va à Ninive la grande ville et profère contre elle un oracle parce que la méchanceté de ses habitants est montée jusqu'à moi.» ³ Jonas se leva, mais pour fuir à Tarsis hors de la présence du Seigneur. Il descendit à Jaffa, y trouva un navire construit pour aller à Tarsis; il l'affréta, s'embarqua pour se faire conduire par l'équipage à Tarsis hors de la présence du Seigneur. ⁴ Mais le Seigneur lança sur la mer un vent violent; aussitôt la mer se déchaîna à tel point que le navire menaçait de se briser. ⁵ Les marins, saisis de peur, appelèrent au secours, chacun s'adressant à son dieu, et, pour s'alléger, ils lancèrent à la mer tous les objets qui se trouvaient à bord. Quant à Jonas, retiré au fond du vaisseau, il s'était couché et dormait profondément. ⁶ Alors le capitaine s'approcha de lui et lui dit: «Hé! quoi! tu dors!... Lève-toi, invoque ton dieu. Peut-être ce dieu-là songera-t-il à nous et nous ne périrons pas.» ⁷ Puis ils se dirent entre eux: «Venez, consultons les sorts pour connaître le responsable du malheur qui nous frappe.» Ils consultèrent les sorts qui désignèrent Jonas. ⁸ Ils lui dirent donc: «Fais-nous savoir quelle est ta mission. D'où viens-tu? De quel pays es-tu? Quelle est ta nationalité?» ⁹ Il leur répondit: «Je suis hébreu, et c'est le Seigneur Dieu du ciel que je vénère, celui qui a fait la mer et les continents.» ¹⁰ Saisis d'une grande crainte, les hommes lui dirent: «Qu'as-tu fait là!» D'après le récit qu'il leur fit, ils apprirent, en effet, qu'il fuyait hors de la présence du Seigneur. ¹¹ «Qu'allons-nous te faire, pour que la mer cesse d'être contre nous?» lui dirent-ils, car la mer était de plus en plus démontée. ¹² Il leur dit: «Hissez-moi et lancez-moi à la mer pour qu'elle cesse d'être contre vous; je sais bien que c'est à cause de moi que cette grande tempête est contre vous.» ¹³ Cependant les hommes ramaient pour rejoindre la terre ferme, mais en vain: la mer de plus en plus démontée se déchaînait contre eux. ¹⁴ Ils invoquèrent donc le Seigneur et s'écrièrent: «Ah! Seigneur, nous ne voulons pas périr en partageant le sort de cet homme. Ne nous charge pas d'un meurtre dont nous sommes innocents. Car c'est toi Seigneur qui fais ce qu'il te plaît.» ¹⁵ Les hommes hissèrent alors Jonas et le lancèrent à la mer. Aussitôt la mer se tint immobile, calmée de sa fureur. ¹⁶ Et les hommes furent saisis d'une grande crainte à l'égard du Seigneur, lui offrirent un sacrifice et firent des vœux.

Jonas 2

**Jonas, au fond de l'abîme,
prie le Seigneur qui le sauve**

¹ Alors le S<small>EIGNEUR</small> dépêcha un grand poisson pour engloutir Jonas. Et Jonas demeura dans les entrailles du poisson, trois jours et trois nuits. ² Des entrailles du poisson, il pria le S<small>EIGNEUR</small>, son Dieu. ³ Il dit:

Dans l'angoisse qui m'étreint,
j'implore le S<small>EIGNEUR</small>:
il me répond;
du ventre de la Mort, j'appelle au secours:
tu entends ma voix.

⁴ Tu m'as jeté dans le gouffre
au cœur des océans
où le courant m'encercle;
toutes tes vagues et tes lames
déferlent sur moi.

⁵ Si bien que je me dis:
Je suis chassé de devant tes yeux.
Mais pourtant je continue à regarder
vers ton Temple saint.

⁶ Les eaux m'arrivent à la gorge
tandis que les flots de l'abîme
m'encerclent;
les joncs sont entrelacés autour de ma tête.

⁷ Je suis descendu
jusqu'à la matrice des montagnes;
à jamais les verrous du pays – de la Mort –
sont tirés sur moi.
Mais de la fosse tu me feras remonter
vivant,
oh! S<small>EIGNEUR</small>, mon Dieu!

⁸ Alors que je suis à bout de souffle,
je me souviens et je dis: «S<small>EIGNEUR</small>».
Et ma prière parvient jusqu'à toi,
jusqu'à ton Temple saint.

⁹ Les fanatiques des vaines idoles,
qu'ils renoncent à leur dévotion!

¹⁰ Pour moi, au chant d'actions de grâce
je veux t'offrir des sacrifices,
et accomplir les vœux que je fais.
Au S<small>EIGNEUR</small> appartient le salut!

¹¹ Alors le S<small>EIGNEUR</small> commanda au poisson et aussitôt le poisson vomit Jonas sur la terre ferme.

Jonas 3

**Jonas prêche, les Ninivites se convertissent,
Dieu pardonne**

¹ La parole du S<small>EIGNEUR</small> s'adressa une seconde fois à Jonas: ² «Lève-toi, va à Ninive la grande ville et profère contre elle l'oracle que je te communiquerai.» ³ Jonas se leva et partit, mais – cette fois – pour Ninive, se conformant à la parole du S<small>EIGNEUR</small>. Or Ninive était devenue une ville excessivement grande: on mettait trois jours pour la traverser. ⁴ Jonas avait à peine marché une journée en proférant cet oracle: «Encore quarante jours et Ninive sera mise sens dessus dessous», ⁵ que déjà ses habitants croyaient en Dieu. Ils proclamèrent un jeûne et se revêtirent de sacs, des grands jusqu'aux petits. ⁶ La nouvelle parvint au roi de Ninive. Il se leva de son trône, fit glisser sa robe royale, se couvrit d'un sac, s'assit sur de la cendre, ⁷ pro-

clama l'état d'alerte et fit annoncer dans Ninive: «Par décret du roi et de son gouvernement, interdiction est faite aux hommes et aux bêtes, au gros et au petit bétail, de goûter à quoi que ce soit; interdiction est faite de paître et interdiction est faite de boire de l'eau. [8] Hommes et bêtes se couvriront de sacs et ils invoqueront Dieu avec force. Chacun se convertira de son mauvais chemin et de la violence qui reste attachée à ses mains. [9] Qui sait! peut-être Dieu se ravisera-t-il, reviendra-t-il sur sa décision et retirera-t-il sa menace; ainsi nous ne périrons pas.» [10] Dieu vit leur réaction: ils revenaient de leur mauvais chemin. Aussi revint-il sur sa décision de leur faire le mal qu'il avait annoncé. Il ne le fit pas.

Jonas 4

Jonas se fâche, le Seigneur s'explique

[1] Jonas le prit mal, très mal, et il se fâcha. [2] Il pria le Seigneur et dit: «Ah! Seigneur! n'est-ce pas précisément ce que je me disais quand je vivais sur mon terroir? Voilà pourquoi je m'étais empressé de fuir à Tarsis. Je savais bien que tu es un Dieu bon et miséricordieux, lent à la colère et plein de bienveillance, et qui revient sur sa décision de faire du mal. [3] Maintenant, Seigneur, je t'en prie, retire-moi la vie; mieux vaut pour moi mourir que vivre!» – [4] «As-tu raison de te fâcher?» lui dit le Seigneur. [5] Jonas sortit et s'installa à l'est de la ville. Là, il se construisit une hutte et s'assit dessous, à l'ombre, en attendant de voir ce qui se passerait dans la ville. [6] Alors le Seigneur Dieu dépêcha une plante qui grandit au-dessus de Jonas de sorte qu'il y avait de l'ombre sur sa tête pour le tirer de sa mauvaise passe. Cette plante causa une grande joie à Jonas. [7] Le lendemain, à l'aurore, Dieu dépêcha un ver qui attaqua la plante; elle creva. [8] Puis, quand le soleil se mit à briller, Dieu dépêcha un vent d'est cinglant et le soleil tapa sur la tête de Jonas... Prêt à s'évanouir, Jonas demandait à mourir; il disait: «Mieux vaut pour moi mourir que vivre.» [9] Alors Dieu lui dit: «As-tu raison de te fâcher à cause de cette plante?» Jonas lui répondit: «Oui, j'ai raison de me fâcher à mort.» [10] Le Seigneur lui dit: «Toi, tu as pitié de cette plante pour laquelle tu n'as pas peiné et que tu n'as pas fait croître; fille d'une nuit, elle a disparu âgée d'une nuit. [11] Et moi je n'aurais pas pitié de Ninive la grande ville où il y a plus de cent vingt mille être humains qui ne savent distinguer leur droite de leur gauche, et des bêtes sans nombre!»

Récit historique ou fiction?

La question la plus déterminante pour l'interprétation du livre de Jonas concerne le genre littéraire. Faut-il entendre ce récit comme une «histoire vraie» et se mettre en frais de retrouver, par exemple, le type de navire sur lequel Jonas a pu s'embarquer, ou la sorte de monstre marin qui a pu l'engloutir, ou encore des attestations historiques de la «conversion» de Ninive? Ou faut-il au contraire le voir comme un récit construit de toutes pièces par l'auteur pour des raisons théologiques?

Trop souvent, hélas, on s'est arrêté à l'histoire de la «baleine», au détriment du message.

Jonas jeté à la mer.

Disons-le tout de suite: tout dans le texte pointe en direction de la fiction. Fiction littéraire, un peu à la manière des fables de La Fontaine, mais fiction qui traduit à merveille les conceptions théologiques d'une époque et parvient à faire passer, sous l'angle de la caricature et de l'humour, un message théologique qui a quelque chose de révolutionnaire.

Pour bien saisir le caractère fictif, imaginaire, des personnages et des événements, il suffit de relire un certain nombre de versets et de noter tout ce qui s'avère «invraisemblable», ou du moins étrange, inattendu. On peut le faire à la manière des journaux et magazines qui proposent des exercices d'observation au lecteur en leur demandant de trouver l'«erreur», c'est-à-dire le trait qui détonne dans le contexte. Dans le cas du livre de Jonas, on pourrait le faire à toutes les lignes pratiquement, tellement l'auteur est maître de l'art de raconter avec humour. Jugez-en par vous-même!

Trouvez l'«erreur»!

Texte	Les «invraisemblances» du récit
1, 3: Jonas se leva, mais pour fuir à Tarsis hors de la présence du SEIGNEUR. Il descendit à Jaffa, y trouva un navire construit pour aller à Tarsis; il l'affréta, s'embarqua pour se faire conduire par l'équipage à Tarsis hors de la présence du SEIGNEUR.	• Jonas vient de recevoir une mission pour le nord-est: il part tout de suite vers l'ouest et se cherche un navire qui le conduira plus à l'ouest et en direction sud! • «Fuir hors de la présence du SEIGNEUR», ce n'est pas tout à fait ce qu'on attendrait d'un de ses prophètes. Et, au fait, peut-on trouver un endroit sur terre qui échapperait à la «présence du SEIGNEUR»…?

Texte	Les «invraisemblances» du récit
1, 5: Les marins, saisis de peur, appelèrent au secours, chacun s'adressant à son dieu, et, pour s'alléger, ils lancèrent à la mer tous les objets qui se trouvaient à bord. Quant à Jonas, retiré au fond du vaisseau, il s'était couché et dormait profondément.	• Les marins, qui sont des païens, ont tout de suite une réaction de ferveur religieuse, tandis que le prophète, cet «homme de Dieu», ne trouve rien de mieux à faire que de dormir. Ferveur d'un côté, torpeur de l'autre... • Quand on raconte, il est de bon ton d'exagérer: «*tous les objets* qui se trouvaient à bord» auraient été lancés à la mer... Et alors, comment expliquer qu'ils aient ensuite trouvé ce qu'il faut pour lancer les sorts et pour offrir des sacrifices... et aussi pour manger et poursuivre le voyage?
1, 7: Puis ils se dirent entre eux: «Venez, consultons les sorts pour connaître le responsable du malheur qui nous frappe.» Ils consultèrent les sorts qui désignèrent Jonas.	• On consulte les sorts. Mais déjà le lecteur sait que les dés sont pipés et que Jonas sera désigné comme responsable. C'était à prévoir, non?
1, 14-16: Ils invoquèrent donc le Seigneur et s'écrièrent: «Ah! Seigneur, nous ne voulons pas périr en partageant le sort de cet homme. Ne nous charge pas d'un meurtre dont nous sommes innocents. Car c'est toi Seigneur qui fais ce qu'il te plaît.» Les hommes hissèrent alors Jonas et le lancèrent à la mer. Aussitôt la mer se tint immobile, calmée de sa fureur. Et les hommes furent saisis d'une grande crainte à l'égard du Seigneur, lui offrirent un sacrifice et firent des vœux.	• De païens qu'ils étaient au début du récit, voilà que les marins sont devenus de fervents yahvistes! Ils font aussi preuve d'un sens moral que le prophète lui-même aura du mal à adopter, et font une véritable profession de foi en la souveraine liberté du Seigneur. • La mer est, elle aussi, de connivence: il suffit que Jonas soit lancé par dessus bord pour que le calme revienne. C'est vraiment magique! • Tout le monde est sauvé... sauf le prophète, dont les mésaventures sont loin d'être terminées!
2, 11: Alors le Seigneur commanda au poisson et aussitôt le poisson vomit Jonas sur la terre ferme.	• Encore un tour de magie impressionnant. Jonas était quelque part dans la Méditerranée, et voilà que le poisson le vomit sur la terre ferme, vraisemblablement dans la région de Ninive... Quel souffle il fallait avoir!

Texte	Les «invraisemblances» du récit
3, 4-5: Jonas avait à peine marché une journée en proférant cet oracle: «Encore quarante jours et Ninive sera mise sens dessus dessous», que déjà ses habitants croyaient en Dieu. Ils proclamèrent un jeûne et se revêtirent de sacs, des grands jusqu'aux petits.	• L'auteur vient de spécifier qu'il fallait trois jours de marche pour traverser Ninive, et voilà que Jonas accomplit l'exploit en moins d'une journée! Soit qu'il était bien rapide, soit qu'il ait pris des raccourcis: ce n'est pas l'enthousiasme, et encore moins le perfectionnisme! • La conversion soudaine (*déjà*) et unanime (*des grands jusqu'aux petits*) des Ninivites est tout à fait renversante, d'autant plus que Jonas n'a prononcé que *cinq mots* (selon le texte hébreu). Et encore, son message est énigmatique à l'extrême, et ne comporte aucune invitation à la conversion. Sans compter le problème linguistique: en quelle langue Jonas a-t-il pu se faire entendre...? Mystère!
3, 7-8: (le roi de Ninive) proclama l'état d'alerte et fit annoncer dans Ninive: «Par décret du roi et de son gouvernement, interdiction est faite aux hommes et aux bêtes, au gros et au petit bétail, de goûter à quoi que ce soit; interdiction est faite de paître et interdiction est faite de boire de l'eau. Hommes et bêtes se couvriront de sacs et ils invoqueront Dieu avec force. Chacun se convertira de son mauvais chemin et de la violence qui reste attachée à ses mains.»	• C'est le roi, plutôt que le prophète, qui se livre à une réflexion sur l'agir divin (voir aussi le v. 9) et décrète aussitôt les mesures à prendre pour obtenir le pardon de Dieu. • L'auteur en rajoute toujours: voilà maintenant que même les bêtes («gros et petit bétail») reçoivent l'ordre de jeûner, de se couvrir de sacs et d'invoquer Dieu «avec force». Du jamais vu dans l'histoire religieuse d'Israël!
4, 11: Et moi je n'aurais pas pitié de Ninive la grande ville où il y a plus de cent vingt mille être humains qui ne savent distinguer leur droite de leur gauche, et des bêtes sans nombre!	Le chiffre de 120 000 pour la population de Ninive paraît nettement exagéré, et serait vite démenti par l'archéologie s'il devait être pris à la lettre. À moins qu'il ne s'agisse d'autre chose, et que le chiffre ait une valeur symbolique...?

La théologie en caricature

Tout est caricaturé dans le récit. On dirait le monde à l'envers! D'une part, les païens se tournent spontanément vers Dieu et s'empressent d'amender leur conduite pour lui plaire. Le prophète, quant à lui, est le moins empressé de tous à s'ajuster à la volonté de Dieu et à sa manière d'agir auprès de l'humanité: il fuit, il dort, il fait les choses vitement et sans conviction, il boude même après le succès et demande à mourir. Comme prophète, on a déjà vu mieux!

D'autre part, le texte met en scène un Dieu qui n'en finit pas de surprendre. Certes, il demeure le Tout-Puissant qui peut commander aux éléments de la nature: la tempête, le poisson, la plante, le soleil, le ver. Mais par ailleurs il semble impuissant devant la résistance et l'étroitesse d'esprit de son prophète. Il y a quelque chose d'étonnant à voir comment Dieu sait se faire obéir de tous, y compris les païens et les éléments de la nature, sauf de son prophète... Dieu serait-il à la remorque des fragilités et des étroitesses humaines? Quoi qu'il en soit, Dieu semble avoir plus de travail à faire avec Jonas qu'avec tout le reste de la création. Il y a là quelque chose de disproportionné: on a l'impression que Dieu ne peut pas laisser Jonas à lui-même un seul instant et qu'il doit inventer chaque fois de nouveaux moyens pour le ramener à sa mission.

Nous sommes manifestement devant une caricature. Caricature d'une certaine théologie, mais caricature tellement juste qu'elle devient elle-même théologie. Autrement dit, la caricature que l'auteur fait du prophète Jonas, loin de tourner court, devient elle-même porteuse d'un message théologique fondamental.

En un premier temps, il est aisé de voir que, sous le personnage de Jonas, l'auteur dessine une caricature d'un certain Israël qui se croyait bénéficiaire exclusif du salut et avait peine à accepter que Dieu puisse faire preuve de miséricorde vis-à-vis des autres nations, surtout s'il s'agissait de ses propres ennemis. Toutes les étroitesses sont attribuées ici à un seul personnage pour que la leçon soit plus percutante. Mais il ne faudrait pas en vouloir à Jonas, que l'auteur a tout simplement voulu dans son récit comme le miroir d'une théologie qui prévalait en son temps. Et pour en proposer la contrepartie, il lui fallait grossir les traits et montrer le ridicule d'une attitude qui s'apparenterait à celle de Jonas.

Il ne faut donc pas «chosifier» le récit et croire que Jonas a pu se mériter, historiquement, toutes les mésaventures que le récit lui prête. Par contre, l'attitude que l'auteur lui prête n'était que trop réelle au sein d'Israël, au moment où il écrivait. Et c'est là toute la force de sa caricature: par le biais de l'humour et du rire, il pouvait amener ses lecteurs à prendre conscience du ridicule d'une attitude aussi étroite et infantile que celle du prophète qui se fâche, au lieu de se réjouir, à la seule idée de voir que les païens ont droit à l'amour de Dieu et à sa miséricorde aussi bien que lui...

Souriez: Dieu pardonne aux pécheurs!

À la manière des paraboles de Jésus, le récit de Jonas comporte essentiellement une leçon – ce qu'on appelle la «pointe» d'une parabole –, qui est d'ordre théologique et non pas moral, en ce sens qu'elle nous révèle quelque chose du vrai visage de Dieu. C'est par la suite, comme dans les paraboles, que viendra l'exigence «morale» ou, pour mieux dire, «théologale»: l'agir humain devra s'ajuster à l'agir de Dieu.

Or dans le livre de Jonas, comme dans bon nombre de paraboles de Jésus, Dieu apparaît d'abord et avant tout comme un *Dieu de miséricorde, qui pardonne aux pécheurs*. Dès le début de son récit, l'auteur ne laisse planer aucun doute sur la «méchanceté» des Ninivites (1, 3) et, plus tard, le roi de Ninive lui-même reconnaît explicitement la violence dont chacun s'est rendu coupable: «Chacun se convertira de son mauvais chemin et de la violence qui reste attachée à ses mains» (3, 8). Voilà le problème que le livre essaie de résoudre: les Ninivites ont péché. La brève prédication de Jonas suggère une «solution» dans la ligne d'une certaine théologie classique de la rétribution: les Ninivites ont péché, *donc* Ninive sera détruite!

Ninive en ruines.

«Solution» d'une certaine théologie, mais qui n'est pas la solution choisie par Dieu. Contre toute attente (vraiment? pour Jonas, en tout cas), Ninive n'est pas détruite: «Dieu vit leur réaction: ils revenaient de leur mauvais chemin. Aussi revint-il sur sa décision de leur faire le mal qu'il avait annoncé. Il ne le fit pas» (3, 10). Le texte ne parle pas encore de miséricorde, mais c'est bien de cela qu'il s'agit, comme Jonas, du reste, le comprend très bien lorsqu'il interprète ce qui vient de se passer: «Ah! SEIGNEUR! n'est-ce pas précisément ce que je me disais quand je vivais sur mon terroir? Voilà pourquoi je m'étais empressé de fuir à Tarsis. Je savais bien que tu es un Dieu bon et miséricordieux, lent à la colère et plein de bienveillance, et qui revient sur sa décision de faire du mal» (4, 2).

La cause semble entendue, mais voilà qu'elle connaît un nouveau rebondissement: alors que les Ninivites sont pardonnés, il y a encore quelqu'un qui résiste et n'est pas très content: «Jonas le prit mal, très mal, et il se fâcha» (4, 1). Jonas est fâché, et pas seulement un peu. Il insiste: «Oui, j'ai raison de me fâcher à mort» (4, 9). Tant et si bien que le vrai problème – comme on l'aura d'ailleurs pressenti à voir les mésaventures s'abattre sur lui –, c'est Jonas, et non pas les Ninivites. Exactement comme, plus tard, dans la célèbre parabole de Jésus sur le pardon accordé par le père à son «fils retrouvé» (Lc 15, 11-32), c'est le fils aîné qui fera problème, et non le plus jeune. Autrement dit, la question que soulève le récit de Jonas, et notamment l'attitude personnelle du prophète, est celle de l'acceptation ou du refus de la bonne nouvelle d'un Dieu qui pardonne aux pécheurs. Dieu a pardonné: au lieu de s'en réjouir, Jonas se fâche et demande à mourir. Un Dieu qui pardonne serait-il plus difficile à accepter qu'un Dieu qui punit? Comme le père de la parabole vis-à-vis du fils aîné, Dieu mettra tout en œuvre, et jusqu'à la toute fin, pour faire comprendre à Jonas qu'il lui faudrait se réjouir et non pas s'attrister du pardon accordé aux pécheurs. Entrera? n'entrera pas dans la joie de Dieu? Telle est la question qui demeure en sus-

UNE PARABOLE DIGNE DU NOUVEAU TESTAMENT

UNE COMPARAISON ENTRE JONAS ET LC 15, 11-32

Mise à part la longueur, exceptionnelle dans le premier cas, le livre de Jonas se compare avantageusement aux paraboles de Jésus sur la miséricorde. Le rapprochement le plus significatif est celui qu'on peut faire entre Jonas et Luc 15, 11-32.

• Dans les deux cas, la pointe est la même: Dieu pardonne aux pécheurs (aux Ninivites qui reviennent de leur mauvais chemin et au fils prodigue qui revient de loin). Dans les deux cas aussi, ce n'est pas le péché qui fait problème, mais plutôt le fait que Dieu pardonne aux pécheurs: Jonas est fâché? Le fils aîné l'est également! Tous deux ont du mal à imaginer que Dieu puisse se réjouir du retour des pécheurs et les accueillir à bras ouverts.

• Les deux récits font également état de la patience de Dieu, qui prend le temps de dialoguer avec celui qui ne comprend pas les voies de sa miséricorde: soit qu'il rejoigne un Jonas en colère, installé à l'est de la grande ville, soit qu'il fasse les premiers pas, en sortant de la maison, pour aller à la rencontre du fils qui refuse de se joindre à la fête.

• Ce n'est pas par hasard non plus que les deux récits gardent le dernier mot pour Dieu: car c'est bien son point de vue que l'auteur de *Jonas* et Jésus veulent faire valoir à leurs lecteurs-auditeurs. Enfin, comment ne pas souligner que, de ce fait-même, les deux récits sont des «paraboles ouvertes»: Dieu ayant parlé le dernier, on attend encore la réponse de Jonas et celle du fils aîné. Auront-ils enfin compris? Vont-ils enfin entrer dans la fête et faire l'expérience d'un Dieu de miséricorde infinie?

Et si Jonas, si le fils aîné, c'était nous? Entrera? N'entrera pas dans la fête? À suivre.

pens à propos de Jonas et du fils aîné, à la conclusion des deux paraboles...

Le salut pour tous!

Nous avons parlé tantôt de leçon unique pour une parabole comme celle de Jonas. Mais cette leçon est tellement riche qu'on peut l'aborder sous l'une ou l'autre de ses facettes. Le fond du message est clair: Dieu a pardonné aux Ninivites. Mais du coup, il faut réfléchir aux implications que cela pouvait avoir pour les destinataires du livre de Jonas. Ninive n'est pas une ville quelconque, mais bien la capitale d'un empire qui fut le plus grand ennemi d'Israël durant la période de la monarchie, plus grand et plus redoutable encore que Babylone, pourtant responsable de la chute de Jérusalem et de la déportation de ses habitants. En faisant état du pardon accordé aux Ninivites, l'auteur du livre de Jonas ne dit rien de moins que ceci: Ninive la grande, Ninive la païenne, Ninive l'ennemie est, elle aussi, aimée de Dieu et objet de sa tendresse et de sa miséricorde. Autrement dit, le Dieu d'Israël, révélé jadis à Moïse et qui parle aujourd'hui par les prophètes, *est le même pour tous*. Sa miséricorde n'est pas une qualité qu'il met en œuvre pour Israël seulement mais pour toutes les nations. Si Ninive peut être pardonnée, tous peuvent avoir accès au salut.

Parce que Dieu est Dieu...

Une lecture superficielle du récit pourrait cependant faire croire qu'on n'a guère dépassé la théologie de la rétribution et que, tout compte fait, si Dieu a pardonné, c'est *parce que les Ninivites se sont convertis*. C'est du moins ce qui ressort des calculs faits par le roi de Ninive: «Chacun se convertira de son mauvais chemin et de la violence qui reste attachée à ses mains. Qui sait! peut-être Dieu se ravisera-t-il, reviendra-t-il sur sa décision et retirera-t-il sa menace; ainsi nous ne périrons pas» (3, 8-9). Calculs qui semblent justes, puisque, au verset suivant, l'auteur conclut: «Dieu vit leur réaction: ils revenaient de leur mauvais chemin. Aussi revint-il sur sa décision de leur faire le mal qu'il avait annoncé. Il ne le fit pas» (3, 10).

Mais c'est justement là que commence le véritable débat théologique, qui se joue maintenant entre Jonas et Dieu. Sans le savoir, c'est Jonas qui fournit la meilleure explication: «Je savais bien que tu es un Dieu bon et miséricordieux, lent à la colère et plein de bienveillance, et qui revient sur sa décision de faire du mal» (4, 2). Il y a une seule raison qui peut rendre compte du pardon divin: c'est l'être même de Dieu, dont la nature est d'être «bon et miséricordieux, lent à la colère et plein de bienveillance». Il s'agit bel et bien d'une raison d'ordre théologique. Le pardon de Dieu ne saurait dépendre de la conduite humaine. Il est, au contraire, essentiellement le fruit d'un amour gratuit, profondément enraciné en Dieu.

Que le pardon, finalement, ne puisse s'expliquer que par Dieu lui-même et par ce qu'il est à l'égard de l'humanité, cela ressort également du fait que c'est à lui que l'auteur donne le dernier mot (4, 10-11). Lui seul peut «justifier» sa conduite. Et comment le fait-il? Dans une finale toute en sous-entendus mais empreinte d'une tendresse infinie, Dieu se révèle un pédagogue incomparable. D'une part, sa longue expérience avec une humanité pécheresse l'amène à se faire le défenseur de la faiblesse et de l'ignorance des Ninivites (ces «être humains qui ne savent distinguer leur droite de leur gauche»). D'autre part, la comparaison qu'il adresse à Jonas nous dit l'attachement qu'il porte à l'humanité. Si Jonas croit avoir raison de pleurer la disparition d'une plante pour laquelle il n'a pas peiné un seul instant, à combien plus forte raison Dieu a-t-il raison de s'émouvoir et d'avoir pitié «de Ninive la grande ville où il y a plus de cent vingt mille êtres humains» (*sous-entendu*: pour lesquels j'ai moi-même peiné en les créant!). Là encore, quelle leçon d'universalisme! Le Dieu révélé à Moïse, et auquel Jonas fait explicitement allusion, est, *du fait même de la création, un Dieu de bonté et de miséricorde pour tous et pour toutes*.

LA BIBLE RELUE AVEC LE SOURIRE...

On ne peut pas y échapper: l'histoire de Jonas est fantaisiste à souhait et le récit de ses aventures est placé sous le signe de l'humour. Voilà ce qui ressort d'une première lecture. Or, bien loin d'infirmer cette première impression, une lecture plus approfondie de *Jonas* révèle au contraire comment l'auteur a su appliquer son talent d'humoriste-théologien à d'autres traditions bibliques. En fait, derrière le scénario des mésaventures de Jonas, on voit se profiler une habile construction théologique, tissée de réminiscences bibliques, et grâce à laquelle l'auteur peut transmettre son message de façon encore plus percutante. Passons maintenant en revue quelques-unes de ces réminiscences bibliques.

Tout d'abord, on sent l'influence du récit de la Genèse au sujet de Caïn. En effet, Jonas est le seul personnage, avec Caïn, dont la Bible ait dit qu'il s'est enfui «hors de la présence du SEIGNEUR» (1, 3. 10 ; cf. Gn 4, 16). L'auteur nous fait déjà apparaître Jonas sous un jour défavorable, et le rapprochement avec Caïn laisse entendre que Jonas réagit vis-à-vis sa mission un peu comme Caïn vis-à-vis son crime. Rapprochement peu flatteur, en effet!

Pour l'instant, disons que ce rapprochement ne pourrait être que simple coïncidence... Pourtant l'auteur insiste. Au chapitre 4, on apprend en effet que Jonas est très fâché de la conduite de Dieu et que Dieu se voit dans l'obligation de le reprendre et de lui demander d'expliquer sa colère (4, 1. 4. 9). Nouveau parallèle entre Jonas et Caïn: ce dernier s'était également irrité devant la conduite de Dieu qui avait agréé le sacrifice de son frère (Gn 4, 5), et Dieu avait aussi contesté la légitimité de sa colère (Gn 4, 6). Jonas a donc autant de problèmes avec la miséricorde de Dieu que Caïn avait pu en avoir avec la liberté de ce même Dieu...

On a déjà vu, dans un autre encadré, les parallèles entre le récit de Jonas et celui du déluge, commençant tous les deux par une destruction généralisée, réelle ou anticipée, et s'achevant tous les deux sur une perspective de salut universel. Il est un autre récit de la *Genèse*, apparenté à celui du déluge, qui a aussi laissé des traces dans le livre de Jonas: c'est celui de la destruction de Sodome et Gomorrhe (Gn 18-19). Là aussi, comme pour le déluge et pour Ninive, la situation initiale en est une de corruption généralisée (Gn 18, 20). Mais c'est surtout au sujet de la nature même de la catastrophe, réalisée ou projetée, que les deux épisodes se rejoignent: Sodome et Gomorrhe sont passées à l'histoire en raison du fameux «bouleversement» (Gn 19, 25. 29) opéré par le Seigneur. Or, dans le texte hébreu, le livre de Jonas emploie exactement la même racine, lorsqu'il fait dire à Jonas: «Encore quarante jours et Ninive sera *mise sens dessus dessous* (= *bouleversée*)» (3, 4). Ce sont là les deux seuls «bouleversements» que la Bible attribue à Dieu... Normalement, donc, Ninive était vouée au même sort que Sodome et Gomorrhe: par contraste, le salut de Ninive n'en paraît que plus grand et plus gratuit!

Enfin, pour affiner sa caricature du prophète Jonas, l'auteur imagine même certains rapprochements avec le grand prophète Élie. Le délai des 40 jours pourrait, en plus des autres allusions déjà indiquées, faire penser à la marche d'Élie vers l'Horeb (1 R 19, 18), et surtout le fait que Jonas appelle la mort comme une délivrance

▷

(«Maintenant, Seigneur, je t'en prie, retire-moi la vie; mieux vaut pour moi mourir que vivre!»: 4, 3) n'est pas sans rappeler le cri pathétique d'Élie: «Il demanda la mort et dit: "Je n'en peux plus! Maintenant, Seigneur, prends ma vie, car je ne vaux pas mieux que mes pères"» (1 R 19, 4). Les deux prophètes ont en commun d'avoir connu un succès total (les Ninivites se sont convertis à la prédication de Jonas et Élie a remporté sa confrontation avec les prêtres de Baal – 1 R 18) et de ne pouvoir supporter plus longtemps les conséquences de leur succès. Mais là encore, le rapprochement ne fait qu'accentuer le contraste: contrairement à Jonas, Élie s'est dévoué corps et âme pour sa mission et la rencontre avec Dieu à l'Horeb lui rendra la paix. On ne peut pas en dire autant de Jonas: il s'est acquitté de sa mission du bout des lèvres seulement, et qui sait s'il a jamais retrouvé sa sérénité... Il fallait quand même de l'audace, de la part de l'auteur, pour oser comparer Jonas, le prophète obscur et rebelle, au grand prophète Élie dont le zèle est demeuré légendaire!

On pourrait également faire des rapprochements avec les récits de l'Exode et du passage de la mer Rouge, ou avec les Psaumes, ou encore avec certains passages de Joël et de Jérémie. Les quelques exemples proposés suffisent toutefois pour illustrer à quel point l'auteur est passé maître dans l'art de *corriger les mœurs (théologiques) par le sourire* (selon l'adage latin: *Castigat ridendo mores*). S'il démontre une profonde connaissance des traditions bibliques, il n'en fait pas moins preuve d'une extrême liberté. Avec finesse et tout en nuances, il réussit à faire voir à quelle impasse une certaine théologie du salut peut conduire et invite à une théologie plus souriante et plus joyeuse, axée sur la miséricorde de Dieu et sur le souci que Dieu porte à *toutes ses créatures. Souriez, Dieu vous aime!*

Pour prolonger la réflexion:

ALLENBACH, J., «La figure de Jonas dans les textes préconstantiniens, ou l'histoire de l'exégèse au secours de l'iconographie», dans *La Bible et les Pères*; Colloque de Strasbourg (1969). Paris, Presses Universitaires de France, 1971, pp. 97-112.

AMSLER, S., «Jonas», dans AMSLER, S., ASURMENDI, J., AUNEAU, J., MARTIN-ACHARD, R., *Les prophètes et les livres prophétiques*. Paris, Desclée, 1985 (Petite Bibliothèque des Sciences Bibliques - Ancien Testament, 4), pp. 324-328.

BURROWS, M., «The Literary Category of the Book of Jonah», dans *Translating & Understanding the Old Testament. Essays in honour of H.G. May*, edited by H.T. FRANK and W.L. REED. Nashville, Abingdon Press, 1970, pp. 80-107.

DEFOIS, G., *Jonas ou l'insurrection de Dieu*. Paris, Éditions Cana, 1979, 199p.

DUVAL, Y.-M., *Le livre de Jonas dans la littérature chrétienne grecque et latine; sources et influence du Commentaire sur Jonas de saint Jérôme*. 2v. Paris, Études Augustiniennes, 1973, 748p.

EDWARDS, R.A., *The sign of Jonah in the Theology of the Evangelists and Q*. London, SCM Press, 1971 (Studies in Biblical Theology, II-18) viii, 122p.

FEUILLET, A., *Le livre de Jonas*. 3ᵉ éd. revue. Paris, Cerf, 1966 (Bible de Jérusalem) 36p.

FOCANT, C., «Jonas, Signe», dans *Dictionnaire encyclopédique de la Bible*. Turnhout (Belgique) Brepols, 1987, pp. 677-678.

GUILMIN, S., «Jona», dans *Études Théologiques et Religieuses* 61 (1986) pp. 189-193.

GUIMBAL, M., *Deux voyageurs des grandes eaux. Le signe de Jonas. La passion de saint Noé. Contes bibliques*. Paris, Cerf, 1989, 126 p.

HARVIANEN, T., «Why were the Sailors not Afraid of the Lord before Verse Jonah 1,10?», dans *Studia Orientalia* 64 (1988) pp. 77-81.

«*JONAS* ou "il y a toujours plus à l'Est que soi"», par C. COMBET (et autres), dans *Sémiotique et Bible* 49 (1988) pp. 1-14.

KELLER, C.A., *Jonas*. 2ᵉ éd. Genève, Labor et Fides, 1982 (Commentaire de l'Ancien Testament, XIa) pp. 263-291.

KELLER, C.A., «Jonas. Le portrait d'un prophète», dans *Theologische Zeitschrift* 21 (1965) pp. 329-340.

LACOCQUE, A. ET Lacocque, P.-E., *Le complexe de Jonas. Une étude psycho-religieuse du prophète*. Paris, Cerf, 1989 (Initiations), 320p.

LANDES, G.M., «The Kerygma of the Book of Jonah. The Contextual Interpretation of the Jonah Psalm», dans *Interpretation. A Journal of Bible and Theology* 21 (1967) pp. 3-31.

LUBECK, R.J., «Prophetic Sabotage: A Look at Jonah 3:2-4», dans *Trinity Journal* 9 (1988) pp. 37-46.

MAGONET, J., *Form and Meaning. Studies in Literary Techniques in the Book of Jonah*. Bern; H. Lang; Frankfurt, P. Lang, 1976 (Beitrage zur biblischen Exegese und Theologie, 2), 169p.

MAILLOT, A., *Jonas, ou Les farces de Dieu*. Paris; Neuchatel; Montréal, Delachaux et Niestlé, 1977, pp. 7-82.

MILES, J.A., «Laughing at the Bible: Jonah as Parody», dans *Jewish Quarterly Review* 65 (1974-1975) pp. 168-181.

MONLOUBOU, L., «Jonas, Livre», dans *Dictionnaire encyclopédique de la Bible*. Turnhout (Belgique) Brepols, 1987, pp. 676-677.

MORA, V., *Jonas*. Paris, Cerf, 1981 (Cahiers Évangile, 36), 63p.

MORA, V., *Le signe de Jonas*. Paris, Cerf, 1983 (Lire la Bible, 63), 151p.

VISCHER, W., «L'évangile selon saint Jonas», dans *Études Théologiques et Religieuses* 50 (1975) pp. 161-173.

CONCLUSION

Les deux versants de la parole prophétique

Nous voilà parvenus au terme d'un long itinéraire, qui nous a conduits du prophète «rugissant», Amos, jusqu'à Jonas, le prophète qui fait sourire. Ces deux prophètes illustrent singulièrement les deux versants du message prophétique. D'une part, avec le langage percutant et sans ménagement d'un Amos, la parole prophétique clame *l'incontournable urgence de la conversion à la justice*. D'autre part, avec Jonas, la pédagogie de la parole prophétique emprunte aussi le registre de l'humour, pour mieux faire saisir *l'imprévisible nouveauté de la tendresse de Dieu et de son amour pour l'humanité*. D'Amos jusqu'à Jonas, en passant par Osée, Ésaïe, Jérémie, Ézéchiel, Aggée, Zacharie et Malachie, la parole prophétique évoluera toujours sur ces deux versants de l'amour de Dieu pour son peuple: d'une part, l'exigence quasi impatiente de la fidélité, et de l'autre, l'assurance d'une tendresse infinie, toujours prête à pardonner.

C'est à cet essentiel de la parole prophétique que nous avons essayé de nous attacher, au cours de cette étude, tout en sachant bien que rien ne pourra dispenser d'une fréquentation assidue de *l'ensemble des textes*. Nous avons cherché à donner le goût de lire les prophètes bibliques, et à proposer des moyens d'entreprendre cette lecture. En nous mettant chaque fois à l'écoute de l'*histoire* contemporaine des prophètes, de certains *textes-témoins* tirés de leurs livres, et de leur *vision du mystère de Dieu*, nous avons pu saisir quelque chose de la diversité et de l'extrême richesse du mouvement prophétique en Israël. Tout n'a pas été dit, et il resterait bien des textes à voir pour saisir encore d'autres couleurs de la mosaïque formée par les écrits et la théologie des prophètes. Mais l'essentiel était d'ouvrir la voie, de donner envie de lire, et de suggérer une approche.

Le sens d'un itinéraire

Au moment de conclure l'étude, rappelons brièvement l'objectif de l'itinéraire que nous avons suivi.

Pour chacun des prophètes étudiés, nous avons commencé par *le recours à l'histoire*. À plus d'un lecteur et d'une lectrice, cette première étape aura pu appaître comme une pure question de curiosité intellectuelle, histoire de parfaire sa propre culture biblique. C'est pourtant là une étape essentielle et décisive pour bien comprendre le sens et la portée des interventions prophétiques. Non pas qu'il faille tout historiciser et prendre chacun des livres prophétiques comme une chronique. Mais les prophètes sont liés à des événements bien concrets, et leurs textes témoignent d'une sensibilité peu commune à l'histoire de leur temps. Ils nous ont ainsi révélé un Dieu qui s'intéresse à l'histoire humaine et qui invite les croyants à s'y intéresser à leur tour. En acceptant de nous laisser dépayser pour retrouver le contexte historique dans lequel les prophètes ont annoncé la Parole, nous avons fait un premier pas pour laisser cette même Parole venir transformer l'aujourd'hui de notre foi.

En deuxième lieu, nous avons choisi *trois textes-témoins*. Bien entendu, c'est là que l'entreprise était la plus risquée. Trois textes seulement, c'est bien peu en comparaison de la production littéraire des prophètes que nous avons étudiés et de la durée de leur ministère prophétique. Une foule d'autres textes auraient pu être choisis et pourraient revendiquer d'être aussi importants ou aussi représentatifs du message de tel ou tel prophète. Soit! et c'est tout à l'honneur des prophètes que de nous avoir livré de si précieuses collections.

Il fallait cependant risquer, en choisissant parfois des textes très connus comme le récit de la vocation d'Ésaïe ou son fameux oracle de l'Emmanuel, ou encore le récit de la vocation de Jérémie et son oracle de la nouvelle alliance, ou en proposant des textes souvent laissés dans l'ombre comme le procès de Dieu contre Israël, en *Amos* 2 et *Osée* 2, ou le plaidoyer de Jérémie (Jr 9) en faveur de la justice. On ne redira jamais trop l'importance de *retourner au texte*. Célèbres ou pas, les textes prophétiques ont toujours quelque surprise en réserve, et quels que soient les textes choisis, on y trouvera toujours une parole courageuse, stimulante et interpellante. Espérons seulement que le sondage effectué sur les quelques textes retenus ici donnera envie de poursuivre la recherche et de faire d'autres découvertes.

Enfin, la dernière étape nous a conduits à considérer *le Dieu* de chacun *des prophètes* étudiés. Certes il s'agit toujours du même Dieu, mais chacun des prophètes en a fait une expérience unique, dont ses écrits témoignent. On pourra discuter des nuances ou des degrés de différence d'un prophète à l'autre, mais on tombera vite d'accord sur l'essentiel. *Le cœur du message des prophètes est théologique*: leur mission reflète et actualise leur perception du mystère de Dieu. Essentiellement, leur mission consiste à révéler un ou des aspects du mystère de Dieu.

On ne lit pas les prophètes de la Bible pour apprendre ce qui se passera dans l'avenir, mais pour découvrir ce que Dieu entend être pour l'humanité. C'est sans doute là que réside le trésor de la parole prophétique. À travers leur prédication et leurs écrits, on découvrira tour à tour le Dieu «trois fois saint» et le Dieu infiniment proche, le Dieu qui «rugit» et le Dieu qui sourit, le Dieu qui «arrache et renverse» comme aussi le Dieu qui veut «bâtir et planter». Il est le Dieu des proches et des lointains, dont la présence remplit tout l'univers et lui donne sens:

> Je ne serais que le Dieu de tout près
> – oracle du Seigneur –
> et je ne serais pas le Dieu des lointains? (...)
> N'est-ce pas moi qui remplis
> le ciel et la terre?
> – oracle du Seigneur.
>
> (Jr 23, 23-24)

Ne fût-ce que pour leur réponse à cette seule question «*Prophète, dis-moi quel est ton Dieu?*», rien ne pourra jamais dispenser de la lecture des prophètes de la Bible, ces passionnés de Dieu et de l'aventure humaine.

Les prophètes dans l'histoire

(d'après les données de la TOB)

Prophète	Ministère
1. AMOS	750
2. OSÉE	750
3. ÉSAÏE	740-700
4. MICHÉE	740
5. NAHOUM	660
6. SOPHONIE	630
7. JÉRÉMIE	626-587
8. HABAQUQ	600
9. ÉZÉCHIEL	593-570
10. ABDIAS	580
11. AGGÉE	520
12. ZACHARIE	520
13. JOËL	??? (entre 600 et 200!)
14. [JONAS]	récit fictif mettant en scène un prophète du VIIIe siècle
15. MALACHIE	400

Quelques dates importantes pour situer les prophètes

Chronologie	Événements
1200-1000	période des JUGES & SAMUEL
1000	DAVID, roi de Juda & Israël
970	SALOMON, roi de Juda & Israël
933	division en 2 royaumes: Israël = royaume du Nord Juda = royaume du Sud
722-721	prise de Samarie et fin du royaume du Nord
597	prise de Jérusalem par Nabuchodonosor et 1re DÉPORTATION À Babylone
587	DESTRUCTION DU TEMPLE par Nabuchodonosor et 2e DÉPORTATION À Babylone
538	édit de Cyrus fin de l'exil et retour à Jérusalem

Table des encadrés

Prophètes en liberté 7
La prophétie au féminin 17
Un prophète au pays des sages? 38
Osée 1 et 3: mariage ou remariage? 58
Dire Dieu à partir de l'amour humain et de la sexualité . . 69
Ésaïe ou Isaïe? 78
Le «Nouveau Testament», une trouvaille des prophètes? 88
Les «confessions» de Jérémie 108
Lettre de Jérémie aux premiers déportés 114
«Qui est mon prochain...?» 123
Le prophète, ce fils d'homme... 141
La chute d'un ange? (Ézéchiel 28) 153
Pourquoi Jonas? 178
Une parabole digne du Nouveau Testament 187
La Bible relue avec le sourire 189
Les prophètes dans l'histoire 196
Quelques dates importantes pour situer les prophètes . . . 197

CRÉDITS ICONOGRAPHIQUES

p. 12　Guylaine Malo, d'après un détail de la porte de bronze de l'église Saint-Zénon, Vérone (Italie).

p. 30　Moïse tenant le rouleau de la Loi. Fresque de la synagogue de Doura Europos. Début du IIIe s. ap. J.-C., Musée national, Damas (Syrie).*

p. 31　Guylaine Malo, d'après *Le moulin mystique*, chapiteau de la basilique de Vézelay (France).

p. 36　Guylaine Malo, d'après un détail d'une enluminure de la Bible anglaise de Park Abbey, XIIe siècle.

p. 42　(déplacée à p. 51) Guylaine Malo, d'après une sculpture en ivoire du VIIIe s. av. J.-C., musée d'Alep (Syrie).

p. 57　Guylaine Malo, *Osée épousant Gomer*, d'après un bas relief de la cathédrale d'Amiens (France).

p. 79　Guylaine Malo, *Ésaïe*, d'après une sculpture extérieure de l'église Saint-Pierre de Moissac (France).

p. 82　Bas-relief assyrien de l'époque de Sargon II, provenant de Dur-Sharrukin (Khorsabad), 721-705 av. J.-C., Musée du Louvre (France).*

p. 89　Personnage fantastique de la mythologie hittite, VIIIe s. av. J.-C., Karatepe (Turquie).*

p. 103　Détail de décoration d'une lyre provenant de la nécropole royale d'Ur. Marqueterie de coquillage sur fond de bitume, XXVe s. av. J.-C., University Museum, Philadelphie (États-Unis).*

p. 108　*Jérémie dans la citerne*, © I.R.H.T.-C.N.R.S. (France).

p. 109　Détail d'un bas-relief de Nimrud, célébrant une victoire d'Assurnasirpal II, 883-859 av. J.-C., Musée du Louvre (France).*

p. 114　Guylaine Malo, d'après une enluminure du Psautier Smith-Lesouëf, XIIIe s., Bibliothèque nationale (France).

p. 127　Scène de banquet hittite. Bas-relief en basalte. VIIIe s. av. J.-C., Karatepe (Turquie).*

p. 134　Départ en exil, sous la garde d'un soldat assyrien. Bas-relief du palais d'Assurbanipal à Ninive, 668-633 av. J.-C., Musée du Louvre (France).*

p. 136　*Ézéchiel*, enluminure, © I.R.H.T.-C.N.R.S. (France).

p. 146　Guylaine Malo, d'après un manuscrit, 970 ap. J.-C., Seo de Urgel.

p. 153　Guylaine Malo, d'après un émail du XIIe s. ap. J.-C., Nantes (France).

p. 159　Remise des tributs. Bas-relief de l'escalier est de l'Apadana, salle de réception du palais de Darius et Xersès à Persépolis. En haut, une délégation de Grecs ; au centre, les Scythes et en bas les Bactrians. 485-465 av. J.-C., Persepolis (Iran).*

p. 164　Ahuramazda. Bas-relief sculpté sur l'ordre de Darius I, au bord de la route menant d'Ecbatane à Babylone, pour commémorer la paix éternelle sous son empire, 521 av. J.-C., Bisutun, Kurdistan (Iran).*

p. 167　Am 1, 5 Prise de Karkar, en Syrie, et départ de ses habitants en esclavage. 858-824 av. J.-C., British Museum, Londres (Grande-Bretagne).*

p. 176　Guylaine Malo, d'après une enluminure de la Bible de Sauvigny, XIIe s., Bibliothèque de Moulins (France).

p. 180　Guylaine Malo.

---

* Ces illustrations sont tirées de *La Bible de Jérusalem avec guide de lecture*, Paris-Montréal, Éditions du Cerf - Desclée de Brouwer - Iris diffusion, 1992. Avec l'autorisation des éditeurs. Tous droits réservés.

Table des matières

Introduction	5
Chapitre 1	
«Prophète, qui es-tu...?»	11
Les prophètes dans la Bible	11
Le sens des mots	13
Hommes de la *Parole*	13
Hommes du présent	14
Des hommes de vision	16
Hommes de l'*Esprit*?	20
Témoins et *signes* pour le peuple	20
Des gens qui dérangent	21
Des inconditionnels de l'espérance	23
Pour prolonger l'étude	25
Chapitre 2	
Des prophètes à Jésus, un même Évangile?	27
Chapitre 3	
Amos: la voix qui «rugit»	35
I- Un prophète à redécouvrir	35
II- Trois textes pour comprendre Amos	40
1. Israël au banc des accusés (Am 2, 6-16)	41
2. «Prépare-toi, Israël, à rencontrer ton Dieu» (Am 4, 4-13)	44
3. «Je déteste, je méprise vos pèlerinages...»	

	(Am 5, 21-27)	48
III-	Le Dieu d'Amos	50
	Pour prolonger l'étude	54

Chapitre 4
Osée, le témoin d'un amour fou 55

I-	Un prophète et ses amours...	55
	Mariage d'Osée (première version)	56
	Mariage d'Osée (deuxième version)	56
II-	Trois textes pour comprendre Osée	61
	1. «Faites un procès à votre mère...» (Os 2, 4-25)	61
	2. «Votre amour est comme la nuée du matin...» (Os 6, 1-6)	65
	3. «Reviens donc, Israël, au Seigneur ton Dieu...» (Os 14, 2-9)	70
III-	Le Dieu d'Osée	72
	Pour prolonger l'étude	75

CHAPITRE 5
Ésaïe, le messager du «Saint d'Israël» 77

I-	Un maître-prophète à la cour de Jérusalem: Ésaïe, fils d'Amoç	77
II-	Trois textes pour comprendre Ésaïe (1-39)	84
	1. Entre l'amour et l'injustice: le chant du bien-aimé et de sa vigne (Es 5, 1-7)	84
	2. La vision du Dieu trois fois saint (Es 6, 1-12) .	89
	3. Le signe du Dieu-avec-nous: l'Emmanuel (Es 7, 10-17)	93
III-	Le Dieu d'Ésaïe	99
	Pour prolonger l'étude	104

CHAPITRE 6
Jérémie: la passion de la Parole 107

    I- Entre le rêve et l'exil 107
    II- Trois textes pour comprendre Jérémie 116
        1. Dieu veille à l'accomplissement de sa Parole (Jr 1, 4-19) 116
        2. Pas de connaissance de Dieu sans justice! (Jr 9, 1-11) 122
        3. La nouvelle alliance (Jr 31, 31-34) 128
    III- Le Dieu de Jérémie 131
    Pour prolonger l'étude 135

CHAPITRE 7
Ézéchiel: le visionnaire de la gloire 137
    I- Les paradoxes d'un prophète 138
    II- Trois textes pour comprendre Ézéchiel 144
        1. La fin est arrivée! (Ez 7) 144
        2. Vivre selon ses choix (Ez 18) 149
        3. L'eau qui guérit et redonne vie (Ez 47, 1-12) . 154
    III- Le Dieu d'Ézéchiel 156
    Pour prolonger la réflexion 160

CHAPITRE 8
Les prophètes du retour 161
    I- Le temps du retour: entre le rêve et la désillusion 162
    II- Des prophètes pour reconstruire 165
    III- Déclin ou renouveau de la prophétie? 172
    Pour prolonger la réflexion 175

CHAPITRE 9
Jonas, ou le prophète «malgré lui» 177
    Récit ou fiction? 181
    Trouvez l'erreur! 182
    La théologie en caricature 184

Souriez: Dieu pardonne aux pécheurs! 185
Le salut pour tous! 187
Parce que Dieu est Dieu 188
Pour prolonger la réflexion: 191

Conclusion 193